Dominik Farrenberg | Marc Schulz
Handlungsfelder Sozialer Arbeit

Dominik Farrenberg | Marc Schulz

Handlungsfelder Sozialer Arbeit

Eine systematisierende Einführung

BELTZ JUVENTA

Die Autoren

Dominik Farrenberg, Jg. 1978, Dr. phil., Soziale Arbeit M. A., Kindheitspädagogik B. A. ist Professor für Theorien und Konzepte Sozialer Arbeit an der Katholischen Hochschule NRW, Abteilung Aachen.

Marc Schulz, Jg. 1974, Dr. phil., Dipl. Pädagoge (Sozialpädagogik) ist Professor für Kindheits- und Familiensoziologie an der TH Köln, Fachbereich 01: Angewandte Sozialwissenschaften.

Dieses Buch ist erhältlich als:
ISBN 978-3-7799-6216-8 Print
ISBN 978-3-7799-5518-4 E-Book (PDF)

1. Auflage 2020

Herstellung: Ulrike Poppel
Satz: text plus form, Dresden
Druck und Bindung: Beltz Grafische Betriebe, Bad Langensalza
Printed in Germany

Weitere Informationen zu unseren Autor_innen und Titeln finden Sie unter: www.beltz.de

Inhalt

Teil III
Vertiefungen und Systematisierungen

Abbildungs- und Tabellenverzeichnis

Abbildungen

Tabellen

1 Einführung in das Buch

1.1 Das Anliegen des Buchs

Der Begriff ‚Handlungsfeld' ist, wenn über Soziale Arbeit gesprochen wird, einer ihrer zentralen Referenzen. Mit dem Begriff lassen sich *Arbeitsbereiche* wie bspw. ‚Altenarbeit', ‚Schulsozialarbeit' oder ‚Behindertenarbeit', *Problemzuschnitte* wie bspw. ‚Schulverweigerung', ‚Einsamkeit' oder ‚häusliche Gewalt', *Hilfemaßnahmen* wie bspw. ‚Beratung', ‚Begleitung' oder ‚Inobhutnahme' und *Adressat_innenkreise* wie bspw. ‚Kinder', ‚Behinderte' oder ‚Abhängige' beschreiben, ordnen und systematisieren. Mit der Unterscheidung in verschiedene Handlungsfelder wird zugleich sortiert und präzisiert, von welchem Teilbereich der Sozialen Arbeit gerade die Rede ist. Die Bezeichnungen der Handlungsfelder stellen also scharf, um welche Zielgruppen, Problembereiche, Hilfeformen und Arbeitsbedingungen es im Einzelnen geht und bieten Orientierung für das, was Soziale Arbeit dem ersten Blick nach ist – eine vielgestaltige und dynamische Praxislandschaft.

Zugleich lässt sich mit einem vergleichenden Blick in einschlägige Fachbücher zu Handlungsfeldern der Sozialen Arbeit schnell feststellen, dass der Begriff ‚Handlungsfeld' nicht einheitlich verwendet wird und zudem unter ähnlich gelagerten Begriffen wie bspw. ‚Praxisfeld', ‚Tätigkeitsfeld', ‚Arbeitsfeld', ‚Berufsfeld' unterschiedliche Gruppierungsangebote geliefert werden (vgl. u. a. Aner/Hammerschmidt 2018; Thole 2012; Bieker/Floerecke 2011; Heiner 2010; Chassé/von Wensierski, 2008a). Die verbindende Idee dahinter ist, dass Soziale Arbeit in unterschiedliche Handlungsfelder unterteilt und weiter ausdifferenziert werden kann. Differenziert nach Zielgruppe, Aufgabe und Zielsetzung verlangt sozialpädagogisches Handeln[1] nach *feld*spezifischen *Handlungen.* Hinter dieser Systematisierung steht die Absicht, einzelne Fälle zu Feldern zu gruppieren. Dies geschieht in der Annahme, dass ähnliche Lebensalter und/oder ähnliche Lebenslagen fallübergreifend und feld(er)konstituierend nach jeweils ähnlichen Hilfebedarfen und Problembearbeitungsweisen verlangen.

Unsere systematische Einführung in die Handlungsfelder Sozialer Arbeit reiht sich in die oben genannten Gruppierungsangebote ein. Wir strukturieren

1 Wenn nicht explizit anders beschrieben, wird der Begriff ‚sozialpädagogisch' als Pendant zum Begriff ‚Soziale Arbeit' verwendet. Er bezieht sich explizit nicht auf die historisch gewachsene Unterscheidung von Sozialarbeit und Sozialpädagogik (vgl. exemplarisch Hamburger 2016, S. 17 ff. und S. 152; Thole 2012, S. 19 f.). Auf diese Unterscheidung wird jedoch in Kapitel 2 näher eingegangen.

sie zugleich nicht primär nach gegebenen aktuellen Handlungs-, Arbeits- oder Berufsfeldern der Sozialen Arbeit, die als solche notwendigerweise immer auch gesellschaftlichen Dynamiken unterliegen und sich im Laufe der Zeit verändern. Stattdessen stellen wir diese Dynamiken selbst in den Vordergrund und diskutieren, unter welchen gesellschaftlichen Bedingungen sich Soziale Arbeit als Handlungsfeld verfestigt und routinisiert, aber immer wieder auch restrukturiert und damit verändert. Diese Ordnung und Systematisierung bündeln wir zweifach:

- Erstens über die Vorstellung einzelner Handlungsfelder, der Beschreibung ihrer Charakteristika (d.h. Problemzuschnitte, Hilfemaßnahmen Adressat_innenkreise usw.) und der Darstellung der gegenwärtigen Herausforderungen und Perspektiven. Mit der Darstellung der Ausdifferenzierung der Angebote und Hilfeleistungen Sozialer Arbeit zeigen wir, dass sich hinter dem Begriff der Sozialen Arbeit ein vielgestaltiger und dynamischer Praxiszusammenhang mit unterschiedlichen Akteur_innen, Institutionen und Angebotsformen verbirgt. Innerhalb dieses Praxiszusammenhangs lassen sich Handlungsfelder ausmachen, über die sich unterschiedliche Ensembles von Aufgaben, Akteur_innen, Institutionen und Angebotsformen ordnen lassen. Anhand aktueller Schwerpunkte stellen wir Charakteristika und Binnenlogiken ausgewählter Handlungsfelder exemplarisch dar.
- Zweitens aber legt das Buch einen besonderen Fokus darauf, die Gemeinsamkeiten und Unterschiede sichtbar zu machen, die im direkten Vergleich der einzelnen Handlungsfelder untereinander sowie handlungsfeldübergreifend Soziale Arbeit maßgeblich strukturieren. Damit verfolgen wir die Idee, dass sich über diese Charakteristika und Binnenlogiken einzelner Handlungsfelder Rückschlüsse auf die Kernelemente der Sozialen Arbeit insgesamt ziehen und veranschaulichen lassen. Folglich geht es in dieser Einführung weniger darum, die einzelnen Handlungsfelder im Detail abzubilden, als vielmehr darum, das Verhältnis zu beschreiben, welches Soziale Arbeit zu ihren Handlungsfeldern unterhält. Dies geschieht auf Basis von Fallportraits sowie Einblicken in historische Entwicklungen, aktuelle Fragestellungen und zentrale Theoriefiguren. In diesem Zusammenhang wird auch die sozialstaatliche, (sozial-)rechtliche und organisationale Verfasstheit Sozialer Arbeit systematisch mit in den Blick genommen. Der Begriff des Handlungsfeldes stellt hierbei zunächst einen analytischen Rahmen bereit. Dieser erlaubt, die Perspektiven ‚Akteur_in' (Handlung) und ‚Struktur' (Feld) wechselseitig aufeinander zu beziehen und einer sozialpädagogisch informierten Reflexion zugänglich zu machen.

Für eine erste grobe Orientierung möchten wir zunächst die Frage klären, wie sich der Begriff Soziale Arbeit selbst beschreiben lässt und welches Verständnis für das Buch maßgeblich ist. Gemeinhin kann unter Soziale Arbeit erstens der Berufsstand (Profession), zweitens der Diskurszusammenhang sowie drittens der Praxiszusammenhang, sprich die Handlungsfelder, gefasst werden:

Soziale Arbeit als Profession: Soziale Arbeit beschreibt einen geschichtlich noch jungen Berufsstand, der sich in einem teils widersprüchlichen und noch nicht abgeschlossenen Professionalisierungsprozess befindet. Einige Professionstheorien stellen im direkten Vergleich der Sozialen Arbeit mit den klassischen Professionen wie der Rechtswissenschaft, Medizin und Theologie in Frage, dass sich die Soziale Arbeit hinreichend selbst kontrollieren und dass sie unabhängig von anderen Instanzen wie der Politik, dem Rechtssystem, der Medizin oder auch den Abläufen in sozialen Organisationen Entscheidungen treffen und ihren Gegenstand eindeutig bestimmen kann. Infolgedessen wird die Soziale Arbeit teilweise auch als ‚Semi-Profession' bezeichnet. Als solche weist die Soziale Arbeit zwar einige wesentliche Professionsmerkmale wie die Berufszulassung über eine akademische Qualifikation, den Zugriff auf ein spezielles wissenschaftliches Wissen, den Einsatz spezifischer Methoden und die Verständigung auf eine das Handeln orientierende Berufsethik auf. Andere Merkmale wie das Vorhandensein eines klar abgegrenzten und eindeutig definierten gesellschaftlichen Problembereichs, für dessen Bearbeitung die Soziale Arbeit die alleinige Deutungsmacht besitzt, sind jedoch nicht durchgängig gegeben. Andere, zumeist dynamischere Professionstheorien attestieren der Sozialen Arbeit wiederum infolge ihrer hohen selbstreflexiven Gehalte, ihrer Fähigkeit auf gesellschaftliche Veränderungen reagieren und ihr Wissen beständig neu organisieren zu können oder infolge der ‚stellvertretenden Deutung', welche die Professionellen für ihre Adressat_innen vornehmen, Professionalität bzw. sprechen ihr den Status einer Profession zu (vgl. Combe/Helsper 1996/2016).

Soziale Arbeit als Disziplin: Soziale Arbeit beschreibt aber auch einen Diskurszusammenhang, innerhalb dessen empirisch geforscht und theoretische Ansätze und Konzepte entwickelt werden, und der zur Etablierung als Wissenschaft dient.

Soziale Arbeit als Praxiszusammenhang: Soziale Arbeit stellt einen heterogenen, mitunter in sich selbst widersprüchlichen Praxiszusammenhang dar. Dieser differenziert sich in diverse Felder aus, die gemeinhin als Handlungsfelder bezeichnet werden. Handlungsfelder kennzeichnen die einzelnen Bereiche innerhalb der Sozialen Arbeit. Über sie lassen sich Zielgruppen und Adressat_innenkreise ebenso bestimmen wie spezifische Methoden und Konzepte deutlich werden. Sie geben Auskunft über die Ziele und Aufgaben der jeweils zu verrichtenden Tätigkeiten. Über die Bestimmung in einzelne Handlungsfelder lassen sich die zu erbringenden Leistungen, Maßnahmen und Angebote ebenso erfassen und bündeln, wie die hieran beteiligten Akteur_innen und Institutionen. Anhand der Handlungsfelder lassen sich in Form von Motiven und Charakteristika einerseits handlungsfeldspezifische Binnenlogiken bestimmen. Angesprochen ist damit die Beobachtung, dass sich innerhalb der einzelnen Handlungsfelder spezifische Logiken herausbilden. Andererseits werden hierüber jedoch auch feste Schemata bzw. grundsätzliche Topoi Sozialer Arbeit, die handlungsfeldübergreifend bedeutsam sind, als eben solche erkennbar.

Im vorliegenden Lehrbuch geht es in erster Linie um diese dritte Dimension, *Soziale Arbeit als Praxiszusammenhang*. Die erste Dimension *Profession* und die zweite Dimension *Disziplin* stehen nicht explizit im Mittelpunkt dieses Lehrbuches. Zugleich werden sie immer wieder mitgeführt, da das, was Soziale Arbeit macht und über sich selbst sagt, oftmals auch professions- bzw. disziplinpolitische Implikationen mit sich führt bzw. sich aus der Perspektive dieser beiden Dimensionen speist. Beispielsweise sind einige Aufgabenzuschnitte und auch manche Formen der Aufgabenbearbeitung nicht zwangsläufig nur der Sache nach orientiert – dies verdeutlichen wir etwa anhand der konkreten Frage, wer zuständig ist, wenn Jugendliche mit Straftaten auffallen und straffällig werden. Sie stellen demnach immer auch machtvolle Elemente dar, wenn es etwa darum geht, Deutungshoheiten über Problemdiagnosen und Problembearbeitungsstrategien gegenüber anderen Professionen und Disziplinen zu behaupten (Heiner 2010, S. 18).

1.2 Zum Aufbau des Buchs

Die systematische Einführung in die Handlungsfelder Sozialer Arbeit ist in drei Teile strukturiert:

- Teil I ‚*Zur Organisation Sozialer Arbeit in Handlungsfelder*' bildet die historische, konzeptionelle und theoretische Grundlage dessen, was sozialpädagogische Handlungsfelder insgesamt auszeichnet.
- Teil II ‚*Aktuelle Handlungsfelder der Sozialen Arbeit*' stellt vier Handlungsfelder und zwei bzw. drei darin enthaltene Arbeits- und Tätigkeitsfelder vor, die sich aktuell in der Praxislandschaft identifizieren lassen. Diese exemplarischen Beispiele erheben nicht den Anspruch, die Handlungsfelder in ihrer gesamten Breite darzustellen, sondern zeigen in ihren Spezifika die inhaltliche Breite des Handlungsfelds selbst.
- Teil III ‚*Vertiefungen und Systematisierungen*' ist in drei Kapitel untergliedert, die sich unabhängig voneinander lesen lassen. Sie greifen Aspekte auf, die bereits im ersten Teil skizziert wurden, und stellen diese nochmals vertiefend in größere Zusammenhänge. Unter anderem werden in diesem Teil

verschiedene Systematisierungen angeboten, um den Praxiszusammenhang Soziale Arbeit und seine Handlungsfelder in seiner Gesamtarchitektur besser nachvollziehen und verstehen zu können.

Dem Charakter eines Lehrbuchs folgend laden Reflexionsaufgaben dazu ein, die jeweils vorangegangenen Inhalte zu rekapitulieren bzw. mit den eigenen Wissensbeständen zu verknüpfen. Neben einer klassischen Lehrbuch-Lektüre, die systematisierend in die Handlungsfelder der Sozialen Arbeit einführt, eignet sich das Buch auch als Nachschlagewerk. Glossar und Stichwortverzeichnis unterstützten sowohl bei einer schnellen Begriffssuche als auch das Nachschlagen komplexerer Zusammenhänge. Zu den einzelnen Kapiteln:

Teil I ‚*Zur Organisation Sozialer Arbeit in Handlungsfelder*' leitet mit einem ‚*Problemaufriss: Heterogenität der Sozialen Arbeit und ihrer Handlungsfelder*' ein und gibt einen Überblick über relevante Aspekte innerhalb der vielgestaltigen Praxislandschaft (Kapitel 2). Das dritte Kapitel vermittelt mit ‚*Erste Einblicke in sozialpädagogische Handlungsfelder: Vier Fallportraits aus der Sozialen Arbeit*' exemplarisch die tagtägliche Arbeit in den verschiedenen Handlungsfeldern, so dass hierüber die jeweils darin liegenden spezifischen Ziele, Aufgaben und Herausforderungen ebenso deutlich werden wie strukturelle Bedingungen und Kontexte (Kapitel 3). Diese Spur wird im vierten Kapitel systematisch aufgenommen, indem die ‚*Aufgaben und Ziele Sozialer Arbeit: Zwischen Allzuständigkeit und Spezialisierung in Handlungsfelder*' beschrieben und an die historisch-spezifischen Kontexte moderner Gesellschaften sowie an verschiedene gesellschaftstheoretische Modelle angeschlossen werden. Außerdem gerät in diesem Kapitel die Frage nach den sozialpädagogischen Mandaten in den Blick: Angesprochen ist hiermit die professionstheoretisch relevante Fragestellung, in wessen Auftrag die Praxis der Sozialen Arbeit agiert und wie dieser Auftrag genau aussieht (Kapitel 4). Im fünften Kapitel wird die Frage ‚*Was ist ein sozialpädagogisches Handlungsfeld?*' begriffssystematisch erläutert, indem der Begriff des Handlungsfeldes zunächst einmal in seine Bestandteile ‚Handlung' und ‚Feld' zerlegt wird. Geklärt wird hierbei, in welche Handlungsformen differenziert werden kann und welche analytische Bedeutung dem Begriff des Feldes zukommt. Abschließend wird der Begriff des Handlungsfelds zu Nachbarbegriffen wie Berufsfeld, Arbeitsfeld und Tätigkeitsfeld ins Verhältnis gesetzt (Kapitel 5). Teil I schließt mit der ‚*Zusammenfassung: Soziale Arbeit als eine gesellschaftliche Probleme bearbeitende Akteurin*' (Kapitel 6).

Teil II ‚*Aktuelle Handlungsfelder der Sozialen Arbeit*' beginnt mit einer ‚*Einführung in vier Handlungsfelder der Sozialen Arbeit*' und greift u.a. historische Entwicklungslinien Sozialer Arbeit auf, die die vielgestaltige Praxislandschaft Sozialer Arbeit in Handlungsfelder ordnen (Kapitel 7). In den folgenden Kapiteln werden vier aktuelle Handlungsfelder dargestellt: Innerhalb des ersten Handlungsfelds ‚*Kinder- und Jugendhilfe*' werden die Tätigkeitsfelder Kindertageseinrichtung, Offene Kinder- und Jugendarbeit sowie stationäre Kinder- und Jugendhilfe vorgestellt (Kapitel 8). Es folgt als zweites Handlungsfeld ‚*Soziale Hilfen in besonderen Lebenslagen*', woraus beispielhaft die Arbeitsfelder Wohnungslosenhilfe und Suchtberatung dargestellt werden (Kapitel 9). Als drittes Handlungsfeld wird die ‚*Behinderten- und Gesundheitshilfe*' vorgestellt (Kapitel 10). Das vierte Handlungsfeld ‚*Sozialen Altenhilfe*' stellt die Arbeitsfelder offene Altenarbeit, sowie ambulante, teilstationäre und stationäre Altenhilfe vor (Kapitel 11). Die ‚*Zusammenfassung: Konturierungen sozialpädagogischer Handlungsfelder*' bündelt die wesentlichen Aspekte der vier dargestellten Handlungsfelder (Kapitel 12).

Teil III ‚*Vertiefungen und Systematisierungen*' leitet mit der ‚*Einführung in handlungsfeldübergreifende Vertiefungen und Systematisierungen*' ein und umreißt drei Themenkomplexe, welche jeweils auf verschiedenen Ebenen operieren (Kapitel 13). Im Kapitel ‚*Wie lassen sich die Handlungsfelder theoretisch ordnen? Drei Systematisierungen*' werden die Handlungsfelder Sozialer Arbeit differenziert, systematisiert und geordnet als Stationen im institutionalisierten Lebenslauf, als stufenförmige Interventionsgrade und als Zielbestimmung und Aufgabenfeld (Kapitel 14). Die Vertiefung des nachfolgenden Kapitels fokussiert ‚*Die sozialstaatliche, (sozial-)rechtliche und organisationale Verfasstheit Sozialer Arbeit*' und stellt die rechtlichen, sozialstaatlichen und organisationalen Bedingungen dar, die die sozialpädagogischen Maßnahmen und Angebote im Verständnis einer Erbringung sozialer Dienstleistungen strukturieren (Kapitel 15). Die dritte und letzte Vertiefung ‚*Das „Dazwischen" der Handlungsfelder und „Hinterbühnen" Sozialer Arbeit*' fokussiert einerseits die Bedeutung und Funktionsweise von Verbindungen in Form von Kooperationen und Netzwerken innerhalb und außerhalb der Sozialen Arbeit. Andererseits werden Supervision und Praxis-, Organisations- und Personalberatung, Aus-, Fort- und Weiterbildung, Forschung und Evaluation sowie Sozialplanung und Sozialberichterstattung als Hinterbühnen thematisiert, wobei die analytische Unterscheidung zwischen Klient_innen- und Leistungssystem hier grundlegend ist (Kapitel 16).

Das Buch schließt mit einer ‚*Schlussbetrachtung: Die Dynamisierung sozialpädagogischer Handlungsfelder*' ab. Darin bündeln wir einige wesentliche Aspekte unserer Systematisierung für einen knappen Ausblick auf aktuelle und zukünftige Entwicklungen, Herausforderungen und Perspektiven (Kapitel 17).

Teil I
Zur Organisation Sozialer Arbeit in Handlungsfelder

2 Problemaufriss: Heterogenität der Sozialen Arbeit und ihrer Handlungsfelder

Wir haben bereits eingangs skizziert, dass sich unter dem Begriff der Sozialen Arbeit ein vielgestaltiger und dynamischer Praxiszusammenhang mit unterschiedlichen Akteur_innen, Institutionen und Angebotsformen versammelt. In diesem Praxiszusammenhang lassen sich sogenannte Handlungsfelder ausmachen, über die sich *unterschiedliche Ensembles von Aufgaben, Akteur_innen, Institutionen und Angebotsformen* ordnen lassen. Grob unterteilt sich Soziale Arbeit in zwei Aspekte – einerseits in Zielgruppen, Angebote, Maßnahmen und Leistungen, andererseits in Aufgaben, Ziele und Funktionen.

Aspekte: Zielgruppen, Angebote, Maßnahmen und Leistungen

Soziale Arbeit gliedert sich in Angebote, Maßnahmen und Leistungen, die unterschiedliche Zielgruppen ansprechen: Sie sind für Menschen, die unterschiedlichen Altersgruppen zugehören (Kinder, Jugendliche und Erwachsene), für Menschen jeden Geschlechts, mit und ohne Behinderung oder in besonderen Lebenslagen (z. B. im Kontext von Migration, Gewalterfahrungen, Wohnungslosigkeit, Arbeitslosigkeit, Straffälligkeit, Krankheit und Drogenkonsum). Ihre Angebote, Maßnahmen und Leistungen sprechen sowohl Einzelne, als auch Gruppen oder sogar ganze Stadtteile an und sie differenzieren sich auch darin aus, dass sie entweder sporadisch, regelmäßig, tagtäglich oder sogar über 24 Stunden hinweg in sogenannten stationären Settings angeboten werden. Manche dieser Angebote, Maßnahmen und Leistungen werden von ihren Adressat_innen eher als Hilfe, andere eher als staatliche Kontrolle wahrgenommen. Sie sind also freiwillig gewählt oder aber verpflichtend aufoktroyiert. Charakteristisch ist dementsprechend, dass sich die unterschiedlichen Handlungsfelder intern in verschiedene Interventionsgrade ausdifferenzieren (bspw. von der offenen über ambulanten bis hin zur vollstationären Einrichtung).

Aspekte: Aufgaben, Ziele und Funktionen

Ebenfalls heterogen ist die Soziale Arbeit in Bezug auf ihre Aufgaben, Ziele und Funktionen. So kann es darum gehen, über bestimmte Sachverhalte aufzuklären und zu informieren oder darum, Adressat_innen im Alltag zu begleiten und zu unterstützen. Erziehung und Bildung stellen ebenso Aufgaben und Ziele Sozialer Arbeit dar wie Beratung, Förderung, Integration und Inklusion. Entsprechend zählen Identitäts- und Biografiearbeit, soziales Lernen und Training,

Qualifikation und der Aufbau von Kompetenzen ebenso zu ihren Aufgaben und Zielen wie pflegende und betreuende Tätigkeiten. Sozialpädagogische Aufgaben und Ziele zeigen sich sowohl abstrakt (etwa als Problembearbeitung und Lebensbewältigung) als auch im Konkreten (etwa als Verselbständigung, Normalisierung, Mündigkeit und Resozialisation). Mal geht es primär um den Aufbau und das Angebot von Beziehung, mal eher um die Bearbeitung und Bewältigung von Konflikten. Ein lebensweltliches Verstehen und soziale Diagnosen können Ziel und Aufgabe Sozialer Arbeit sein, aber auch, die gesellschaftliche Ordnung aufrechtzuerhalten bzw. wiederherzustellen, also letztlich Disziplinierung und Verwahrung.

Angesichts der hier beschriebenen Heterogenität ist es herausfordernd zu klären, was unter Sozialer Arbeit nun genau zu verstehen ist:

- Was machen Sozialarbeiter_innen?
- Mit welchen Menschen arbeitet sie und mit welcher Zielsetzung geht sie welchen Aufgaben nach?

Es lassen sich weder universelle Antworten auf diese Fragen finden noch allgemeingültige Aussagen über die Soziale Arbeit und ihre Charakteristika treffen (vgl. Thole 2012, S. 19). Der Begriff ‚Soziale Arbeit' erscheint als ‚Container'-Begriff. Innerhalb dieses Containers haben sehr unterschiedliche (und teilweise auch widersprüchliche) Aufgaben, Ziele, Funktionen, Akteur_innen, Institutionen und Angebotsformen ihren Platz. Allenfalls wird deutlich, welche unterschiedlichen Tätigkeiten, Menschengruppen, Themen und Bereiche zur Sozialen Arbeit dazugehören. Zunächst ist weder deutlich, was diese Landschaft verbindet und zusammenhält, noch wodurch dies geschieht oder warum. Zugleich lässt sich, wenn wir uns nochmals die o. g. Auflistungen vergegenwärtigen, eine grobe Unterscheidung treffen: Die moderne Gesellschaft bringt verschiedene Hilfsbedürftigkeiten und Bildungsanforderungen hervor und reagiert mit staatlich organisierten Hilfe- und Bildungsangeboten darauf. Diese lassen sich unter die Begriffe *Hilfeprimat* und *Bildungsprimat* fassen (vgl. Exkurs ‚Die beiden Wurzeln der heutigen Sozialen Arbeit – „Hilfe" und „Bildung"').

Exkurs: Die beiden Wurzeln der heutigen Sozialen Arbeit – ‚Hilfe' und ‚Bildung'

Die Unterscheidung in ein *Hilfeprimat* und ein *Bildungsprimat* ist auch Ausdruck dessen, dass die heutige Soziale Arbeit zwei verschiedene, historisch gewachsene Traditionslinien miteinander verbindet (vgl. Abb. 2.1):

Auf der einen Seite bildete sich über die Armenpflege und die Kinderbewahranstalten eine zunächst auf Fürsorge und später dann auch auf Wohlfahrtspflege ausgerichtete *Sozialarbeit* heraus. Diese Traditionslinie ist in ihrer

Entstehung nicht zu trennen von der Verarmung der Arbeiterklasse im Zeitalter der Industrialisierung – dem sogenannten Proletariat – und der Frauenbewegung. Indem bürgerliche Frauen im 20. Jahrhundert zunächst ehrenamtlich und später dann lohnerwerbstätig Fürsorge in den Elendsquartieren des Proletariats betrieben, versuchten Alice Salomon und andere Frauenrechtlerinnen, „Frauenemanzipation mit sozialer Verantwortung zu verbinden, um die bedrohliche Kluft zwischen den Klassen zu überbrücken“ (Feustel 2011, S. 19). Diese feministische und soziale Reform von Arbeit mündete ein in die Gründung erster Ausbildungsstätten und Hochschulen für Sozialarbeit. Die dort geleistete Vermittlung eines breit angelegten, interdisziplinär und sozialwissenschaftlich ausgerichteten Handlungswissens stellte eine erste Professionalisierung ‚sozialer Frauenberufe‘ dar, welche sich im Kontext der sich im Aufbau befindlichen Wohlfahrtspflege zunehmend etablierten (vgl. Salomon 1929/2004; Hering 2018; Hammerschmidt/Tennstedt 2012). Diese Traditionslinie einer an Fürsorge orientierten Sozialarbeit firmiert seit den 1990 Jahren in Teilen auch unter dem Begriff der Sozialarbeitswissenschaft. Aufgegriffen wird diese Traditionslinie mehrheitlich von den vielen staatlichen, privaten und konfessionellen Hochschulen für Soziale Arbeit in Deutschland.

Auf der anderen Seite verband ein Teil der deutschsprachigen Erziehungswissenschaft pädagogische Fragen von Bildung und Erziehung von Anfang an mit gesellschaftlichen Bedingungen und dem Gemeinschaftssinn des Menschen im Verständnis eines unhintergehbar sozialen Wesens (vgl. Natorp 1904/2015). Auch diese, auf Erziehung und Bildung ausgerichtete Traditionslinie der *Sozialpädagogik* versteht sich als Reaktion auf die gesellschaftlichen Umbrüche und Ungleichheiten im Zeitalter der Industrialisierung (vgl. Mennicke 1937/2001; Mollenhauer 1959; Mollenhauer 1964/1993, S. 19). Mit dem Ziel, „die bis dahin üblichen patriarchalisch strukturierten Beziehungen in Schule und Fürsorge durch ‚kameradschaftliche‘ Unterstützung zu ersetzen“ (Kuhlmann 2013, S. 135), versammelte sich in den 1920er Jahren die sogenannte ‚sozialpädagogische Bewegung‘. Ausgehend von den Ideen des Sozialpädagogen Herman Nohl (vgl. Nohl 1926/1965; Nohl 1963) mündete sie in eine Reform der Jugendpflege ein und trug zur Initiierung einer Natur und Gemeinschaft idealisierenden Jugendbewegung bei. Entsprechend entfaltete sich die Sozialpädagogik in der Praxis vor allem in Kinderbewahranstalten, Kleinkinderschulen sowie in der Jugendpflege als den Vorläuferinstitutionen der heutigen Kinder- und Jugendhilfe. Bezugnahmen auf diese sozialpädagogische Traditionslinie erfolgen bis heute vor allem in den erziehungswissenschaftlichen Fakultäten der Universitäten.

Abb. 2.1: Traditionslinien der Sozialen Arbeit (eigene Darstellung in Anlehnung an Thole 2012, S. 19 ff.; Hamburger 2016; Niemeyer 2012)

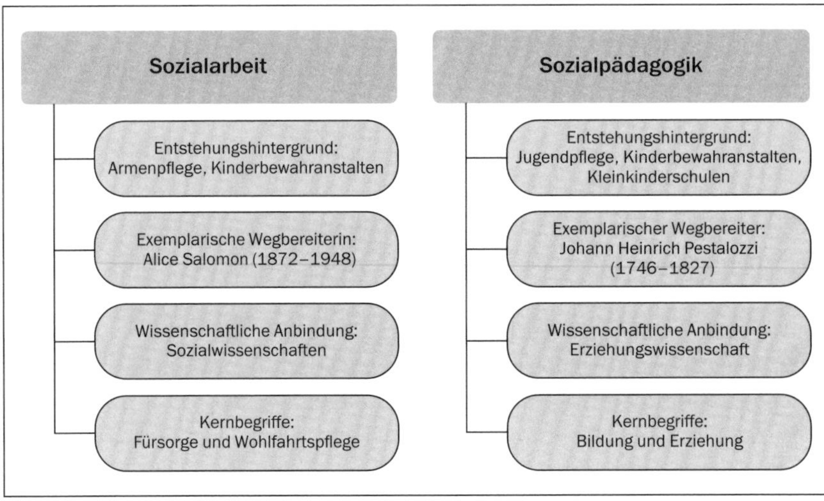

Neben dieser groben Unterscheidung in ein Hilfe- und ein Bildungsprimat lassen sich weitere Binnendifferenzen feststellen: Bei einer genaueren Betrachtung der Landschaft lassen sich zusammenhängende, zuverlässig wiederkehrende *Ensembles* von Aufgaben, Akteur_innen, Institutionen und Angebotsformen identifizieren, über die sich die Handlungsfelder unterscheiden lassen. Jedes Handlungsfeld hat also spezifische Muster. Wenn Soziale Arbeit sich in ihrer Gesamtheit auch nur schwerlich auf einen gemeinsamen Nenner bringen lässt, so bieten die einzelnen Handlungsfelder doch eine grundlegende Orientierung an. Das, was Soziale Arbeit im Kern ausmacht, lässt sich anhand der einzelnen Handlungsfelder verstehen, die jeweils ihren eigenen Gewichtungen und Akzentsetzungen folgen. Die unterschiedlichen Aufgaben, Ziele, Funktionen, Akteur_innen, Institutionen und Angebotsformen, die zusammengenommen eine vielgestaltige und dynamische Landschaft ausbilden, lassen sich ordnen. Die auf den ersten Blick unübersichtliche Heterogenität Sozialer Arbeit lässt sich somit untergliedern in mehr oder minder klar voneinander abgrenzbare Handlungsfelder. Diese Aufteilung und Untergliederung der Sozialen Arbeit in einzelne voneinander unterscheidbare Handlungsfelder bringt Orientierung in die heterogene Praxislandschaft. Dies illustrieren wir zunächst über vier fiktive Fallporträits, welche erste Einblicke in die unterschiedlichen Handlungsfelder der Sozialen Arbeit eröffnen, indem sie Charakteristika und aktuelle Herausforderungen beschreiben.

3 Erste Einblicke in sozialpädagogische Handlungsfelder: Vier Fallportraits aus der Sozialen Arbeit

Was verbindet die Arbeit in stationären Jugendwohngruppen, in der Jugendliche leben, die als schwer erziehbar gelten und ohne ihre Eltern aufwachsen, mit der Arbeit in einer Anlaufstelle für Wohnungslose? Was unterscheidet sie von der Arbeit in einer Tageseinrichtung für Senior_innen oder vom ambulant betreuten Wohnen der Behindertenhilfe?

In vier (fiktiven) Fallportraits wird exemplarisch die Möglichkeit geboten, diesen und ähnlichen Fragen nachzugehen und ein Gespür für die spezifischen Ziele, Aufgaben und Herausforderungen zu entwickeln, die mit den Tätigkeiten in den einzelnen Handlungsfeldern einhergehen. Über die Fallportraits sollen Schneisen in das unübersichtliche Dickicht der Praxislandschaft geschlagen werden. Diese Schneisen richten den Blick nicht nur auf die Vielfalt sozialpädagogischer Bezüge und Tätigkeiten, sondern ebenso auf die Charakteristika, Problemstellungen und Settings in den einzelnen Handlungsfeldern. Gleichzeitig machen sie auf die quer zu den einzelnen Handlungsfeldern liegenden grundsätzlichen Topoi Sozialer Arbeit aufmerksam. Nachfolgend werden die spezifischen Ziele, Aufgaben und Herausforderungen skizziert, die mit der tagtäglichen sozialpädagogischen Arbeit in vier ausgewählten Handlungsfeldern verbunden sind. Wir werden in den darauf folgenden Kapiteln immer wieder Bezug auf diese Fallportraits nehmen, um an diesen Fallportraits zu veranschaulichen, wie Soziale Arbeit als eine Akteurin konkret wird, die gesellschaftliche Probleme bearbeitet und fortlaufend zwischen einer Allzuständigkeit und Spezialisierungen changiert.

3.1 Zeynep Özkan, eine Sozialarbeiterin in einer stationären Jugendwohngruppe

Zeynep Özkan ist 27 Jahre alt und seit drei Jahren als Sozialarbeiterin in einer stationären Jugendwohngruppe eines örtlichen freien Jugendhilfeträgers tätig. Davor hat sie Soziale Arbeit an einer Fachhochschule studiert. Im Studium hat sie sich vor allem für die Arbeit mit sogenannten erziehungsschwierigen Jugendlichen, für Mädchenarbeit und aus familienbiografischen Gründen – ihre Eltern sind in den 1960er-Jahren zum Arbeiten aus der Türkei nach Deutschland gekommen – auch für die Arbeit mit Migrantinnen interessiert. Frau Özkan weiß aus ihrer eigenen Schulzeit und diversen Alltagsbegegnungen, wie es sich anfühlt, ‚nicht dazuzugehören'. Insgesamt arbeitet Frau Özkan gerne in der Jugendwohngruppe – auch weil es eine reine Mädchengruppe ist. ‚Rund um die Uhr' werden dort acht Mädchen im Alter von 12 bis 18 Jahren betreut. Um diese Form der Betreuung sicherzustellen, wechselt sie sich mit zwei Kolleginnen im Schichtdienst ab. Die Mädchen besuchen die stationäre Jugendwohngruppe im Rahmen einer Jugendhilfemaßnahme, genauer gesagt einer Erzieherischen Hilfe, da bei ihren Eltern ihr Kindeswohl nicht zuverlässig sichergestellt werden kann und/oder weil ihre Eltern sich mit der Erziehung überfordert fühlen. Einige der Mädchen wurden misshandelt oder vernachlässigt und sind Opfer sexualisierter Gewalt. Viele brachen die Schule ab. Viele ließen sich schon früh nichts mehr von ihren Eltern sagen. Einige blieben weg von zuhause und lebten zeitweilig auf der Straße. Einige machten Erfahrungen mit Ladendiebstählen, Drogen und Prostitution.

Frau Özkan mag an ihrer Arbeit, dass kaum eine Arbeitsschicht der anderen gleicht. Doch es ist für sie auch unberechenbar, wenn eine vorher harmonische Situation plötzlich zu einem Konflikt mutiert. Besonders aufregend ist es, wenn neue Bewohnerinnen dazu kommen und die Hierarchie in der Gruppe der Mädchen neu ausgehandelt wird. Im Schnitt bleiben die Mädchen zwei Jahre in der Einrichtung. Frau Özkan beschreibt ihre Arbeit als ‚alltagsorientiert'. Sie sorgt dafür, dass die Mädchen morgens pünktlich aufstehen, um rechtzeitig die Schule oder Ausbildungsstätte aufzusuchen. Sie unterstützt sie insgesamt dabei – u. a. auch über die Übernahme anfallender hauswirtschaftlicher Tätigkeiten – mehr Struktur in ihre Lebensführung zu bekommen. Wiedereingliederung in das Bildungssystem und Verselbständigung hin auf einen autonom geführten Alltag stellen wichtige Ziele der Jugendhilfemaßnahme dar. Zudem geht es in der Wohngruppe darum, in überschaubaren sozialen Gruppen soziales Lernen zur (Wieder-)Herstellung von Gemeinschaftsfähigkeit zu ermöglichen und über die Fachkräfte tragfähige, vertrauensvolle und belastbare Beziehungsangebote vorzuhalten. Dementsprechend wichtig ist Frau Özkan daher die Beziehungsarbeit. Ihrer Einschätzung nach sehen die Mädchen in ihr ‚so etwas wie eine große Schwester'. Häufig vertrauen sie sich Frau Özkan bei einer Zigarette an und fragen sie um Rat; etwa bei Liebeskummer oder auch bei Stil- und Alltagsfragen. Frau Özkan ist sich ihrer Vorbildrolle durchaus bewusst. Gleichzeitig arbeiten sich die Mädchen auch an ihr ab, sowohl an ihrer Rolle als Pädagogin – etwa, wenn sie darauf besteht, dass Absprachen eingehalten werden –, als auch an ihr als Person – etwa, wenn sie Frau Özkan fragen, warum sie aus eigener Überzeugung heraus ein Kopftuch trägt. Frau Özkan sagt, dass sie mit ihrer ganzen Person Sozialarbeiterin ist. Auch ihre religiösen und politischen Überzeugungen und ihr Migrationshintergrund können von den Jugendlichen zum Thema gemacht werden. Gleichzeitig versucht sie zu reflektieren, inwieweit ihre Einstellungen und Überzeugungen in ihre Arbeit mit hineinspielen. Sie weiß auch, dass zu viel Nähe und Solidarität ihre Rolle als Professionelle torpedieren würden und betont, dass sie nicht die ‚Freundin der Mädchen' ist. Wenn es die Situation erfordert, muss sie auch mal ‚hart durchgreifen'.

Frau Özkan und ihre Kolleg_innen sind in den Schichten jeweils allein mit den Jugendlichen. Frau Özkan bedauert dies: Für einen kollegialen Austausch sowie Besprechungen stehen zumeist nur die kurzen Übergabe-Zeiträume zwischen den Schichten zur Verfügung. Des Weiteren muss sie auch mit eskalierenden Situationen zunächst allein zurechtkommen bzw. kann sich nur recht aufwendig per Telefonanruf eine vom Träger zentral organisierte Rufbereitschaft zur Unterstützung dazu holen. Nicht selten kommt es vor, dass eines der Mädchen abgängig ist und abends nicht in die Wohngruppe zurückkehrt. Weil Frau Özkan allein ist, kann sie sich dann nicht selbst auf die Suche machen, um das Mädchen zu finden, obwohl sie meistens eine Ahnung davon hat, wo sich ‚ihre Mädels', wie sie sagt, aufhalten. Ihr bleibt dann nur, die Polizei mit der Suche des Mädchens zu beauftragen. Hier gerät sie in einen Gewissenskonflikt: Eigentlich müsste sie der Polizei mitteilen, wo sie das Mädchen vermutet, dies jedoch stellt die Vertrauensbeziehung zwischen ihr und den Mädchen auf eine harte Probe.

3.2 Andreas Bergkamp, ein Sozialarbeiter in der Wohnungslosenhilfe

Andreas Bergkamp ist 46 Jahre alt und arbeitet seit acht Jahren in einer ambulanten Beratungsstelle der Diakonie im Bereich der Wohnungslosenhilfe. Sein erziehungswissenschaftliches Studium mit dem Schwerpunkt Sozialpädagogik liegt schon mehr als 20 Jahre zurück. Weil seine Eltern ihn damals dazu drängten, hat er vor seinem Studium eine Schreinerlehre absolviert. Nach wie vor mag er das Arbeiten mit Holz, aber lieber hätte er direkt nach der Schule schon eine Arbeit, wie er sagt, ‚nah am Menschen' gemacht. Vor seiner jetzigen Tätigkeit in der Wohnungslosenhilfe war er sowohl in der Suchthilfe als auch in der mobilen Jugendarbeit tätig. Über die Arbeit in diesen Arbeitsfeldern kam Herr Bergkamp in Berührung mit den Problemen und Fragen eines ‚Lebens auf der Straße', worauf er sich immer stärker für das Thema Wohnungslosigkeit zu interessieren begann. Viele seiner dort gemachten Erfahrungen kommen ihm in seinem jetzigen Arbeitsalltag zugute. Suchtproblematiken, Schulden, psychische und chronische gesundheitliche Probleme, Arbeitslosigkeit und das Fehlen von verlässlichen Beziehungen und antriebstiftenden Perspektiven verbinden sich bei vielen der Klient_innen, welche die ambulante Beratungsstelle aufsuchen, zu einem kaum zu entwirrenden Dickicht aus Verursachungsgründen und Folgeproblemen. Von Wohnungslosigkeit betroffen zu sein bedeutet, von Vertreibung, sozialer Ausgrenzung, Armut, Einsamkeit und Stigmatisierung betroffen zu sein.

Angesichts dieser komplexen Problemkonstellationen richtet Herr Bergkamp sein Augenmerk zunächst vorrangig auf lebenspraktische und auf Versorgung ausgerichtete Hilfen, wie das auf die individuelle Situation abgestimmte Vermitteln von Wohnraum und/oder Arbeit, das Unterstützen beim Beantragen von Einkommenshilfen und das Schaffen von niedrigschwelligen Zugängen zur medizinischen Versorgung. Damit diese Hilfen Wirkung erzielen können, ist nicht nur eine gute Kenntnis der örtlichen Straßenszene und ein Wissen über die individuelle Lebenssituation und psychosoziale Verfasstheit der Klient_innen erforderlich; ebenfalls Kenntnisse hinsichtlich einer aktiven Netzwerkarbeit und Kooperation mit anderen Institutionen und Akteur_innen wie Ärzt_innen, der Psychiatrie, der Suchthilfe, der Schuldnerberatung sowie weiteren Akteur_innen auf dem lokalen Wohn- und Arbeitsmarkt.

Herr Bergkamp versucht den von Wohnungslosigkeit Betroffenen weder mit Mitleid noch mit Vorverurteilungen, sondern mit Respekt und mit Achtung vor ihren Lebenserfahrungen zu begegnen. Er weiß um die hohe Unverbindlichkeit, die oftmals kennzeichnend für diesen Adressat_innenkreis ist. Einmalige oder unregelmäßig sporadische Kontaktaufnahmen sind häufiger als kontinuierlich wiederkehrende Begegnungen mit den Klient_innen. Manche Klient_innen verschwinden auch nach einem sehr intensiven persönlichen Kontakt einfach so und wenden sich Herrn Bergkamp erst lange Zeit später wieder zu. Von einigen hat er nie wieder etwas gehört. Entsprechend geht es Herr Bergkamp auch weniger um den Aufbau einer vertrauensvollen Hilfebeziehung, als vielmehr darum, den jeweiligen Moment so gelingend und förderlich wie möglich zu gestalten. Er weiß um die Ungewissheit und strukturelle Offenheit, die den Kontakten mit den Klientinnen innewohnt: ‚Nichts erwarten und trotzdem immer wieder versuchen, alles zu geben', so beschreibt Herr Bergkamp seine Arbeitshaltung.

Als belastend erlebt Herr Bergkamp den Umstand, dass gerade junge volljährige Erwachsene, die akut Hilfe benötigen, oft zum Spielball der unterschiedlichen Kostenträger werden. Zwar ist laut dem Kinder- und Jugendhilfegesetz (KJHG) prinzipiell das Jugendamt für eine Kostenübernahme dieser Personengruppe zuständig. Jedoch handelt es sich hierbei um eine ‚Kann-' und nicht um eine ‚Soll-Vorschrift', so dass in der Praxis Jugendamt und Sozialamt wechselseitig versuchen, die Kostenfrage an den jeweils anderen Kostenträger abzutreten. Des Weiteren belastet und verärgert Herr Bergkamp ein grundsätzlicher Widerspruch, mit dem er sich bei seiner tagtäglichen Arbeit konfrontiert sieht: Einerseits werden seine Klient_innen von der Mehrheitsgesellschaft stigmatisiert und für ihre problematische Lebenssituation selbst verantwortlich gemacht. Andererseits nimmt er wahr, wie eine drastische Zunahme an von Wohnungslosigkeit betroffenen Menschen und eine kontinuierliche, bisweilen radikale Verschlechterung ihrer Lebensbedingungen in Zusammenhang stehen mit einem Rück- und Umbau wohlfahrtsstaatlicher Maßnahmen und Leistungen. Herr Bergkamp sieht die Verschärfung von Armutslagen nicht nur wegen der wachsenden Not von immer größer werdenden Bevölkerungsanteilen kritisch, sondern zudem auch, weil für ihn in einer scheinheiligen Art und Weise Eigenverantwortlichkeit von seinen Klient_innen eingefordert wird, für eine Situation, in die seiner Meinung nach jene teilweise erst infolge der Leistungskürzungen und Sanktionierungsmaßnahmen einer neoliberalen Sozial- und Arbeitsmarktpolitik geraten sind. Herr Bergkamp betrachtet die Arbeit in der Wohnungslosenhilfe auch als ein politisches Projekt. Für ihn geht es, wie er sagt, nicht nur darum, ‚zerschlagenes Porzellan zu kitten und auszubügeln', was auf politischer Ebene versäumt und mehrheitsgesellschaftlich toleriert wird – nämlich eine strukturbedingte Verschärfung von Armutslagen. Für Herrn Bergkamp bedeutet Soziale Arbeit vielmehr auch ein politisches Sich-Einmischen, im Sinne eines anwaltschaftlichen Sich-Einsetzen und Fürsprache-Halten für diejenigen, deren Stimme im politischen und gesellschaftlichen Diskurs keine Beachtung geschenkt wird.

3.3 Fedor Kusnezow, ein Sozialarbeiter in der ambulanten Behindertenhilfe

Fedor Kusnezow ist 33 Jahre alt und arbeitet seit sechs Jahren in einem ambulant betreuten Wohnen der Behindertenhilfe, in welchem junge Menschen mit einer geistigen Behinderung leben. Träger der Einrichtung ist das Deutsche Rote Kreuz (DRK). Sein Studium der Sozialen Arbeit liegt zehn Jahre zurück. Die Wahl dieses Berufsfeldes fiel ihm nicht schwer: Sein Vater ist bereits im Pflegebereich beschäftigt, da für ihn – nach der Übersiedlung der Familie nach Deutschland in den 1990er Jahren – der Berufseinstieg vergleichsweise einfach war und er, trotz der vielfältigen, auch emotionalen Herausforderungen, die der Beruf mit sich brachte, diese Arbeit mit Menschen sehr schätzt. Zugleich erfuhr Herr Kusnezow in seinem Familienalltag, dass die Bezahlung nicht im Verhältnis zur erbrachten Arbeit steht. Dies war für ihn auch der ausschlaggebende Grund, nicht eine Fachschulausbildung, sondern ein BA-Studium absolvieren zu wollen. Vor seinem Studium arbeitete Herr Kusnezow als Zivildienstleistender in der Behindertenhilfe, zunächst als Fahrer. Diese ersten positiven Erfahrungen im Bereich der Behindertenhilfe bestärkten ihn, sich im Rahmen des Studiums auf diesen Bereich zu konzentrieren. Auch übernahm er nach dem dritten Semester – über einen Praxissemester-Kontakt – eine geringfügige Beschäftigung und begleitete als Assistenz einen beeinträchtigten Kommilitonen.

Im Rahmen der wohnbezogenen Hilfen sorgt er praktisch für die Teilhabe seiner Klient_innen am Leben in der Gesellschaft, wobei ihm ihre selbstbestimmte Lebensführung ein zentrales Anliegen ist. Dies entspricht auch der allgemeinen fachlichen Tendenz, vorrangig ambulante und flexible, auf die individuellen Bedürfnisse zugeschnittene Angebote zu entwickeln, da die stationären

Angebote dazu tendieren, die soziale Desintegration seiner Klient_innen zu verstärken. Diejenigen, die er begleitet, unterstützt er in erster Linie bei der Bewältigung ihres Alltags: Praktisch unterstützt er sie bspw. in finanziellen Fragen und bei Behördenangelegenheiten, bei der Suche nach einem für sie geeigneten Arbeitsplatz, bei der Wohnungssuche und bei täglich anfallenden Aufgaben im Haushalt. Es kommt auch vor, dass er mit seinen Klient_innen in Möbelhäuser fährt, um mit ihnen Einrichtungsgegenstände zu kaufen oder einige Stunden damit verbringt, ein Zimmer gemeinsam mit den Bewohner_innen einzurichten. So lernt er ‚durch die Augen' seiner Klient_innen tagtäglich ihre soziale Welt und verschiedenste Barrieren kennen. Zudem steht er ihnen auch beratend bei, etwa wenn sie bestehende Kontakte zur Familie, zu Freund_innen und Bekannten pflegen oder neue Kontakte aufbauen möchten. Auch berät er sie in Fragen rund um die Partner_innenschaft oder unterstützt sie in ihren Freizeitinteressen. Es geht ihm darum, individuelle Unterstützungsangebote zu entwickeln. Hierfür kann er auf ein großes Netzwerk von Expert_innen innerhalb des Trägers zurückgreifen.

In seinem beruflichen Alltag sieht er sich immer wieder mit Fragen von Normalität und Besonderung konfrontiert: Was gilt als ‚normal'? Und wann gilt ein Mensch als ‚irgendwie anders', ‚besonders', ‚behindert' oder ‚beeinträchtigt'? Fedor Kusnezow nimmt diese Beschäftigung mit Fragen wie diesen verstärkt wahr, seitdem das Thema ‚Inklusion' auch im öffentlichen Bewusstsein angekommen ist. Spätestens mit der Verabschiedung des Allgemeinen Gleichstellungsgesetz und der UN-Behindertenrechtskonvention 2006 in Deutschland, vor allem aber mit der breiten Diskussion über den Sinn von inklusiven Schulen wird Herr Kusnezow auch nach seiner Sichtweise zum Thema Inklusion befragt. Generell ist er der Auffassung, dass Menschen nicht behindert sind, sondern vielmehr durch bestimmte Strukturen und Barrieren erst behindert werden – was viele Fragende zunächst einmal überrascht, da sie davon ausgehen, dass er doch tagtäglich mit Menschen mit sichtbaren Behinderungen arbeitet. Für Herrn Kusnezow bedeutet der Anspruch nach Inklusion aber, dass das System Behindertenhilfe selbst sich an den individuellen Fähigkeiten und Bedürfnissen der Klient_innen orientieren muss und daraus entsprechende Fördermaßnahmen entwickelt. Seine fachliche Kritik an der Zielvorstellung von Integration ist, dass sie vorher Menschen mit Behinderung in die Mehrheitsgesellschaft integriert und damit die Vorstellung von dem, was normal ist, immer weiter reproduziert. In der Alltagspraxis gerät aber für Herrn Kusnezow diese analytische Unterscheidung ins Wanken, da er tagtäglich sieht, in welcher Weise seine Klient_innen seine Unterstützung benötigen, er also doch zwischen Behinderten und Nicht-Behinderten unterscheidet. Er fragt sich immer wieder, ob diese Assistenzen wirklich inklusiv oder doch eher nur integrativ sind.

Zugleich ärgert sich Herr Kusnezow darüber, dass Inklusion zwar insgesamt gesellschaftlich en vogue und u.a. die Leistungsansprüche rechtlich über das

Sozialgesetzbuch verbrieft sind, aber er faktisch im behördlichen Alltag in der Frage um finanzielle Zuständigkeit hin- und hergeschoben wird und teils dann doch das entsprechende Personal für diese Angebote fehlt. Auch sieht er mit Sorge, dass der Zugang für seine Klient_innen zum ersten Arbeitsmarkt immer herausfordernder wird, da die so genannten ‚einfachen Arbeitsplätze' in seiner Region immer geringer werden. Selbst wenn eine Vermittlung erfolgreich war, ist die Mindestentlohnung für die Lebensführung seiner Klient_innen kaum ausreichend. Auch muss sich Herr Kusnezow immer wieder die Frage gefallen lassen, weshalb er diesen Beruf gewählt hat – insbesondere nach der Abschaffung des Zivildienstes hat er den Eindruck, dass es immer weniger Berührungspunkte im alltäglichen Leben zwischen Behinderten und Nicht-Behinderten gibt. Besonders irritierend für ihn ist, wenn er bemerkt, dass ihm bei seiner Berufswahl unterstellt wird, dass er wohl keine weiteren Optionen hatte. Diese Irritation spielt er dann zurück, indem auf sein exzellentes Abiturzeugnis verweist.

3.4 Britta Schmitt, eine Sozialarbeiterin in der sozialen Altenhilfe

Britta Schmitt ist 38 Jahre alt und schon seit über 20 Jahren in der sozialen Altenhilfe tätig. Bereits als Jugendliche war sie in die Pflege und Versorgung ihrer mit in ihrem Haus lebenden Großmutter involviert. Motiviert durch die ‚Erfüllung', die sie mit dieser familialen Sorgetätigkeit verband, absolvierte sie eine Ausbildung zur Altenpflegerin, nach deren Abschluss sie in den Schichtdienst eines städtischen Seniorenheims einstieg. Nach den ersten freudvollen Jahren der Berufsausübung schlichen sich immer massiver werdende Stresssymptome und Unzufriedenheit in den Arbeitsalltag ein: Eine ständig wachsende Anzahl an Klient_innen musste von einer sich noch verringernden Anzahl an Pflegekräften versorgt werden. Die Sorgetätigkeit wurde infolge einer neuen manageriellen Steuerung zeitlich erfasst, so dass für jeden einzelnen Pflegeschritt nun nur noch eine festgelegte Zeitspanne in Anspruch genommen werden durfte. Diese Durchtaktung des Arbeitsalltags erzeugten einen immer weniger emotional und zunehmend mechanischer werdenden Umgang mit den Klient_innen, die in immer gleichen Arbeitsschritten, wie Frau Schmitt sagt, ‚wie am Fließband abgefertigt wurden'. Schließlich führten das Fehlen von intellektuell, emotional oder kreativ anregenden Momenten in den Arbeitsabläufen und die schichtdienstbedingte Verschiebung von Arbeits- und Freizeit sowie Wach- und Schlafphasen dazu, dass Frau Schmitt ihre Arbeitszeit reduzierte. Sie qualifizierte sich berufsbegleitend mit einem Studium der Sozialen Arbeit weiter. Nach Abschluss des Studiums wechselte Frau Schmitt zunächst innerhalb des Seniorenheims vom Schichtdienst auf eine Koordinationsstelle. Schnell musste sie erfahren, dass der Druck, Betriebskosten einzusparen und geeignete Pflegekräfte einstellen zu können, auf dieser neuen Stelle nur unwesentlich weniger belastend ist, als bei ihrer vorherigen Pflegetätigkeit im direkten Kontakt mit den Klient_innen. Außerdem vermisst sie den unmittelbaren Kontakt zu den Senior_innen. Seit vier Jahren arbeitet sie nun auf einer Vollzeitstelle bei einem kleinen, lokalen, privatwirtschaftlichen, auf ambulante und teilstationäre Altenarbeit spezialisierten Träger. Zu zwei Dritteln arbeitet sie als Fallmanagerin im ambulanten Bereich, in dem verbleibenden Drittel führt sie Angebote in der trägereigenen teilstationären Tagespflegeeinrichtung durch.

Als Fallmanagerin organisiert und koordiniert Frau Schmitt v.a. die ambulanten Pflegedienste und die medizinische Versorgung ihrer Klient_innen. So bespricht sie bspw. veränderte Bedarfslagen mit den beteiligten Pflegediensten, Sanitätshäusern, Therapeut_innen und Fachärzt_innen usw. mit dem Ziel, individuelle und passgenaue Hilfen und Angebote für die jeweilige Situation ihrer Klientel zu entwickeln. Auch das Gestalten der Übergänge von ambulanten in teilstationäre und stationäre Angebote der Altenhilfe gehört zu Frau Schmitts Aufgaben. Als Fallmanagerin fungiert Frau Schmitt als erste und zentrale Ansprechperson, sowohl für die Klient_innen selbst als auch für alle an der Hilfeerbringung beteiligten Akteur_innen und Institutionen einschließlich der pflegenden Angehörigen. Ein Kernelement in Frau Schmitts Arbeit stellt das fortlaufende Anpassen des jeweils anerkannten Pflegegrads der Klient_innen an deren jeweilige Lebenssituation dar. Denn der Anspruch auf Pflegegeld und Pflegesachleistungen, den Frau Schmitt für ihre Klient_innen geltend machen kann, bemisst sich an den unterschiedlichen Pflegegraden, in die die Klient_innen eingruppiert werden, je nachdem wie groß ihre Einschränkungen in Bezug auf ihre Selbstständigkeit sind. Der jeweilige Pflegegrad ist dementsprechend die zentrale Schaltstelle, wenn es darum geht, dass Kosten von Hilfeleistungen übernommen oder Leistungen überhaupt bewilligt werden. Entsprechend umfasst Frau Schmitts Arbeit auch die hinter den direkten Hilfeleistungen liegenden Bewilligungsverfahren und Abrechnungen mit Pflege- und Krankenkassen sowie weiterer Kostenträger. Frau Schmitt ist sich durchaus bewusst, dass die Senior_innen, die als Klient_innen auf die sozialen Dienstleistungen ihres privaten Trägers zurückgreifen, überwiegend aus finanziell gesicherten Lebensverhältnissen stammen und dass sie für Senior_innen, die in ökonomisch unsicheren Lebenslagen und ohne Ersparnisse sogar akut von Altersarmut betroffen sind, kaum Angebote bereithalten kann. Um die Dienstleistungen des Trägers refinanzieren zu können, reichen die Leistungsbeträge aus der gesetzlichen Pflegeversicherung zumeist nicht aus, da jene nur als Zuschuss für anfallende Pflegekosten im Alter konzipiert ist.

Durch ihre Arbeit in den Angeboten der teilstationären Tagespflege eröffnen sich Frau Schmitt Gelegenheiten, mit den Senior_innen in informeller Weise ins Gespräch zu kommen und offene und soziale Formen der Altenarbeit jenseits medizinischer bzw. pflegerischer Bedarfe zu praktizieren. Ihr aktuelles

Stellenprofil gestaltet sich als ausgesprochen vielfältig. Vor allem kann sie wieder direkt mit den Adressat_innen arbeiten, ohne aber, dass dies ausschließlich in Form reiner Betreuungs- bzw. Versorgungstätigkeit unter expandierendem Zeit- und Kostendruck geschieht. So gestaltet sie u. a. offene Erzählcafés, Spiel- und Vorleserunden, Tanz- und Bewegungsangebote. Wichtige Ziele für Frau Schmitt stellen dabei zum einen die Begegnung der Senior_innen untereinander wie auch zu Menschen in anderen Lebensaltern im Stadtteil dar. Zum anderen versucht Frau Schmitt in ihre Angebote immer Elemente von Biografiearbeit miteinfließen zu lassen, um den Lebensgeschichten, -erfahrungen und -leistungen der Senior_innen Raum und intersubjektiv geteilte Erfahrbarkeit zukommen lassen zu können.

3.5 Gemeinsamkeiten und Unterschiede von Handlungsfeldern

In den vier Fallportraits werden handlungsfeldtypische Spezialisierungen u. a. hinsichtlich der unterschiedlichen Adressat_innenkreise, der Aufgaben und Ziele, der Ausgestaltung von Angebotsformen sowie der Leistungserbringung insgesamt exemplarisch deutlich. Diese Einblicke stehen dabei stellvertretend für eine vielstimmige und dynamische Praxis, die sich bei genauer Betrachtung als eine ausdifferenzierte und hochspezialisierte Praxislandschaft darstellt.

Die handlungsfeldspezifischen Gemeinsamkeiten und Unterschiede können wie folgt kategorisiert werden:

- Erstens lassen sich die Angebote in ambulant, teilstationär und stationär unterscheiden. Dies bedeutet, dass die Klient_innen bzw. Adressat_innen in ihren Lebenswelten ergänzende, unterstützende, aber auch ersetzende Leistungen erhalten, z. B. wenn sie entweder in einer stationären Jugendhilfeeinrichtung untergebracht werden, die ihre Lebenswelt ersetzt oder sie in der Behindertenhilfe in ihrer alltäglichen Lebensführung unterstützt werden.
- Zweitens spricht Soziale Arbeit verschiedene Zielgruppen an – bspw. Jugendliche, Obdachlose, Menschen mit geistiger Behinderung oder Senior_innen. Gemein ist zugleich, dass das Verhältnis zwischen Organisation (z. B. Jugendhilfe, Obdachlosenhilfe, Behindertenhilfe und Altenhilfe) und Professionellen (den Sozialarbeiter_innen/Sozialpädagog_innen) als Leistungserbringern auf der einen Seite und den Leistungsempfängern auf der anderen Seite begrifflich gleich markiert wird (vgl. Exkurs ‚Adressierung der Leistungsempfänger in der Sozialen Arbeit', S. 31 ff.).
- Drittens lassen sich die Arbeitsbeziehungen respektive Arbeitsbündnisse zwischen Professionellen und Adressat_innen bzw. Klient_innen unterscheiden in den Aufbau und Erhalt einer vertrauensvollen Beziehung oder

in eher unverbindlichen, situativ-akuten Angeboten der Hilfe, Versorgung und Förderung. Diese Nähe bzw. Distanz spiegelt sich auch in der Kooperation mit anderen Akteur_innen und Institutionen wie der Polizei oder Ärzt_innen wider: während z.B. Frau Schmitt veränderte Bedarfslagen mit den beteiligten Pflegediensten, Therapeut_innen und Fachärzt_innen bespricht und diese Kooperationspartner_innen sich komplementär ergänzen, geht Frau Özkan mit der Zuhilfenahme der Polizei das Risiko ein, die vertrauensvolle Beziehung zu ihren Klient_innen empfindlich zu stören. Dies drückt sich auch in den unterschiedlichen Graden an Solidarität mit den Adressat_innen aus sowie in einem politischen Sich-Einmischen gegenüber Graden der Kontrolle, Normalisierung und Resozialisation.

- Viertens lässt sich handlungsfeldübergreifend nachvollziehen, dass gesellschaftlicher bzw. systemimmanenter Druck vorherrscht, der unterschiedliche Formen und Motive hat und an die tätigen Sozialarbeiter_innen/Sozialpädagog_innen weitergeben wird. Dies kann zu nichtzufriedenstellenden Arbeitsbedingungen führen, so wie sie in unterschiedlichen Ausprägungen alle vier Kolleg_innen erfahren.

Exkurs: Adressierung der Leistungsempfänger in der Sozialen Arbeit

Leistungsempfänger werden in der Sozialen Arbeit mit einer Vielzahl unterschiedlicher Begriffe bezeichnet. Damit werden sie in je unterschiedlicher Weise adressiert – d.h. es werden ihnen unterschiedliche Grade an Freiheit, Autonomie und Verantwortung zuerkannt bzw. zugeschrieben, so dass mit den verschiedenen Bezeichnungen wiederum je unterschiedliche Verhältnissetzungen zwischen den Organisationen und Professionellen der Sozialen Arbeit – sprich den Leistungserbringern – und eben den Leistungsempfängern markiert werden (vgl. Großmaß 2011; Olk 2011; Graßhoff 2015):

Klient_innen: Der klassische Klient_innen-Begriff weist auf ein stark asymmetrisches Arbeitsbündnis hin. Der lateinische, aus dem römischen Recht entlehnte Begriff umschreibt ‚Schutzbefohlene', welche der Unterstützung und Hilfe durch eine äußere Instanz benötigen. Entsprechend mandatierte Professionelle wie Anwält_innen, Therapeut_innen und Sozialarbeiter_innen übernehmen eine stellvertretende Deutung der Probleme ihrer Klient_innen bzw. vertreten die Belange und Interessen ihrer Klient_innen gegenüber Dritten. Zumindest implizit ist dieser Begriffskonstruktion inhärent, dass „der Professionelle ‚am besten weiß', was für den Klienten gut ist" (Olk 2011, S. 485), während „der Klient eine passive, erduldende und Dankbarkeit erweisende Rolle einnimmt" (ebd.). Sozialleistungen werden im Versorgungsstaat der deutschen Nachkriegszeit vielfach in Form eines bürokratischen Verwaltungshandelns abgewickelt, wobei zwar den jeweils bestehenden Rechtsansprüchen der Klient_innen

Rechnung getragen wird, nicht jedoch ihren individuellen Bedarfen und Lebenslagen. Entsprechend geriet der Begriff in den 1960er und 1970er Jahren in die Kritik Leistungsempfänger zu bevormunden und – wenn auch teilweise ungewollt – kleinzuhalten.

Nutzer_innen und Ko-Produzent_innen: In Kritik eines paternalistisch agierenden Versorgungsstaates und einer ‚Dominanz der Expert_innen' wurde der Klient_innen-Begriff in den 1960er und 1970er Jahre zunehmend vom Begriff der Nutzer_in bzw. der Ko-Produzent_in abgelöst. Selbsthilfegruppen und -initiativen erhoben ihre Stimme und forderten ihre Beteiligung bei der Ausgestaltung neuer, individuellerer und bedarfsgerechterer Hilfeformen ein. Theoretisch formuliert die soziale Dienstleistungstheorie den Begriff der Ko-Produzent_in aus, indem sie darauf hinweist, dass der Erfolg und die Qualität sozialer Dienstleistungen abhängig ist „von der Kooperationsfähigkeit und -willigkeit" (Graßhoff 2015, S. 24) der Leistungsempfänger, so dass jene genau genommen von Leistungserbringern und Leistungsempfängern gemeinsam produziert werden. Noch weiter geht die Nutzer_innen- bzw. Nutzungsforschung von Gertrud Oelerich und Andreas Schaarschuch, indem sie den Nutzen Sozialer Arbeit an ihrem Gebrauchswert für die jeweiligen Nutzer_innen bemisst (vgl. Oelerich/Schaarschuch 2005). Insgesamt heben die Begriffe ‚Nutzer_in' und ‚Ko-Produzent_in' die Eigeninitiative, Selbstorganisation und Mitbestimmung der Leistungsempfänger hervor. Hierbei ist jedoch zu beachten, dass diese Bezeichnungen schnell an ihre Grenzen stoßen und sogar zynisch werden können in Kontexten, in denen Leistungsempfänger die Leistungen der Sozialen Arbeit nicht freiwillig oder sogar in Form von Auflagen und Sanktionen beziehen.

Kund_innen: Anstatt auf die Stimme der Nutzer_innen zu setzen (voice), betonte der Kund_innen-Begriff zu Beginn des 21. Jahrhunderts die Wahlmöglichkeiten der Leistungsempfänger (choice). Jene wurden als souveräne Konsument_innen einer Wohlfahrtserbringung adressiert, welche zunehmend privatwirtschaftliche und marktähnliche Züge erhielten (siehe hierzu auch den Abschnitt 15.3.1). Augenfällig wird dies unter anderem in der serviceorientierten Umbenennung der ‚Bundesanstalt für Arbeit' in ‚Agentur für Arbeit', welche aus den Arbeitsmarktreformen der Agenda 2010 resultierte: „Mit dem Motto des ‚Förderns und Forderns' kommen vor allem die aktiven Möglichkeiten der Kunden in den Fokus – bei einer problematischen Ausblendung von strukturellen Bedingungen. Der Amtsschimmel einer trägen Behörde wird abgeschüttelt und in eine agile Agentursemantik gedrückt. Kund_innen wird jetzt strukturell mehr zugetraut, aber auch mehr zugemutet" (Graßhoff 2015, S. 22). Das ‚Soziale' tritt in diesem Begriff hinter der ‚Dienstleistung' zurück, wenn es nunmehr vor allem darum geht, z. B. einen geeigneten Pflegedienst aus einer Liste von verschiedenen

Anbietern auszuwählen. Der Suggestion „wonach der Kunde ‚König' ist" (Olk 2011, S. 487) folgt nicht ein Mehr an Partizipation und Emanzipation, sondern eine Umverteilung von Verantwortung. Die Leistungsempfänger bewerten die Qualität der sozialen Dienstleistung anhand eines Preis-Leistungsverhältnisses und unabhängig vom Grad ihrer Informiertheit und Expertise. Die Leistungserbringer hingegen werben teils mit, teils gegen ihre fachliche Expertise um ihre Kund_innen. Der Kund_innen-Begriff bricht damit nicht erst bei einer Dienstleistungserbringung in Zwangskontexten in sich zusammen, sondern weitaus grundsätzlicher immer dann, wenn eine Problembearbeitung nicht entlang von Markt- und Konsumlogiken vollzogen werden kann.

Adressat_innen: Der Adressat_innen-Begriff wird konzeptionell eingesetzt im Zuge einer an der Lebenswelt der Leistungsempfänger orientierten Sozialen Arbeit (siehe hierzu vertiefend Abschnitt 14.2.1). Zum einen geht es dabei darum, die von sozialen Problemen Betroffenen als Subjekte anzuerkennen, indem ihre biographischen Erfahrungen, ihre alltäglichen Handlungs- und Bewältigungsmuster, ihre konkrete Lebenssituation und ihr subjektiver Eigensinn in den Blick genommen werden. Zum anderen erlaubt eine lebensweltorientierte Bezugnahme auf den Adressat_innen-Begriff „das Passungsverhältnis zwischen subjektiven Bedarfen von Menschen zu den institutionellen Angeboten und Maßnahmen der Sozialen Arbeit" (Graßhoff 2015, S. 28) zu reflektieren. Maria Bitzan und Eberhard Bolay heben in diesem Zusammenhang den relationalen Charakter des Adressat_innen-Begriffs hervor. Dieser ermöglicht, die Konstituierung des Arbeitsbündnisses zwischen Leistungserbringer und Leistungsempfänger als ein „interaktives Wechselspiel der gegenseitigen Formung (Adressierung und Readressierung)" (Bitzan/Bolay 2017, S. 37) zu betrachten. Mit dieser Perspektive geraten dann gleichermaßen professionelle Deutungen, institutionelle Logiken und der Eigensinn der Adressat_innen in den Blick (vgl. ebd.). Der Adressat_innen-Begriff ist damit einerseits weniger bevormundend als der Klient_innen-Begriff. Andererseits bietet er breitere Verwendungsmöglichkeiten als die auf sehr spezifische Leistungserbringungskontexte zugeschnittenen Begriffe der Nutzer_in und der Kund_in, indem er auch in Zwangskontexten und jenseits marktähnlicher Settings anschlussfähig ist. Gleichzeitig verschleiert er nicht, dass „Soziale Hilfe [...] immer in asymmetrischen Verhältnissen" (Großmaß 2011, S. 3) erfolgt: „Die Positionen zwischen Hilfeleistenden und Hilfeempfänger können nicht vertauscht werden. Die Bezeichnung ‚Adressat' lenkt die Aufmerksamkeit jedoch auf einen anderen Aspekt. Signalisiert wird, dass es sich bei sozialen Hilfeleistungen um öffentliche Dienstleistungen handelt/handeln soll, die nicht ausgrenzen, sondern von jedermann in Anspruch genommen werden können [...]. Adressaten – so könnte man schließen – sind so etwas wie prototypische Vertreter möglicher Klienten" (ebd., S. 3f.).

Angesichts seiner analytisch gewinnbringenden, relationalen Dimension und der breiten Verwendungsmöglichkeiten, die der Adressat_innen-Begriff bietet, greifen wir in diesem Buch mehrheitlich auf diesen Begriff zurück, um die Leistungsempfänger im Kontext Sozialer Arbeit sprachlich zu markieren.

Reflexionsaufgabe

Notieren Sie, an welchen Stellen Sie und Ihr privates Umfeld bereits mit Angeboten und Leistungen der Sozialen Arbeit in Berührung gekommen sind. Versuchen Sie möglichst genau zu beschreiben:

- unter welcher Bezeichnung die Angebote und Leistungen firmierten;
- welche Aufgaben, Ziele und Funktionen mit ihnen verbunden waren;
- welche Anforderungen bearbeitet werden sollten und wie dies vonstattenging.

4 Aufgaben und Ziele Sozialer Arbeit: Zwischen Allzuständigkeit und Spezialisierung in Handlungsfelder

Wie zuvor dargestellt, sieht sich der Praxiszusammenhang Soziale Arbeit mit vielfältigen Aufgaben konfrontiert. Er rührt her aus den jeweiligen Konstellationen aus unterschiedlichen Zielgruppen bzw. Adressat_innenkreisen und ihren verschiedenen Lebensaltern, den Interventionsgraden unterschiedlicher Intensivität sowie aus systematisch unterscheidbaren Aufgabenfeldern. Dieses komplexe Bedingungsgefüge lässt sich in Handlungsfelder ordnen und systematisieren. Nachfolgend werden wir die Aufgaben und Bedingungen Sozialer Arbeit handlungsfeldübergreifend diskutieren: Zunächst nehmen wir einen historischen Rückblick vor, um darin die Funktion Sozialer Arbeit im Rahmen des Modernisierungsprozesses zu verorten (Unterkapitel 4.1). Danach skizzieren wir Ziele und Aufgaben Sozialer Arbeit (Unterkapitel 4.2), um im Anschluss daran die Mandate der Sozialen Arbeit zu diskutieren (Unterkapitel 4.3).

4.1 Gesellschaftlicher Modernisierungsprozess und Soziale Arbeit

Um die Aufgaben und Bedingungen Sozialer Arbeit nun handlungsfeldübergreifend verstehen zu können, ist es hilfreich, sich zu vergegenwärtigen, dass die Soziale Arbeit durch und durch historisch ist. Genauer gesprochen – sie antwortet auf Probleme, die sich erst im Zusammenhang mit einem Modernisierungsprozess gestellt haben, der nach wie vor anhält (vgl. Böhnisch 2012a, S. 219–222; Mennicke 2001, S. 23–48). Kern dieses Modernisierungsprozesses ist die Ausdifferenzierung und Pluralisierung einer modernen, beständig komplexer werdenden Gesellschaft (vgl. Chassé/von Wensierski 2008a; Thole/Hunold 2015). Diese gesellschaftstheoretische Diagnose eines voranschreitenden gesellschaftlichen Modernisierungsprozesses durch die Zeit wurde von verschiedenen Autoren wie etwa Max Weber, Norbert Elias oder Niklas Luhmann modelliert. Der Prozess zeigt sich in vielgestaltigen Begriffen, wie dem der Industrialisierung, Individualisierung, Pluralisierung, Demokratisierung, Liberalisierung, Digitalisierung und Globalisierung. Zugleich sind diese Prozesse insgesamt *kapitalistisch* und *neoliberal* gefasst.

4.1.1 Modernisierungstheoretische Modelle

Im Anschluss an die Modernisierungsthese Max Webers (1864–1920) ist die Macht der kapitalistischen Wirtschaftsordnung hervorzuheben, die zu einer beständig voranschreitenden Rationalisierung und Bürokratisierung sämtlicher Tätigkeiten und Lebensbereiche in der modernen Gesellschaft führt (vgl. Weber 1920; Schroer 2017, S. 63 ff.) – exemplarisch weisen die biographischen Erfahrungen im Fallportrait von Britta Schmitt auf eine zunehmende Rationalisierung und Bürokratisierung der Sorgearbeit in der stationären Altenhilfe hin.

Norbert Elias (1897–1990) begreift die Moderne als einen voranschreitenden Zivilisationsprozess. Mit seinen Überlegungen lassen sich Wechselwirkungen zwischen einem gesellschaftlichen Strukturwandel und den Veränderungen in der Persönlichkeitsstruktur von Individuen nachzeichnen. Demnach zivilisiert sich das Individuum parallel zur Ausbildung eines staatlichen Gewaltmonopols zunehmend selbst. Dieser Prozess geht einher mit der Abspaltung privater und intimer Bereiche, jenseits der großen gesellschaftlichen Öffentlichkeit. Als unzivilisiert geltende Regungen sind zunehmend nur noch in diesen nichtöffentlichen Bereichen möglich. Insgesamt machen Elias' Überlegungen darauf aufmerksam, dass die gesellschaftliche Ausdifferenzierung damit zusammengeht, dass spezifische Funktionen in spezifische Bereiche, in ‚Sonderräume' und ‚spezialisierte Enklaven' verschoben werden (vgl. Elias, 1939/2017a; 1939/2017b; Schroer 2017, S. 189 ff.). Mit dieser Perspektive geraten insbesondere diejenigen Handlungsfelder der Sozialen Arbeit in den Blick, in denen Mechanismen sozialer Ausgrenzung und abweichendes Verhalten jenseits der gesellschaftlich akzeptierten Normalität bearbeitet werden, bspw. wenn es darum geht, Hilfemaßnahmen für von Suchtproblematiken, psychischen Problemen oder Wohnungslosigkeit Betroffenen bereitzustellen. Exemplarisch wird ein solcher Sonderraum jenseits einer zivilisierten Öffentlichkeit deutlich in Form der ambulanten Beratungsstelle für Wohnungslose im Fallportrait von Andreas Bergkamp und mehr noch in der stationären Jugendwohngruppe im Fallportrait von Zeynep Ökzan.

Niklas Luhmann (1927–1998) weist in seiner systemtheoretischen Lesart darauf hin, dass spezifische gesellschaftliche Aufgaben und Problemlösestrategien in komplexen, modernen, funktional differenzierten Gesellschaften jeweils in eigens dafür ausgebildeten Funktionssystemen bearbeitet werden (vgl. Luhmann 1998; Lambers 2010a, S. 66 ff.). Anders jedoch als andere gesellschaftliche Funktionssysteme wie bspw. das Rechtssystem, das Gesundheitssystem, das Wirtschaftssystem, die jeweils darauf spezialisiert sind, spezifische klar abgrenzbare gesellschaftliche Probleme und Aufgaben zu bearbeiten, wird eine solche Perspektive von Sozialer Arbeit im Verständnis eines eigenständigen Funktionssystems nach wie vor kontrovers diskutiert (vgl. Bommes/Scherr 1996; Hillebrandt 2012; Lambers 2010a, S. 111 ff.). Aller Ausdifferenzierungen und Spezialisierungen sozialpädagogischer Aufgaben und Angebote zum Trotz stellt sich die eingangs formulierte Frage nach einer klar umrissenen und eindeutig begrenzten Zuständigkeit von Sozialer Arbeit insgesamt hier erneut auf einer theoretisch-systematischen Ebene: Kann die Soziale Arbeit in der Vielfalt ihrer Angebote und Aufgaben wirklich als ein für sich geschlossen operierendes Funktionssystem verstanden werden? Fließen nicht auch Versatzstücke aus anderen Funktionssystemen, wie dem Rechtssystem oder dem Gesundheitssystem in die Erbringung sozialpädagogischer Maßnahmen und Leistungen mit ein?

4.1.2 Kapitalistische und neoliberale Modernisierungsprozesse und ihre Effekte

Mit der Bezeichnung ‚kapitalistisch' wird der markt- und warenförmige Charakter des Sozialen betont, d.h. sämtliche Handlungen und Handlungsplanungen vollziehen sich unter den Gesichtspunkten des Marktes, im Sinne eines warenförmigen Austauschs: Aus vormals altruistisch und religiös motivierten Hilfen sind somit Dienstleistungen geworden, die auf einer sozialgesetzlichen Grundlage basieren und damit als soziale Dienstleistungen verstanden werden können (vgl. Klatetzki 2008, S. 8 und Kapitel 15). Die sozialen Dienstleistungen Sozialer Arbeit werden dabei zu Waren, die bildlich gesprochen Tauschgeschäfte ermöglichen, indem sie sowohl für die Leistungsempfänger als auch für die Gesellschaft potentielle (Rück-)Gewinne in Form von bspw. Integration und Qualifikation bereitstellen. Staat und Bürger_innen und ebenso Sozialarbeiter_innen und ihre Adressat_innen begegnen einander in Beziehungen, die markt- und warenförmigen Rationalitäten folgen.

Unter dem Begriff ‚neoliberal' ist insofern eine Dynamisierung des Kapitalismus zu verstehen, als die Freiheit des Individuums umschlägt in den Zwang dazu, sein Leben aktiv und eigenverantwortlich zu gestalten. Zugleich ziehen sich vormals verantwortliche Instanzen wie der Staat oder das Abstraktum Gesellschaft schrittweise aus der Verantwortung für das Wohlergehen des Individuums zurück.

„Erst die zunehmende Arbeitsteilung und die Durchsetzung des über Geld vermittelten Warentausches lassen die neue Qualität des Sozialen entstehen: Die moderne Gesellschaft etabliert sich als die soziale Praxis des Besitzindividualismus" (Winkler 1988, S. 124). Aus dieser besitzindividualistischen Praxis der modernen Gesellschaft heraus resultieren neue Ungleichheiten und *soziale Probleme,* d.h. Probleme, die im Spannungsverhältnis zwischen Individuum und Gesellschaft aufkommen. Vereinfacht gesprochen hat der Modernisierungsprozess dazu geführt, dass der Mensch als selbstverantwortliches Individuum adressiert und sowohl aus der herkömmlichen Ständeordnung als auch später dann aus den traditionellen Geschlechterverhältnissen und Familienstrukturen herausgelöst wird. Dieses als Freisetzung bezeichnete Moment geht jedoch immer schon mit Bewältigungsanforderungen (vgl. Böhnisch 2012a) und Entfremdungstendenzen einher. Indem der Mensch nun dazu aufgefordert ist, seine Arbeitskraft als Lohnarbeiter_in der arbeitsteiligen Gesellschaft zur Verfügung zu stellen, entfremdet er sich vom Produkt seiner eigenen Produktivität (vgl. hierzu exemplarisch Marx 1844/2014; 1867/2016). Dieses Entfremdungsmoment wird zumeist jedoch durch den Lohnerwerb verdeckt, welcher die eigene Produktivität transformiert in individualitäts- und identitätsstiftende Besitz- und Konsumgüter (vgl. Winkler 1988, S. 124 ff.; Reckwitz 2010).

Neben den Bewältigungsanforderungen, die aus diesem Entfremdungsmoment direkt resultieren, sind mit dem modernen Moment der Freisetzung noch weitere Bewältigungsanforderungen verbunden: Angesichts des adressierten Zwangs zur Eigenverantwortlichkeit (vgl. Bröckling 2007) und Aktivität (vgl. Lessenich 2009; 2012) geht es darum, dass der individualisierte Mensch sein eigenes Leben mit all den darin enthaltenden Anforderungen, Aufgaben, Krisen und Konflikten nun eigenverantwortlich bewältigen muss. Die Erosion der Normalbiographie, der bürgerlichen Kleinfamilie und der lebenslangen Erwerbstätigkeit auf einer Arbeitsstelle führten ebenso wie die durch Digitalisierung und Globalisierung verursachten Modernisierungsschübe zu einer Pluralisierung der Lebensformen und einer vielfach entgrenzten Neuordnung der Erwerbsarbeits-, Geschlechter- und Generationenverhältnisse. Dabei werden Gewissheiten brüchig (bspw. in Bezug auf die Erwartung an ‚typische' Geschlechterrollen) und Ressourcen oftmals unzuverlässig (bspw. die ‚Zufluchtsstätte' Familie). Zudem wird der einzelne Mensch zurückgeworfen auf die Machbarkeiten, Fortschritte und Errungenschaften der modernen Zivilisation, indem er sich selbst hierzu ins Verhältnis setzen muss.

Vor dem Hintergrund dieser gesellschaftlichen Wandlungsprozesse werden auch die sozialpädagogischen Aufgaben und Zuständigkeiten einerseits zunehmend *entgrenzt,* indem sich die Adressatinnenkreise und Problemfelder, für die sich die Soziale Arbeit verantwortlich zeigen sollte, beständig erweitern und ausdifferenzieren. Andererseits wird die Nutzung von sozialpädagogischen Angeboten und Maßnahmen immer mehr zum *„Normallfall"* (Chassé/von Wensierski 2008b, S. 8): Soziale Arbeit ist immer weniger nur für randständige Problemlagen zuständig, als vielmehr zunehmend auch für die als normal geltenden Lebenslagen in der Mitte der Gesellschaft, wie sich u. a. an der zunehmenden Nachfrage nach professioneller Beratung zeigt (vgl. Exkurs ‚Die Verbreitung von sozialpädagogischen Beratungsangeboten', S. 91 f.).

Im Rahmen dieser Herausforderungen schreibt Lothar Böhnisch der Sozialen Arbeit eine kritisch-aufklärerische Aufgabe zu: „Soziale Arbeit deckt die biographisierte Verwundbarkeit auf, die aus der technologisch-ökonomisch getriebenen, sozialen Entbettung resultiert: Das anomische Paradigma ‚Freisetzung und Bewältigung' zielt auf Handlungsfähigkeit ab: Wie kann ich das gesellschaftlich Erreichte auch für mich persönlich erreichen? Wie muss ich mich verorten, um handlungsfähig bleiben zu können?“ (Böhnisch 2012a, S. 221 f.) Zugleich ergibt sich aus diesen modernisierungstheoretischen Überlegungen für die Bedingtheit Sozialer Arbeit, dass ihre Antworten und Lösungen, die sie auf soziale Fragen und Probleme der Entfremdung und mangelnder sozialer Integration geben kann, begrenzt werden durch kapitalistische und neoliberale Rationalitäten: Soziale Arbeit muss sich als Teil von Gesellschaft zwangsläufig innerhalb der jeweils geltenden Gesellschaftsordnung bewegen. Soziale Arbeit integriert damit immer schon in eine kapitalistisch und neoliberal verfasste Gesellschaft hinein bzw. qualifiziert zur Übernahme jener Verantwortung (bspw. als Lohnarbeiter_in), die aus der neoliberalen und kapitalistischen Gesellschaftsordnung resultiert. Cornelia Füssenhäuser definiert Soziale Arbeit in diesem Sinn als „eine Reaktion auf den gesellschaftlichen Modernisierungsprozess, indem sie mit der Aufgabe betraut ist, Lösungen zu finden für die sozialen Probleme der Desintegration und Entfremdung“ (Füssenhäuser 2017b, S. 775).

4.2 Ziele und Aufgaben Sozialer Arbeit

Die Aufgaben Sozialer Arbeit lassen sich in unterschiedliche Felder unterteilen, welche den Zielen Personalisation, Qualifikation, Reproduktion, Rehabilitation/Pflege und Resozialisation folgen (vgl. Heiner 2010, S. 91 ff.). Bei aller Unterschiedlichkeit dieser sozialpädagogischen Ziel-Aufgaben-Konstellationen wird zugleich deutlich, dass sich die sozialpädagogisch zu bewerkstelligenden Aufgaben immer aufspannen zwischen den beiden Polen Individuum und Gesellschaft (vgl. Abb. 4.1).

Demnach hat Soziale Arbeit allgemein gesprochen die Aufgabe, zwischen Gesellschaft und ihren einzelnen Gesellschaftsmitgliedern zu *vermitteln*. Soziale Arbeit behandelt deshalb keine ausschließlich *subjektiven bzw. individuellen Probleme* so wie bspw. die Medizin und Psychiatrie. Vielmehr bearbeitet sie *soziale Probleme,* d. h. in der Regel die fehlgeleitete Passung zwischen Individuum und Gesellschaft. Es ist für die Soziale Arbeit zugleich Aufgabe und Ziel, die Passung zwischen Individuum und Gesellschaft zu unterstützen und zu fördern. Sie ist also aufgefordert, die individuellen Bedürfnisse nach Selbstverwirklichung mit den gesellschaftlichen Normen, Anforderungen und Regeln zu harmonisieren und auszutarieren.

Über diese hybride bzw. doppelte Vermittlungsaufgabe rückt nach Maja Heiner das Konzept der ‚Lebenslage‘ in den Blickpunkt sozialpädagogischen Handelns: Lebenslage umfasst „die Lebensbedingungen und zugleich die Lebensweise der Person, einschließlich ihrer (Un-)Fähigkeit, ihr Leben zu bewältigen und zu gestalten“ (Heiner 2010, S. 103). Ziel der Vermittlungstätigkeit ist wiederum „die Ermöglichung der sozial verantwortlichen Selbstverwirklichung

Abb. 4.1: Ziele und Aufgaben Sozialer Arbeit im Spannungsfeld von Individuum und Gesellschaft (in Anlehnung an die zielbezogene Aufgabengliederung in Heiner 2010, S. 92).

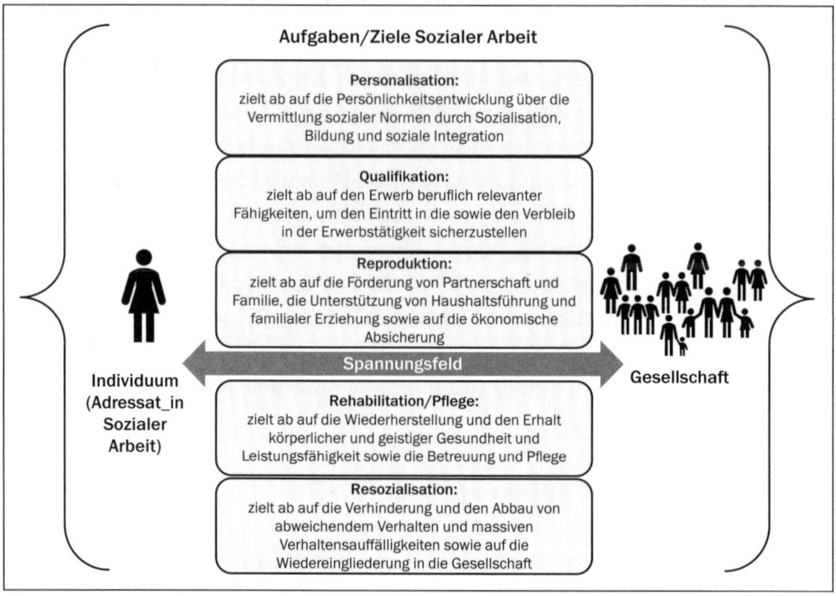

von Individuen“ (Heiner 2010, S. 103). Aus einer sozialpädagogischen Perspektive heraus betrachtet machen soziale Probleme auch darauf aufmerksam, dass Veränderungen auf individueller und auf gesellschaftlicher Seite erforderlich sein können: Es geht also prinzipiell um *die Veränderung von Verhalten* und *von Verhältnissen.* Die Organisation von Ressourcen, Hilfen und Handlungsspielräumen, um Adressat_innen zu entlasten und zu befähigen, geht dabei oftmals einher mit normalisierenden, kontrollierenden und disziplinierenden Interventionen. Diese zielen mitunter auch gegen den Willen der Adressat_innen auf deren soziale Integration in das bestehende gesellschaftliche Normen-, Anforderungs- und Regelsystem ab (ebd., S. 104ff.).

Diesem Ziel kommt die Soziale Arbeit nach, indem sie also Integrationsangebote für ihre Adressat_innen bereithält, welche oftmals besondere Formen der Hilfe und Unterstützung benötigen. Als eine gesellschaftliche Akteurin unterliegt Soziale Arbeit in hohem Maße dem jeweiligen gesellschaftlichen Zeitgeist und lässt sich als Bearbeitungsinstanz sozialer, d.h. gesellschaftlich (mit-) verursachter Probleme verstehen. Die Frage aber, was überhaupt als ein soziales Problem gilt und was nicht, lässt sich nur der Tendenz nach über Fakten klären. Vielmehr ist die Beantwortung der Frage, was als soziales Problem gilt, an gesellschaftliche Aushandlungsprozesse gebunden. Die Frage, wer für was zuständig ist, skizzieren wir an zwei Beispielen für Aushandlungsprozesse:

- ‚Drogenkonsum und die damit verbundenen Suchtprobleme': Hier lässt sich die Frage stellen, inwieweit Drogenkonsum eine Problematik darstellt, der sich die Soziale Arbeit annehmen sollte und nicht die Abteilung für medizinische Versorgung einer Gesundheitsbehörde. Die Aushandlungsprozesse, welche Berufsgruppe für welche Konsumentinnen zuständig ist, spiegeln sich schon alleine darüber wider, dass zwischen ‚Suchtkrankenhilfe' und ‚Drogenhilfe' differenziert wird (vgl. Unterkapitel 9.3).
- ‚Jugendliche fallen mit Straftaten auf und werden delinquent': Auch hier lässt sich die Frage stellen, inwieweit eine kriminelle Jugendbande unter dem Stichwort ‚Jugendkriminalität' ein strafrechtlich zu verfolgendes Problem darstellt oder aber eines, welches in erster Linie sozialpädagogische Bearbeitung erfordert. Dies verweist u. a. darauf, dass die Antworten, in welchen Fällen Polizei und Jugendhilfe mit welchen Handlungszielen (Strafverfolgung und Hilfe) arbeiten (§ 81 SGB VIII) sowie in welchen Fällen spezifische Bearbeitungsformen wie zum Beispiel die sogenannten gemeinsamen Fallkonferenzen gefunden werden, Ergebnisse gesellschaftlicher Aushandlungsprozesse sind (vgl. Dollinger/Schabdach 2013).

Fragen wie diese werden gesellschaftlich bearbeitet, d. h. es wird diskursiv ausgehandelt, ob ein bestimmter Sachverhalt ein soziales Problem darstellt, wie darauf zu reagieren ist und inwieweit die Soziale Arbeit damit beauftragt ist, hierauf zu reagieren (vgl. Exkurs ‚Wissensordnungen und Diskurs', S. 42 ff.). Insofern kann mit Axel Groenemeyer auch von einem „Doing Social Problems" (Groenemeyer 2010a) gesprochen werden. Folglich sind die besonderen Hilfebedarfe immer schon sozial gefasst:

- Erstens ist das, was als sozial problematisch markiert wird, immer abhängig von den Bewertungen und Einordnungen der Gesellschaft: Subjektive Lebensführungsweisen von Adressat_innen werden also dadurch zum Problem, dass sie mit den geltenden gesellschaftlichen Verhaltensnormen und Überzeugungen in Konflikt stehen. Die Aufgaben und Funktionen Sozialer Arbeit werden demnach an die gesellschaftlich vorherrschenden Normalitätsvorstellungen und Problemdeutungsmuster rückgebunden. Dieser diskursive Aushandlungscharakter wird in der folgenden Definition Sozialer Arbeit von Fabian Kessl deutlich: „Soziale Arbeit wird [...] als eine öffentliche Sozialisationsinstanz gefasst, deren Funktion die Regulierung und Gestaltung subjektiver Lebensführungsweisen von Gesellschaftsmitgliedern in den Fällen darstellt, in denen diese als sozial problematisch oder potenziell sozial problematisch markiert werden" (Kessl 2013, S. 8).
- Zweitens sind Probleme jedoch immer auch gesellschaftlich mitverursacht: So werden bestimmte Bevölkerungsgruppen bspw. aufgrund ihrer ethnischen oder sexuellen Identität stigmatisiert und ausgegrenzt oder auch sozial

benachteiligt, etwa bezogen auf ökonomische und materielle Ressourcen, Wohnraum, Bildungsangebote und -perspektiven sowie gesellschaftliche Teilhabe und Mitbestimmung. Entgegen einer Individualisierung von Problemlagen betrachtet Soziale Arbeit Lebenslagen wie Armut, Arbeits- und Wohnungslosigkeit sowie Schwierigkeiten im Übergang zwischen den einzelnen Lebensabschnitten oder beim Bewältigen von Entwicklungsaufgaben innerhalb jener grundsätzlich als sozial bzw. gesellschaftlich (mit)hervorgebracht.

- Drittens verschieben sich durch den fortschreitenden Modernisierungsprozess soziale Problemlagen, es kommen neue hinzu und bestehende verändern sich hinsichtlich ihrer Dringlichkeit, Intensität und Reichweite. Hierdurch verändern und verschieben sich gleichzeitig immer auch Zuständigkeitsbereiche sowie Aufgaben und Ziele Sozialer Arbeit. Neue oder veränderte Adressat_innenkreise kristallisieren sich als Zielgruppe sozialpädagogischer Angebote, Maßnahmen und Leistungen heraus. Mitunter verändern sich Maßnahmen und Leistungen und es werden neue Konzepte und Angebotsformen erforderlich. In einigen Bereichen findet eine Ausweitung der bestehenden Angebote, Aufgaben und Zuständigkeiten statt, während die Leistungserbringung in anderen Bereichen gleichzeitig konzentrierter bzw. spezialisierter erfolgt. Mit diesen Dynamiken geht der Umstand einher, dass Soziale Arbeit an sozialstaatliche Maßgaben und Beauftragungen ebenso gebunden ist wie an eine sozialrechtliche Rahmung ihrer Leistungen, Maßnahmen und Angebote. Wie schon die Soziale Arbeit selbst, so sind auch diese Einflussgrößen in Form von Politikwechseln und Gesetzesänderungen gesellschaftlichen Wandlungsprozessen und damit steter Veränderung ausgesetzt.

Exkurs: Wissensordnungen und Diskurs

Im Anschluss an den Philosophen Michel Foucault und weiteren Autor_innen haben sich sozialwissenschaftliche (überwiegend praxeologische, d.h. praxistheoretische und poststrukturalistische) Perspektiven etabliert, welche den Konstruktionscharakter sozialer Wirklichkeit mit ihrem normierenden und ordnenden Charakter zusammendenken. Damit wird sowohl dem Subjektivismus als auch dem Objektivismus/Strukturalismus eine Absage erteilt: Weder wird subjektivistisch von ‚freien', autonom handelnden Akteur_innen ausgegangen, die ihr Handeln an rationalen Zwecken *(rational choice)* oder an intentionalen Motiven ausrichten, noch strukturalistisch von einem fixen System aus Normen und Funktionen, innerhalb dem die Akteur_innen lediglich einem vorgebenden Skript folgen oder eine schon vordefinierte Rolle einnehmen (vgl. Reckwitz 2003, S. 287; ebd. 2012, S. 119ff.).

Das, was zu einem gegebenen Zeitpunkt über die Dinge gewusst werden kann, findet sich in *Wissensordnungen* geregelt. „Nicht über Zwecke oder Normen wird die Sozialwelt in erster Linie produziert und reproduziert, sondern über die kollektiv existierende sinnhafte ‚Ordnung der Dinge', über Systeme von Unterscheidungen und Deutungsmustern, die als kollektive Wissensordnungen wirken" (Reckwitz 2012, S. 33). Damit sind Wissensordnungen machtvoll, weil sie *diskursiv* sind. D.h. in ihnen wirken Diskurse, in einem Verständnis von Praktiken, „die systematisch die Gegenstände bilden, von denen sie sprechen" (Foucault 1973/2008, S. 525). Dies bedeutet auch, dass das, was wir über die Welt zu wissen glauben und wie wir die Welt wahrnehmen, immer schon geordnet und normiert ist. Von Kindesbeinen an richtet sich entlang eingeübter und für selbstverständlich erachteter Ordnungen des Wissens aus, was richtig ist und was falsch, was wahr ist und was unwahr, was legitim ist und was illegitim (vgl. Foucault 1986/2008, S. 1160; 1974, S. 13).

Fundamentale Beispiele für Wissensordnungen bzw. Ordnungsbildungen stellen Geschlechterordnungen (vgl. ex. Butler 1995; 2012; Göweil 2017) und generationale Ordnungen (vgl. ex. Alanen 2009; 2005; Honig 2009) dar. Diese ordnen auch die Adressat_innen Sozialer Arbeit entlang ihrer (vermeintlichen) Positionierung innerhalb der Kategorie Geschlecht bzw. Generation und projizieren entsprechende Zuschreibungen und Erwartungen auf jene. Darüber, wie Kind-Sein, Frau-Sein, Alt-Sein usw. ordnungsgemäß abzulaufen hat, existiert ein überaus machtvolles diskursives Wissen. Selbst die Frage danach, welche sozialen Probleme sich im Spiegel dieser Ordnungen für die Adressat_innen antizipieren lassen, stellt letztlich ein Erzeugnis diskursiver Wissensbestände dar.

Auch wenn die theoretische Perspektive diskursiver Wissensordnungen einem letztlich doch objektivistischen bzw. strukturalistischen System aus bereits immer schon feststehenden Normen relativ nahe kommt, so können diese Wissensordnungen in zweifacher Weise als dynamisch verstanden werden:

- Erstens lässt sich die tagtäglich vollzogene Praxis, welche praxeologisch als Konstruktionsort sozialer Wirklichkeit gilt, eher als ein Prozess von (fluider) Ordnungsbildung beschreiben denn als unabänderliche Wissensordnung (vgl. Schäfer 2013, S. 21; Reckwitz 2003, S. 289). Werden bspw. Praktiken wie Ladendiebstahl oder Drogengebrauch in der jugendlichen Peergroup als gültig und legitim anerkannt, wird zwar die dahinterliegende Wissensordnung im Verständnis von Ordnungsbildungen reproduziert und weiter fortgeschrieben. Zugleich kann sich in der Peer eine alternative Ordnung des Wissens etablieren, indem sie den Praktiken alternativen Sinn zuschreiben (bspw. als Ausdruck gegenkultureller Praktik). Ordnungsbildungen werden also nicht einfach reproduziert, sondern transformiert und verändert (vgl. Foucault 1980/2005, S. 28; Butler 2012, S. 82; 1995, S. 299; Schäfer 2013, S. 387; Reh/Rabenstein 2012, S. 227 ff.).

- Zweitens liegt die Dynamik von Wissensordnungen auch in ihrer Diskursivität selbst: Denn Diskurse werden nicht nur einfach irgendwann passiv und kommen zum Erliegen. Sie verändern sich auch über die Zeit und gewinnen oder verlieren an Bedeutung (vgl. Jäger 2011, S. 107 ff.; Bublitz 2011, 258 f.; Foucault 1973/2008). So hat sich bspw. im Laufe der letzten dreißig Jahre der Diskurs über Sexualität und geschlechtlicher Zuschreibung insofern verändert, dass neben den vormals binären Geschlechtercodierungen ‚männlich' und ‚weiblich' inzwischen ‚divers' als dritte Kategorie eingeführt wurde. Zugleich kommt die hegemoniale Macht der binären Geschlechtercodierung als Wissensordnung selbst nicht zum Erliegen, sondern wird lediglich erweitert und transformiert.

Vor diesem Hintergrund der sozialen Gefasstheit ist nachvollziehbar, weshalb Soziale Arbeit grundlegend durch ein Paradox strukturiert wird: Ausgerechnet der Prozess einer voranschreitenden Spezialisierung, Expansion und Ausdifferenzierung der Angebote und Aufgaben Sozialer Arbeit führt dazu, dass die Soziale Arbeit mit einer ‚diffusen Allzuständigkeit' umzugehen hat. Diese Diffusität entsteht deshalb, da sie sich weder durch klar abgrenzbare Probleme, noch durch exklusive Methoden der Problembearbeitung auszeichnet (vgl. Dewe/ Otto 2015, S. 1858). Das Merkmal der diffusen Allzuständigkeit ist nach Michael Galuske eines der zentralen Merkmale Sozialer Arbeit:

> „Alles, was das (Alltags-)Leben an Problemen hergibt, kann zum Gegenstand sozialpädagogischer Intervention werden. In der Tat lässt sich zeigen, dass in der Entwicklung der Sozialen Arbeit sowohl auf der Makroebene der Arbeitsfelder wie auch auf der Mikroebene der alltäglichen Intervention eine Ausweitung von Themen, Gegenständen und Problemen stattgefunden hat. Haushaltsmanagement, berufliche Integration, Schulprobleme, fehlender Wohnraum, Zukunftsplanung, Suchtprobleme, materielle Unterversorgung, Sinnfragen, Erziehungs- und Beziehungsprobleme – kurz: kein Alltagsproblem, das nicht zum Gegenstand Sozialer Arbeit werden kann, insofern (a) die ‚gewachsenen' Ressourcen des sozialen Bedarfsausgleichs nicht ausreichen, die ‚Problemlage' aus eigener Kraft zu bewältigen und (b) das Problem im öffentlichen und politischen Diskurs als bearbeitungswürdiges Problem wahrgenommen und anerkannt wird" (Galuske 2015, S. 1023).

Dies bedeutet, dass sich einerseits nahezu jede gesellschaftlich relevante und sozial konturierte Problemlage im Sinne einer entsprechenden Bearbeitungszuständigkeit an die Soziale Arbeit verweisen lässt. Andererseits ist dennoch ungewiss, inwieweit und unter welchen Bedingungen die Soziale Arbeit *exklusiv* zur Bearbeitung der jeweiligen Problemlage berechtigt bzw. befähigt ist. Dies lässt sich konkret daran festmachen, wie sich bspw. Zuständigkeitsgrenzen verwischen, wenn die Altenhilfe stärker medizinisch denn sozialpädagogisch und auf Fürsorge hin ausgerichtet wird oder wenn im Kontext von Jugendkriminalität weniger Maßnahmen der Kinder- und Jugendhilfe als vielmehr Maßnahmen der Justiz oder der Psychiatrie für relevant und funktional erachtet werden.

Zusammenfassend lassen sich die Aufgaben Sozialer Arbeit nach Cornelia Füssenhäuser wie folgt definieren (vgl. Füssenhäuser 2017b, S. 775 f.):

- Soziale Arbeit stellt eine *Hilfeinstanz* für die soziale Integration ihrer Adressat_innen dar, indem sie das Individuum bei der Bewältigung der Anforderungen und Krisen, die mit der Lebensweise in modernen Gesellschaften verbunden sind, falls erforderlich, unterstützt.
- Soziale Arbeit stellt aber auch eine Kontrollinstanz dar. Sie reguliert, verändert und kontrolliert die Lebensführungsweisen ihrer Adressat_innen, die von der gesellschaftlichen Norm und Normalität abweichen, über Angebote der Resozialisation bzw. Reintegration – notfalls auch mit Zwang. So ist Soziale Arbeit auch *Kontrollinstanz,* welche die Adressat_innen normalisiert, um für eine Aufrechterhaltung bzw. Wiederherstellung der gesellschaftlichen Normen zu sorgen.

Diese doppelte Aufgabenstellung Sozialer Arbeit wird gemeinhin als ihr ‚doppeltes Mandat' bezeichnet, welches wir nachfolgend diskutieren.

4.3 Mandate der Sozialen Arbeit

4.3.1 Das doppelte Mandat

Das doppelte Mandat – Hilfe und Kontrolle ist in seiner Gleichzeitigkeit – sowohl für die Adressat_innen Sozialer Arbeit als auch für die Gesellschaft – spannungsreich und in Teilen widersprüchlich (vgl. Abb. 4.2). Es ist dementsprechend Ziel und Aufgabe Sozialer Arbeit „zwischen den Interessen, Bedarfen und rechtlichen Ansprüchen der Adressat_innen und gesellschaftlichen bzw. politischen Interessen, die auch mit den Aspekten ‚Kontrolle' bzw. ‚Disziplinierung' verknüpft sind, zu vermitteln. Als ‚intermediäre Instanz'" bewegt sich die Soziale Arbeit „im Spannungsfeld von lebensweltlichen Bewältigungsmustern und gesellschaftlichen Anforderungen, Hilfe und Kontrolle sowie Abweichung und Normalität" (Füssenhäuser 2017a, S. 766 f.).

Die gesellschaftliche Funktion Sozialer Arbeit lässt sich damit beschreiben als eine Vermittlungstätigkeit zwischen einzelnen Individuen und der Gesellschaft, bei der die Gewichtung von Einzelwohl und Gemeinwohl jeweils situativ immer wieder neu ausgehandelt werden muss (vgl. Heiner 2010, S. 101 ff.). Dieser moderierende Aushandlungscharakter (vgl. Exkurs ‚Aushandeln als zentrale

Abb. 4.2: Das doppelte Mandat der Sozialen Arbeit

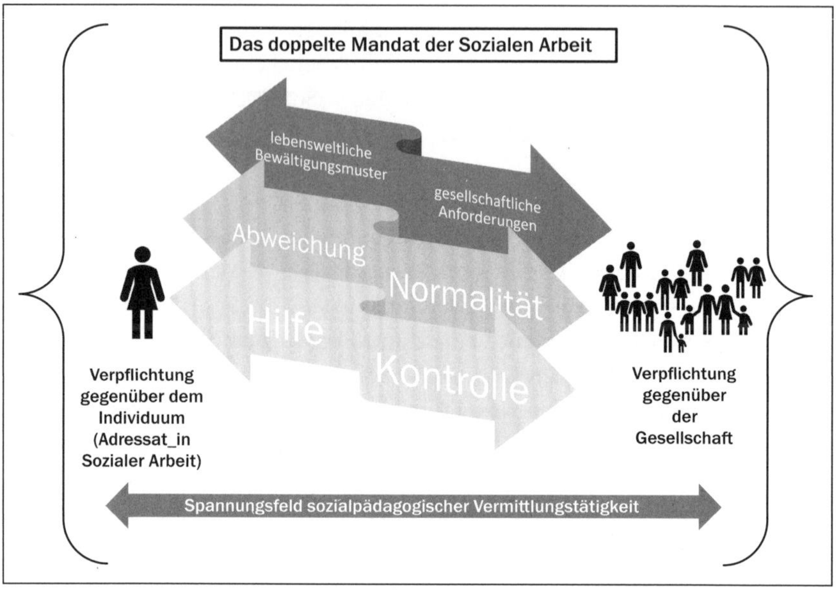

Dimension Sozialer Arbeit', S. 56f.) ergibt sich also bereits aus der Vermittlungsfunktion, welche die Soziale Arbeit qua ihres doppelten Mandates übernimmt. Zudem macht das doppelte Mandat darauf aufmerksam, weshalb die sozialpädagogische Profession in einem besonderen Maße auf Reflexivität verpflichtet ist (vgl. Dewe/Otto 2011; 2012; Heiner 2010, S. 103): Mit jeder fachlichen Entscheidung und konkreten Intervention ist die Soziale Arbeit aufgefordert, ihr professionelles Tun mit Blick auf ihre beiden Mandate hin zu reflektieren und zu überprüfen und damit als fachlich legitim auszuweisen. Heiner beschreibt die komplexe Aufgabe der Sozialen Arbeit darin, „kollektive soziale Probleme vorrangig am Einzelfall, personenbezogen zu bearbeiten und dabei zwischen Individuum und Gesellschaft zu vermitteln. So kann sie auch besonders belasteten oder gefährdeten Menschen den Weg zu einer sozial verantwortlichen Selbstverwirklichung erleichtern – und sei es notfalls mit Druck und Zwang. Als ‚hilfreiche Kontrolle' soll sie sich überflüssig machen und ‚Hilfe zur Selbsthilfe' sein. Sie muss sich daher mit ihren Unterstützungsangeboten zurückhalten, um die Adressat_innen nicht zu entfähigen, indem sie ihnen zu viel Verantwortung abnimmt. Als eine solche, gezielt zurückhaltende Hilfe ist sie zugleich ‚kontrollierte Hilfe', die Unterforderung durch Überfürsorglichkeit ebenso zu vermeiden sucht, wie eine verfrühte Einmischung" (Heiner 2010, S. 112).

Aus dieser inzwischen als klassisch zu bezeichnenden Perspektive des doppelten Mandats hat sich eine analytische Spezifizierung entwickelt, die der „Normalisierung des doppelten Mandats" (Lutz 2010). Tilman Lutz begründet dies darüber, dass eine „neue Qualität des alten Spannungsfeldes“ zu verzeichnen sei, „in dem sich die Grenzen der ethisch legitimen Kontrolle verschieben“ (Lutz 2010, S. 271). Anstelle des klassischen Dualität von Hilfe und Kontrolle sieht Lutz zunehmend einen Konflikt in Bezug auf die Zielperspektive der Hilfen: In einem zunehmend punitiven Gestus führt die sozialpädagogische Bearbeitung von Problemen längst nicht mehr zwangsläufig zu einer Integration der Adressat_innen, sondern befördert mittlerweile nicht selten auch deren sozialen Ausschluss. In einer solchen ‚Normalisierung um jeden Preis‘ steht dann insgesamt die Legitimität der Mittel zur Diskussion, „also die Frage, wie viel Zwang in der Hilfe sein darf“ (ebd.).

4.3.2 Tripelmandat und Einzelmandat

Innerhalb des sozialpädagogischen Diskurszusammenhangs haben sich neben dem Modell des doppelten Mandats alternative Modelle entwickelt: Um die Profession und ihre normativen Bezugspunkte zu stärken und transparent zu machen, hat Silvia Staub-Bernasconi (2007; 2008) in ihrer Konzeption von Sozialer Arbeit als Menschenrechtsprofession vorgeschlagen, das Doppelmandat zu einem Tripelmandat zu erweitern (vgl. Abb. 4.3). Zusätzlich zu den Beauftragungen seitens der Adressat_innen und der Gesellschaft sieht sie die Berufung auf die Menschenrechte als einen normativen Orientierungspunkt an, an dem sich die Profession Sozialer Arbeit ausrichten und mit dem sie ihr fachliches Tun legitimieren kann. Dieser stark normative Ansatz eines Tripelmandats hat sowohl Befürworter_innen als auch Kritiker_innen mobilisiert (vgl. exemplarisch Schumacher 2013, S. 151 ff.).

Abb. 4.3: Konzeption des Tripelmandats (in Anlehnung an Staub-Bernasconi 2007; 2008)

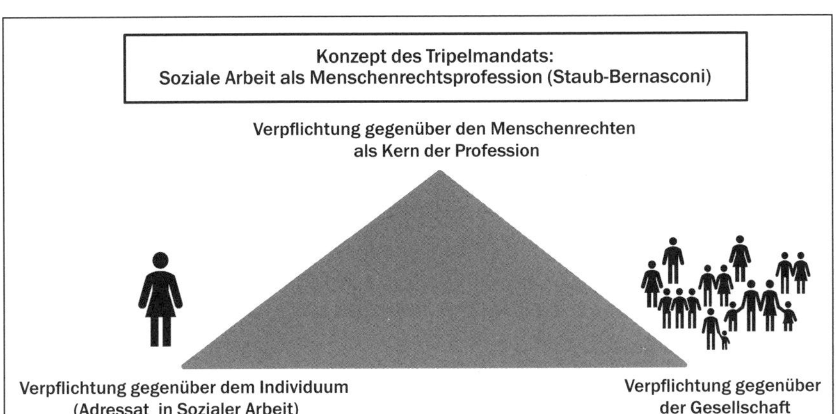

Des Weiteren liegen zeitdiagnostische Beobachtungen vor, die unter dem Stichwort Punitivität Sozialer Arbeit infolge aktueller Sozialpolitiken lediglich von einem Einzelmandat sozialpädagogischer Kontrolle ausgehen. So sprechen bspw. Ronald Lutz, Wolfgang Sartorius und Titus Simon (2017) im Kontext der Wohnungslosenhilfe davon, dass Soziale Arbeit unter den Vorzeichen einer auf Aktivierung ausgerichteten sozialstaatlichen Programmatik im Grunde genommen nicht adressat_innenorientiert hilft, sondern betroffene Personen ausschließlich nur noch kontrolliert: Gemäß dem Paradigma von Fördern und Fordern werden Hilfeleistungen gegenüber den Adressat_innen ausschließlich unter der Vorbedingung von Eigenaktivität erbracht bzw. gewährt. Bleibt diese Eigenaktivität auf Seiten der Adressat_innen aus – sei es, weil sich die Adressat_innen verweigern, sei es, weil sie ihm nicht oder nur unzureichend nachzukommen im Stande sind –, findet nur noch eine Versorgung und Verwaltung von Armut statt, ohne dass eine nachhaltige Bekämpfung von Armut, eine Verbesserung der Lebenslagen der Betroffenen und ihre soziale Reintegration angestrebt werden (vgl. Lutz/Sartorius/Simon 2017, S. 223 f.). Noch einmal anders gelagert argumentiert Mark Schrödter in der Systematik eines Einzelmandats, indem er „Soziale Arbeit als Gerechtigkeitsprofession“ (2007) definiert, deren Kern nicht im Wechselspiel von Hilfe und Kontrolle, sondern in der Ausrichtung auf soziale Gerechtigkeit besteht.

Insgesamt lässt sich für das Mandat der Sozialen Arbeit festhalten, dass es auf (sozial-)rechtlichen und sozialstaatlichen Prinzipien und Vorschriften fußt (vgl. Kapitel 12). Nicht zuletzt professionstheoretische Perspektiven weisen darauf hin, dass das Spannungsfeld aus Hilfe und Kontrolle eine unauflösbare, nicht zu umgehende Paradoxie sozialpädagogischen Handelns darstellt. Vernachlässigen Sozialarbeiter_innen das Mandat der Hilfe, treten sie den Adressat_innen als „sanfte Kontrolleure“ (Peters/Cremer-Schäfer 1975) gegenüber, die sie in subtiler Weise assimilieren und damit die bestehenden Herrschaftsverhältnisse stabilisieren. In Missachtung des Hilfemandats werden Sozialarbeiter_innen letztlich zu einem nur noch sozialtechnologisch ausführenden verlängerten Arm des (Sozial-)Staates, zu einer de-professionalisierten Individuums- und Verhaltens-Veränderungsmaschine; diese blendet die Ungleichheiten und Benachteiligungen erzeugenden Verhältnisse sowie die machtvolle Rolle, die Staat und Gesellschaft darin spielen, unreflektiert aus. Vernachlässigen Sozialarbeiter_innen hingegen das Mandat der Kontrolle, etwa, weil es im direkten Kontakt mit den Adressat_innen Konflikte heraufbeschwört, verlieren sie im solidarischen Eintauchen in die Lebenswelt der Adressat_innen jegliche fachliche Distanz. Diese ist jedoch erforderlich, um professionell agieren und Hilfe im Verständnis sozialer Dienstleistungen erbringen zu können. Sie drohen dann, die bindende Verfasstheit Sozialer Arbeit zu verlassen und lediglich mehr oder weniger nach Gutdünken Hilfe anzubieten, welche weder sozialrechtlich noch fachlich gedeckt und abgesichert ist.

Aufgabe und Ziel Sozialer Arbeit wurde bis hierhin im Wesentlichen als Vermittlung zwischen Individuum und Gesellschaft konturiert – als eine Vermittlungstätigkeit, welche versucht, soziale Verantwortung bzw. Gemeinschaftssinn einerseits sowie Selbstverwirklichung andererseits auszutarieren. Subjektive Lebensführungsweisen von Adressat_innen müssen also mit den geltenden gesellschaftlichen Verhaltensnormen zusammengebracht werden. Diese Zielsetzung und Aufgabenstellung wird handlungsfeldübergreifend verfolgt. Je nach Handlungsfeld wird sie jedoch unterschiedlich ausgestaltet. Bevor im zweiten Teil dieses Buchs dargestellt wird, wie sich dies in den einzelnen Handlungsfeldern genau vollzieht, wird im folgenden Kapitel der Frage nachgegangen, was genau unter einem sozialpädagogischen Handlungsfeld zu verstehen ist. Dies geschieht, indem wir zum einen systematisch analysieren, wie Handeln bzw. Handlungen im Kontext Sozialer Arbeit organisiert ist bzw. sind. Zum anderen arbeiten wir heraus, wie sich innerhalb des sozialpädagogischen Praxiszusammenhangs einzelne (Handlungs-)Felder identifizieren lassen. Außerdem wird aufgezeigt, wie Aufgaben, Ziele, Handlungen, Akteur_innen und Institutionen zueinander in Relation stehen und in teilweise machtvollen (Abhängigkeits-)Verhältnissen positioniert sind.

Reflexionsaufgaben

a. Beschreiben Sie, weshalb Soziale Arbeit in ein Spannungsfeld zwischen Allzuständigkeit und Spezialisierung geraten ist.
b. Erläutern Sie in Stichpunkten, inwiefern Soziale Arbeit als eine gesellschaftliche Probleme bearbeitende Akteurin zu verstehen ist. Welche Bedingungen, Herausforderungen und Wandlungsprozesse sind hiermit verbunden?

5 Was ist ein sozialpädagogisches Handlungsfeld?

In unserem Einführungskapitel haben wir definiert, dass Handlungsfelder die einzelnen Bereiche innerhalb der Sozialen Arbeit kennzeichnen. Über sie lassen sich Zielgruppen und Adressat_innenkreise ebenso bestimmen, wie spezifische Methoden und Konzepte deutlich werden. Sie geben Auskunft über die Ziele und Aufgaben der jeweils zu verrichtenden Tätigkeiten. Über die Bestimmung in einzelne Handlungsfelder lassen sich die zu erbringenden Leistungen, Maßnahmen und Angebote ebenso erfassen und bündeln, wie die hieran beteiligten Akteur_innen und Institutionen. Anhand der Handlungsfelder lassen sich in Form von Motiven und Charakteristika handlungsfeldspezifische Binnenlogiken bestimmen.

Mit vergleichendem Blick in einschlägige Fachbücher zu Handlungsfeldern der Sozialen Arbeit lässt sich schnell feststellen, dass der Begriff ‚Handlungsfeld' nicht einheitlich verwendet wird – zudem finden sich neben dem Begriff weitere Begriffe wie bspw. ‚Praxisfeld', ‚Tätigkeitsfeld', ‚Arbeitsfeld' oder ‚Berufsfeld'. Des Weiteren werden diese Felder unterschiedlich gruppiert (vgl. Aner/Hammerschmidt 2018; Thole 2012; Bieker/Floerecke 2011; Heiner 2010; Chassé/von Wensierski 2008a). Dahinter steht die Idee, dass der *Praxiszusammenhang Soziale Arbeit* sich bereichsbezogen in unterschiedliche *Handlungsfelder* unterteilen lässt sowie sich diese wiederum weiter ausdifferenzieren lassen. Differenziert nach Zielgruppe, Aufgabe und Zielsetzung verlangt sozialpädagogisches Handeln nach *feldspezifischen Handlungen.* Hinter dieser Systematisierung der vielgestaltigen und dynamischen Praxislandschaft steht die Absicht, einzelne Fälle zu Feldern zu aggregieren. Dies geschieht in der Annahme, dass ähnliche Lebensalter und/oder ähnliche Lebenslagen fallübergreifend und feld(er)konstituierend nach jeweils ähnlichen Hilfebedarfen und Problembearbeitungsweisen verlangen.

Nachfolgend wird diese konstitutive Bedeutung für die Organisation Sozialer Arbeit in sogenannte ‚Handlungs-Felder' diskutiert. Doch was ist unter ‚Handlung' im Kontext Sozialer Arbeit zu verstehen? Und wodurch wird etwas in diesem Zusammenhang zu einem ‚Feld'? Hierfür schlagen wir eine Systematik vor, die von der ‚Handlung' ausgeht, diese Definition auf den Begriff des Feldes bezieht und damit klärt, was ein ‚Handlungsfeld' ist. Dabei setzen wir den Begriff ‚Handlungsfelds' zu weiteren, in der einschlägigen Fachliteratur kursierenden Begriffen wie ‚Berufsfeld', ‚Arbeitsfeld' oder ‚Tätigkeitsfeld' ins Verhältnis.

5.1 Dimension ‚Handlung'

Der Begriff ‚Handlung' lässt sich in unterschiedlichen Dimensionen wie alltägliches und professionelles, soziales und sozialpädagogisches Handeln fassen, die sich zwar je überschneiden, aber nicht vollständig überlappen. Gemeinsam ist ihnen, dass sie ein Geschehen zwischen Menschen beschreiben, mit welchem etwas bewirkt wird – sei es in Form einer wechselseitigen Beeinflussung eines Aufeinander-Reagierens oder Miteinander-Interagierens. Wir werden im weiteren Verlauf die Begriffe ‚Handlung' und ‚Handeln' an den jeweiligen Referenzen orientiert synonym verwenden, auch wenn es zwischen den beiden Begriffen Bedeutungsunterschiede geben kann.

5.1.1 Handeln im Alltag

Dem Duden zufolge bezeichnen Handlungen erstens ziel- bzw. zweckgebundene, also vom Menschen bewusst ausgeführte Tätigkeiten. Hierdurch wird das Handeln von einem eher unspezifischen und ungerichteten Tun, dem Nachgehen von ungerichteten Aktivitäten und Tätigkeiten ebenso abgegrenzt, wie von einem lediglich in seinen Auswirkungen beschreibbaren Verhalten. Zweitens bezeichnet der Duden unter Handlung zusammenhängende, miteinander verkettete Abfolgen von Ereignissen oder Vorgängen. Handlungen bestehen zumeist aus mehreren aufeinanderfolgenden und miteinander verbundenen Schritten, die erst in ihrem Zusammenwirken als Handlung identifizierbar werden (vgl. Online-Duden 2018a). Beiden Bedeutungsebenen ist gemein, dass sich Handlungen grundsätzlich kontextuell vollziehen. Das, was der Mensch tut, ergibt erst Sinn über den Miteinbezug der jeweiligen, mit der Handlung verbundenen Kontexte. Um Handlungen zu analysieren, lassen sich diese in fünf Komponenten zerlegen (vgl. Heiner 2010, S. 35, siehe auch Abb. 5.1):

1. Handlungsziele: Darunter werden die Absichten, Motivationen und Zwecke der Handelnden gefasst.
2. Handlungsbedingungen: Dies bezeichnet die situativen Kontexte, unter denen Menschen handeln.
3. Handlungsplan: Damit lassen sich die Modalitäten des Vorgehens beschreiben.
4. Handlungsprozess: Diese Komponente beschreibt den eigentlichen Handlungsvollzug.
5. Handlungsergebnis: Dies umfasst alle Konsequenzen der Handlung.

Jedoch wissen wir auch aus eigenen Alltagserfahrungen, dass diese fünf Komponenten einer Handlung nicht immer, vielleicht sogar eher selten durchgängig

Abb. 5.1: Handlungstheoretischer Analyserahmen im Alltag nach Heiner (vgl. Heiner 2010, S. 35)

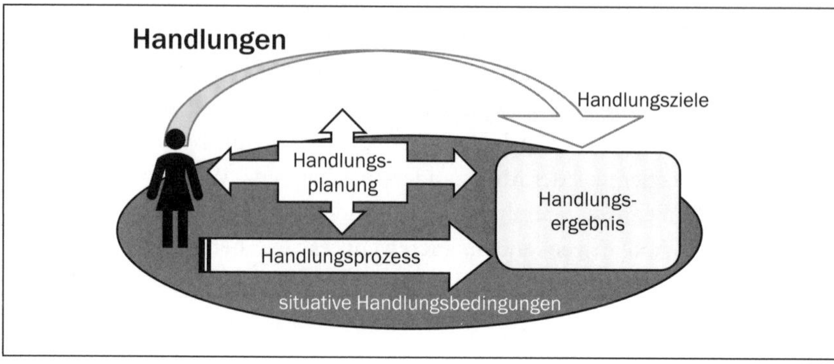

miteinander kompatibel sind. Damit ist gemeint, dass sich Handlungsziele oftmals nicht konfliktfrei mit den (situativen) Handlungsbedingungen zusammenbringen lassen, so dass sie bei der Handlungsplanung entsprechend angepasst werden müssen. Auch stimmen nicht immer am Ende einer Handlung Handlungsziele und Handlungsergebnis überein. Zudem läuft alltägliches Handeln immer wieder ins Leere, da keine Handlungsplanung erfolgen konnte, in der die Handlungsziele hinreichend auf die Handlungsbedingungen abgestimmt wurden.

Dies ist häufig auch der Einsatzpunkt, weshalb Menschen professionelle sozialpädagogische Beratung in Anspruch nehmen, um diese Unstimmigkeiten Konflikte innerhalb ihres Handelns zu reflektieren und andere Handlungsmuster zu entwickeln. Dabei können im Rahmen der Sozialen Arbeit Beratungsangebote Tätigkeitsfelder sein, z. B. ambulante Beratungsstellen der Wohnungslosenhilfe – wie sie im Fallportrait des Sozialarbeiters Herr Bergkamp dargestellt wurde – oder Erziehungsberatungsstellen wie sie etwa die im Rahmen des Handlungsfeldes Kinder- und Jugendhilfe nach § 28 SGB VIII angeboten wird. Zugleich ist Beratung eine der zentralen Methoden Sozialer Arbeit, die in nahezu allen Handlungsfeldern zur alltäglichen Praxis von Sozialarbeiter_innen gehört.

5.1.2 Professionelles Handeln

Gegenüber den Konflikten und daraus resultierendem Misslingen sind auch professionelle Handlungen nicht immun; sie unterscheiden sich von alltäglichen Handlungen jedoch in zwei relevanten Punkten, welche ein Gelingen der professionellen Handlung wahrscheinlicher werden lassen (vgl. Abb. 5.2):

Abb. 5.2: Handlungstheoretischer Analyserahmen in professionellen Settings

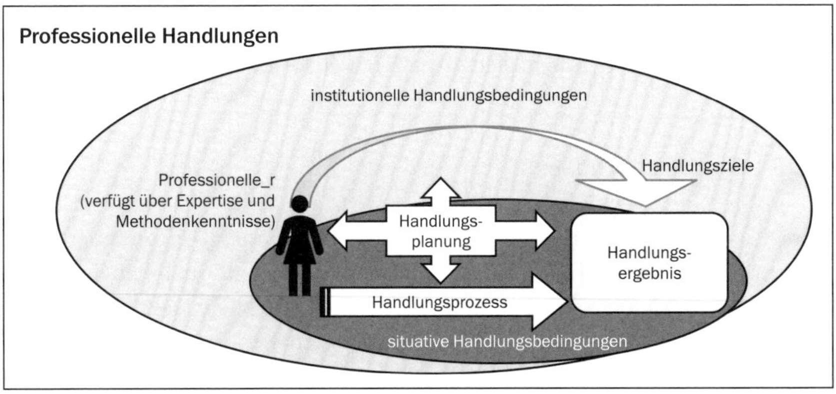

Situative und institutionelle Kontextgebundenheit

Professionelle Handlungen z. B. von Sozialarbeiter_innen sind doppelt kontextuell gebunden – situativ und institutionell. Damit ist gemeint, dass zusätzlich zu der Situation, über die sich entscheidet, wer, wie und zu welchem Zwecke handelt, institutionelle Rahmenbedingungen die professionelle Handlung grundlegend strukturieren. So findet in institutionellen Setzungen eine Vorauswahl darüber statt, welche Handlungsziele verfolgt werden können, welche Akteur_innen miteingebunden werden (sollen), welche Tätigkeiten, Aktivitäten und Intervention zur Verfügung stehen, über welchen Zeitraum und in welcher Regelmäßigkeit sich jene vollziehen und an welchem Ort dies geschieht (vgl. Heiner 2012, S. 611). Diese institutionellen Kontextualisierungen lassen sich als Einschränkungen der ansonsten nahezu uferlosen Handlungsmöglichkeiten verstehen. Sie unterstützen das Gelingen professioneller Handlungen dahingehend, dass die von der jeweiligen Institution und ihren professionellen Fachkräften zu bewältigenden Aufgaben und zu bearbeitenden Probleme nicht aus dem Blick geraten.

Vollzug durch Professionelle

Professionelle Handlungen lassen eine Expertise im Sinne eines professionellen Wissens und Könnens erwarten. Diese Expertise bemisst sich nicht zuletzt auch daran, dass die professionell Handelnden über ein spezifisches Repertoire an Methoden verfügen, welches abgestimmt ist, sowohl in Bezug auf die jeweiligen Handlungsziele, als auch zum Teil antizipierend auf die als erwartbar geltenden, situativen Handlungsbedingungen. Professionelles Handeln ist so gesehen immer auch methodisches Handeln. Die Expertise, die sich aus einem speziellen Wissen und Können speist, macht das Gelingen professioneller Handlungen wahrscheinlicher. Zugleich gilt, dass Handlungen im Kontext Sozialer Arbeit selten ausschließlich von den Professionellen vollzogen werden. Auch Adressat_innen handeln und sind ebenso wie ehrenamtliche Helfer_innen in die Handlungsvollzüge Sozialer Arbeit involviert – es kommt also zu verschiedenen Handlungsformen. Folglich ist Handeln im Kontext Sozialer Arbeit nicht zwangsläufig professionellen Handlungsformen gleichzusetzen (vgl. Hamburger 2016, S. 173 f.).

5.1.3 Soziales Handeln

Insofern, dass Handlungen immer auch am Verhalten anderer orientiert sind, können sie als *soziales Handeln* definiert werden. Dies gilt unabhängig davon, ob sich diese Orientierung rein gedanklich oder tatsächlich praktisch vollzieht (vgl. Heiner 2010, S. 38). Die Orientierung am Verhalten anderer stellt zugleich eine einschränkende Normierung des eigenen Handelns dar, da dieses durch soziale Normen gesteuert wird. Konkret geht es dann darum, sich angemessen, d. h. normorientiert, zu verhalten, nicht unangenehm aufzufallen oder das eigene Gesicht zu wahren.

Exkurs: Interaktionismus und Rollenhandeln

Anfang der 1960er-Jahre arbeiteten die amerikanischen Soziologen Erving Goffman und Ralph Turner an interaktionistischen Rollentheorien. Kern des Interaktionismus ist, dass Rollen nicht vorgegeben und durch Menschen ausgeführt werden, sondern dass Menschen wechselseitig ein bestimmtes Terrain abstecken, indem sie bspw. auf soziale Regeln und vorgegebene Rollenmuster zurückgreifen, dann aber situativ und sukzessiv miteinander aushandeln, wie diese Rollen faktisch zu definieren sind. Dies geschieht in den seltensten Fällen verbal-explizit, sondern insbesondere nonverbal, d. h. über Blicke, Stimmlagen, Gesten oder Mimik. Zudem vollziehen sich Interaktionen immer in der Öffentlichkeit. Gerade Goffman arbeitet mit der Analogie „Wir alle spielen Theater“ (1969/2013) heraus, dass soziales Handeln sich auf einer Art ‚Bühne‘ vollzieht, so dass Dritte sehen und bewerten, was man wie tut, und zugleich die Auftretenden dieses eigene öffentliche Erscheinungsbild zu kontrollieren und managen versuchen – hierfür hat Goffman den Begriff des ‚impression management‘ geprägt. Diese ‚Bühne‘ ist wiederum aufgeteilt in ‚Vorderbühne‘ und ‚Hinterbühne‘, und die Mitbeobachtung der nicht für alle zugänglichen oder einsehbaren Hinterbühne erlaubt Einblicke darin, wie diese Rollen strukturiert sind und welche Inszenierungselemente dafür genutzt werden (vgl. Goffman 1969/2013).

Die im ersten Fallportrait vorgestellte Sozialarbeiterin Zeynep Özkan handelt in ihrer Jugendwohngruppe im Beisein der Mädchen sowohl *professionell* als auch *sozial*, da es ihr nicht gleichgültig sein kann, was die Mädchen von ihr halten. Hieraus ergeben sich Spannungen, wenn es darum geht, das, was professionell geboten ist, mit dem, was von den Anwesenden Akzeptanz erfährt, zusammenzubringen. Weitere Beispiele für Spannungsfelder sind:

- Das, was in einer Situation aus fachlicher Sicht geboten scheint, muss nicht zwangsläufig von den Adressat_innen akzeptiert oder von den Kolleg_innen mitgetragen werden. So setzen fachlich gut begründete Handlungen oftmals ein hohes Maß an Arbeitsbereitschaft voraus.
- Eine professionelle Handlung erhält nicht immer die Zustimmung der Vorgesetzten, da bspw. das Fehlen von finanziellen oder personalen Ressourcen oftmals ein zentrales Problem darstellt. Diese Problemstellung hat sich im Zuge der zunehmenden marktwirtschaftlichen Effizienzorientierung von Sozialen Dienstleistungen verschärft.
- Fachlich angemessenes Handeln entspricht nicht immer den Normen der öffentlichen Meinung. So zeigt sich am Beispiel Kinderschutz, dass vielfach öffentlich strengere Maßnahmen und ein konsequenteres Inobhutnehmen gefordert wird, um Fälle von Kindeswohlgefährdung nach Möglichkeit minimieren zu können. Dies steht dies jedoch oftmals im Widerspruch zu dem, was auf Seiten der Betroffenen akzeptiert und erwartet wird.

Die in der Sozialen Arbeit oftmals vorzufindende Doppelstruktur von einem gleichermaßen professionellen wie sozialen Handeln erweist sich somit tendenziell als konfliktbehaftet und dilemmatisch. Sie stellt demnach hohe Anforderungen an die Sozialarbeiter_innen.

5.1.4 Sozialpädagogisches Handeln

Ein weiterer Aspekt ist die Frage nach dem sozialpädagogischen Handeln. Jenes lässt sich nach Franz Hamburger (vgl. Hamburger 2016, S. 173) als sozialpädagogisches Handeln im engeren oder weiteren Sinne wie folgt unterscheiden:

Tab. 5.1: Unterscheidung von sozialpädagogischem Handeln (vgl. Hamburger 2016, S. 173)

Sozialpädagogisches Handeln im engeren Sinne	Sozialpädagogisches Handeln im weiteren Sinne
unmittelbare Interaktionen im Kontext von Einzelfallhilfe (z. B. erziehen, beraten, im Alltag unterstützen, befähigen)	Planung
unmittelbare Interaktionen mit Adressat_innen-Gruppen (z. B. erziehen, integrieren, diskutieren, moderieren, befähigen)	Falldokumentation
unmittelbare Interaktionen mit Adressat_innen im Stadtteil (z. B. informieren, integrieren, befähigen)	Konzeptions-, Organisations- und Qualitätsentwicklung
	Sozialmanagement, Verwaltung
	Netzwerk- und Kooperationsarbeit
	Öffentlichkeitsarbeit und politische Arbeit

Die Übersicht zeigt: Nicht jede Handlung im Kontext Sozialer Arbeit geht in direkter Weise mit Fürsorge oder Erziehung einher. Ein überformendes ‚Pädagogisieren' jener Tätigkeiten, die lediglich im weiteren Sinne unter dem Begriff des sozialpädagogischen Handelns gefasst werden, wäre zudem problematisch, da sich z. B. ein erfolgreiches Managen, Verwalten, Netzwerken, Evaluieren oder Forschen zum Teil an gänzlich anderen Handlungszielen orientiert (vgl. Hamburger 2016, S. 173).

Das sozialpädagogische Handeln im engeren Sinne ist durch zwei Charakteristika gekennzeichnet:

- Sozialpädagogisches Handeln vollzieht sich wesentlich als ein Aushandeln: Welche Handlungsziele im einzelnen Fall, auf welcher Grundlage und in welcher Weise verfolgt werden, ist vielfach das Resultat eines Aushandlungsprozesses. In diesem regeln Professionelle und Adressat_innen, worum es konkret geht: Sie klären gemeinsam, was der Fall ist (vgl. ebd., S. 175 ff.).
- Das sozialpädagogische Handeln mit den Adressat_innen vollzieht sich in sogenannten Arbeitsbündnissen. Ausgehandelt werden nicht nur Handlungsziele, Diagnosen, Problemdefinitionen, Aktionen und Vollzugsschritte. Vielmehr geht damit unweigerlich auch einher, wie Sozialarbeiter_in und Adressat_in im Hilfeprozess einander begegnen, also wie die unmittelbare Interaktion moduliert wird. So findet über den Aushandlungsprozess eine Klärung darüber statt, erstens wer welche Rolle gegenüber dem jeweils anderen einnimmt, zweitens wer für was Verantwortung trägt, drittens wer welche Zuständigkeiten, Vorrechte und Pflichten er- und behält und schließlich viertens in welchen Formen das Arbeitsbündnis grundsätzlich strukturiert ist (ebd.).

Exkurs: Aushandeln als zentrale Dimension Sozialer Arbeit

Die Annahme des symbolischen Interaktionismus, dass soziale Rollen nicht objektiv vorgegeben sind, sondern symbolhaft-interaktiv verhandelt werden müssen (vgl. Hamburger 2016, S. 179 ff.), ist die erkenntnistheoretische Hintergrundfolie für das Konstrukt des Arbeitsbündnisses. Diese Annahme begründet auch den hohen Stellenwert des Aushandelns im Kontext sozialpädagogischen Handelns. „Nicht die (vermeintlich) objektive Situation beeinflusst das Handeln, sondern ihre subjektive Wahrnehmung und Deutung" (Heiner 2010, S. 36).

Für Ansätze, die Soziale Arbeit bspw. als Dienstleistung begreifen (vgl. Oechler 2015; Olk/Otto 2003; Olk/Otto 1987) oder sie an der Lebenswelt der Adressat_innen ausrichten (vgl. Grunwald/Thiersch, 2016; Thiersch 2006), ist die Figur des Aushandelns zentral. Sie koppeln die Wirksamkeit einer Hilfsmaßnahme daran, dass es gelingt, dass sich die Adressat_innen kooperativ und produktiv mit an der erfolgreichen Erbringung der sozialen Dienstleistung beteiligen bzw. dass die Hilfsmaßnahme von einem ernstgemeinten Verstehen der Lebenswelt der Adressat_innen ihren Ausgang nimmt. Erst über ein partizipatives Aushandeln können produktive Problembearbeitungsstrategien und nachhaltige Veränderungen in einer die Adressat_innen und ihre Probleme ernstnehmenden Art und Weise erreicht werden. Problemdefinition und Problembearbeitung werden in sozialpädagogischen Handlungsformen demnach also von professionell und gleichzeitig sozial handelnden Fachkräften und sozial handelnden Adressat_innen gemeinsam ausgehandelt.

Zusammenfassend lässt sich festhalten, dass die drei Handlungsformen professionelles, soziales und sozialpädagogisches Handeln im Kontext Sozialer Arbeit sich zwar überschneiden, aber sie gehen nicht ineinander auf. Dies hat vielfältige Gründe: Nicht jede Handlung wird von Professionellen ausgeübt, sondern auch von Adressat_innen oder ehrenamtlich Engagierten. Zudem ist das, was fachlich-professionell angemessen wäre, nicht immer sozial anerkannt. Für das sozialpädagogische Handeln zeigt sich, dass es durch die Aushandlungsorientierung sowie die Modulation der Hilfebeziehung als Arbeitsbündnis an voraussetzungsvolle Bedingungen gebunden ist. Dies geschieht jenseits der formalen Unterteilung in unmittelbaren Interaktionen und mittelbaren bzw. sonstigen Tätigkeiten.

Exkurs: Handeln nur Menschen?

Die Annahmen des symbolischen Interaktionismus fokussieren die face-to-face-Interaktionen zwischen Menschen, und es liegt nahe, dass Soziale Arbeit in ihrer Personenzentriertheit auf ein menschliches Gegenüber setzt, mit dem die Professionellen handeln. Jedoch lässt sich auch für die Praxis der Sozialen Arbeit in zweifacher Weise die Frage stellen, wer handelt – erstens auf der Ebene Individuum/Organisation und zweitens auf der von Mensch/Dinge.

Die erste Ebene behandelt die Frage der Handlungseinheit danach, ob nur Individuen in Institutionen bzw. Organisationen handeln oder auch die Organisationen selbst als Handlungseinheit zu betrachten sind – immer unter der Maßgabe, dass Organisationen nicht einfach nur als eine Ansammlung von handelnden Menschen definiert werden (vgl. Exkurs ‚Die Begriffe „Organisation“ und „Institution“‘, S. 177). Im Rahmen der organisationsbezogenen Diskussionen der Sozialen Arbeit wird hier häufig auf Siegfried Bernfeld (1925/1979) referiert (vgl. Müller 2002; Honig 2002), der bereits in den 1920er-Jahren eine ‚Institutionenblindheit‘ im pädagogischen Denken kritisierte und darauf verwies, dass es die *Institutionen* sind, die erziehen (vgl. Bernfeld 1925/1979, S. 28), und schlug hierfür das Konzept der ‚Instituetik‘ vor (als Pendant zu ‚Didaktik‘). Ähnlich üben auch die anti-institutionellen Bewegungen der

1970er-Jahre Kritik, indem sie sich als abwehrende Reaktion auf das Organisationale, d. h. gegenüber dem Bürokratisch-Verwalterischen des Sozialen als Gegenstück zu Profession und Adressat_innenorientierung verstehen. In den 1990er-Jahren verkehrte sich der Diskurs im Zuge der neuen manageriellen Steuerung (New Public Management) in sein komplettes Gegenteil (vgl. Abschnitt 15.3.1): Die Idee von Sozialmanagement wurde als eine das sozialpädagogische Handeln ad absurdum führende Sozialtechnologie entworfen und ist als solche in Teilen bis heute wirksam. Zugleich ist die Frage nach dem Status von Organisationen als Handelnde nach wie vor analytisch virulent: Mit Fragen nach dem Handeln und Lernen von Organisationen sind u. a. organisationspädagogische Perspektiven befasst (vgl. Schröer/Weber 2017). Sie definieren Organisationen wie bspw. sozialpädagogische Einrichtungen oder Schulen nicht weiter als Behälter oder Rahmen, innerhalb dessen Individuen etwas tun – indem bspw. Lehrer_innen Schüler_innen Lehrinhalte vermitteln bzw. Schülerinnen etwas lernen oder Sozialarbeiterinnen handeln, indem sie in Organisationen zu lebenspraktischen Fragen beraten, Entwicklungen initiieren oder Adressat_innen begleiten. Stattdessen werden die Organisationen selbst als Akteur_innen betrachtet, auch weil sie über ein eigenes Gedächtnis verfügen und ihre Mitglieder (Sozialarbeiter_innen wie Adressat_innen) letztlich relativ austauschbar sind. So kollabieren bspw. Organisationen nicht unbedingt, wenn Angestellte aus dem Unternehmen ausscheiden oder erfinden sich wieder neu mit neu eingestellten Angestellten.

Die zweite Ebene fokussiert die dinglichen Assistent_innen des menschlichen Handelns: Im Zuge des *material turn* in der sozialpädagogischen Forschung wird danach gefragt, welche Funktionen dingliche Mitspieler_innen wie bspw. Akten, Formulare, Möbel oder räumliche Ausstattung von Beratungssettings in den menschlichen Handlungen spielen – oder konkret: In welchen Situationen bzw. Prozessen diese Gegenstände das Handeln von Professionellen eher schwach mit anleiten und in welchen sie eine maßgebliche Rolle in der interaktiven und organisationalen Prozessierung von pädagogischen Fällen übernehmen. Eine erkenntnistheoretisch zentrale Figur ist folglich, dass nicht der Mensch sein Handeln steuert, sondern dieses immer in Dingen seinen Halt findet. Diese Dinge werden posthumanistisch als Aktanten (neben menschlichen Akteur_innen; vgl. Latour 2007) oder Partizipand_innen (des menschlichen Tuns; vgl. Hirschauer 2004) definiert. Für die Praxis der Sozialen Arbeit sind diese Perspektiven insofern aufklärend, als dass sie konkret zeigen, wie bspw. allein das Papierformat von Dokumentationsbögen in Kindertageseinrichtungen nahelegt, welche spezifischen Situationen seitens der Professionellen als „besondere Bildungssituationen" dokumentiert werden (vgl. Schulz/Cloos 2015), wie bereits die räumliche Gestaltung in Kindertageseinrichtungen bestimmte ‚sozial erwünschte' Aktivitäten der Kinder wahrscheinlich werden lässt (vgl.

Farrenberg 2018) oder wie sich die Formulare bei der Arbeitsvermittlung auf die Konstruktion der einzelnen, von Arbeitslosigkeit betroffenen Menschen, zu sozialpädagogisch bearbeitbaren Fällen auswirken (vgl. Nadai 2011).

Beide Perspektiven verändern das Verständnis dafür, was handelnde Einheiten sein können – sie sind beide auf unterschiedliche Weise posthuman, indem sie die Vorstellung, dass Menschen als Zentrum des Handelns im Zentrum stehen, infrage stellen. Damit erweitern sie analytisch den Blick auf Handlungsfelder.

5.2 Dimension ‚Feld'

Mit der Dimension ‚Handlung' wurde geklärt, welche differenten Handlungsformen in der Sozialen Arbeit zu verorten sind. Der Begriff ‚Feld' verweist wiederum auf eine räumliche Dimension. Dem Online-Duden (2018b) nach beschrieb das mittelhochdeutsche Wort ‚veld' ursprünglich ‚Ebenes, Breites; Bodenfläche' und bedeutete im übertragenen Sinn ‚weite unbebaute Fläche'. Auf den sozialpädagogischen Kontext ‚Handlungsfeld' übertragen muss diese weite Fläche aktiv strukturiert werden, da es, um die räumliche Seite der Metapher weiter aufzugreifen, nur wenig landschaftlich vorstrukturiert ist. Dies bedeutet im Umkehrschluss auch, dass

- erstens Felder unterschiedlich strukturiert werden können, d. h. sie sind, wie wir bereits in Kapitel 4.1 beschrieben haben, durch und durch historisch, und
- zweitens diese Strukturierungen in Felder komplizierte Aushandlungsprozesse sein können – wir erinnern uns zurück an die Frage, ob bspw. die Bearbeitung von Drogenproblematik nun in das Feld der Sozialen Arbeit oder in das der Gesundheitsversorgung gehört.

Auch im Alltagsgebrauch findet sich in der Redewendung des ‚weiten Feldes' der Hinweis wieder, dass es sich keinesfalls um einen schnell zu überschauenden, sondern um einen vielschichtigen und umfangreichen Sachverhalt handelt. Dieser Sachverhalt muss einerseits differenziert betrachtet werden und andererseits verfügt er über eigene ‚thematische Gravitationskräfte', worüber es möglich wird, Grenzen zwischen dem einen und dem anderen Feld zu ziehen. Auch in der Physik ist der Feldbegriff elementar – hier beschreibt er u. a. den Raum, in dem die von einem Stoff ausgehenden Kräfte wirksam sind. Der räumliche Strukturbegriff ‚Feld' ist dynamisch: Felder sind historisch geformt, was bedeutet, dass sie prinzipiell über die Zeit hinweg veränderbar sind und sich damit auch Grenzen zu anderen Feldern hin verschieben oder gar auflösen. Dies führen wir beispielhaft in Kapitel 6an der historischen Veränderung der Kinder- und Jugendhilfe aus.

Aus sozialwissenschaftlicher Sicht kann weiterhin die Art der Strukturierung in Form von *Relationierung* und *Positionierung* innerhalb von Feldern unterschieden werden:

Relationierung

Der Soziologe Pierre Bourdieu verwies darauf, dass ‚Felder' dadurch gekennzeichnet sind, dass in ihnen jeweils eigene Logiken und Kräfteverhältnisse wirksam sind, wodurch sie sich von anderen – bspw. benachbarten – Feldern unterscheiden (vgl. Bourdieu 1998, S. 49 ff.; Bourdieu/Wacquant 2006, S. 127 ff.). Zum einen verfügen Felder über Gravitationskräfte, die unsichtbar sind, aber von den Beteiligten erspürt werden – ‚man' fühlt sich zugehörig oder eben nicht. Zum anderen konstituieren Felder ihre ‚eigene' Wirklichkeit und Normalität. In ihnen finden sich Akteur_innen und Institutionen in einer spezifischen Weise zueinander *relationiert* (vgl. Abb. 5.3). Dies bedeutet, dass sie durch mehr oder minder eindeutige Problemdarstellungen, Aufträge, Ziele, Interessen, Bearbeitungsstrategien, Handlungsoptionen und Tätigkeiten miteinander verbunden sind. Im Rahmen der Sozialen Arbeit hat Stefan Köngeter (vgl. 2009) in einer qualitativ-empirischen Forschungsstudie diese feldspezifische Relationierung im Bereich der Erziehungshilfen zwischen Adressat_innen und Professionellen exemplarisch herausgearbeitet und daraus das Modell der relationalen Professionalität entwickelt.

Positionierung

Durch diese Verbindungen im Feld werden Feldakteur_innen und -institutionen gleichzeitig auch *positioniert.* Denn aus den Relationierungen resultieren Abhängigkeiten, Machtgefälle, Kräfteverhältnisse und Hierarchien. Beispielsweise können sich Fachkräfte den Institutionen, denen sie angehören, verpflichtet fühlen, von jenen Vorgaben erhalten oder durch jene kontrolliert werden. Adressat_innen wiederum sind möglicherweise auf die Expertise und dem guten Willen der Fachkräfte ebenso angewiesen, wie sie deren Empfehlungen, Forderungen und Weisungen ausgeliefert sein können. Gleichzeitig ist die Institution auf die ihre Aufgaben und Ziele umsetzenden Fachkräfte ebenso angewiesen, wie diese auf die Beteiligung und die Bereitschaft der Adressat_innen. So wie die im Feld positionierten und zueinander relationierten Feldakteur_innen und -institutionen (inter-)agieren, schreiben sie die jeweiligen Feldlogiken fort. So geht es bei (Inter-)Aktionen zwischen Feldakteur_innen und Institutionen der Kinder- und Jugendhilfe bspw. explizit um Erziehungsfragen, Bildungsangebote, Hilfebedarfe und Kinderschutz (vgl. Abb. 5.3).

Die Kinder- und Jugendhilfe als Feld
Im Feld der Kinder- und Jugendhilfe geht es um die Relationierung von Kindern, Jugendlichen, Personensorgeberechtigten und Professionellen sowie von Jugendämtern und freien Jugendhilfeträgern, die u.a. über Hilfebedarfe, die Ausgestaltungsformen der Hilfen, Erziehungsfragen, Kinderschutz, Falldokumentationen, Bildungsangebote usw. miteinander interagieren. Grafisch lässt sich das wie folgt darstellen.

Abb. 5.3: Die Kinder- und Jugendhilfe als Feld

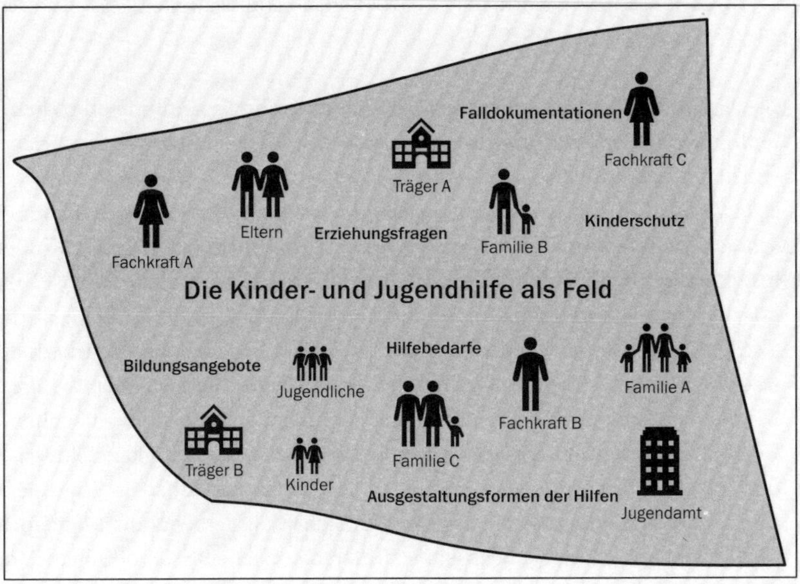

5.3 ‚Handlungsfeld' als Ordnungsbegriff

Insgesamt ist festzuhalten, dass über die Kopplung der Begriffe Handlung und Feld in der Bezeichnung ‚Handlungsfeld' eine reflexiv und analytisch produktive Verhältnissetzung vorgenommen werden kann:

Mit den Handlungen werden die zielgerichteten und bewusst vollzogenen Tätigkeiten der Akteur_innen fokussiert, die in Gestalt von professionellen, sozialen und sozialpädagogischen Handlungsformen auftreten. Der Feld-Begriff erweist sich als ein wirkungs- und machtvoller Strukturbegriff, mit dem Akteur_innen zueinander geordnet, d.h. gruppiert und systematisiert, werden können. Er beschreibt die Logiken, nach denen die Akteur_innen und Institutionen zueinander relationiert und machtvoll positioniert werden. Zudem gibt es feldtypische, Handlungsoptionen strukturierende Bedingungen und Kontexte (vgl. Exkurs ‚Wissensordnungen und Diskurs', S. 42 ff.).

Im Begriff ‚Handlungsfeld' kommen handelnde Akteur_innen und dynamische Strukturen zusammen. Handlungsfelder sind in ihrer Dynamik sowohl Ergebnisse dieser Ordnungsprozesse als auch Orte, an denen die Akteur_innen permanent ordnen, d. h. Ordnung herstellen, fortschreiben und ggf. auch verändern.

Daneben lassen sich weitere Feldtypologien wie bspw. Berufs-, Arbeits- und Tätigkeitsfeld, aber auch Arbeits-, Aufgaben- oder Praxisfeld finden. Eine typologische Unterteilung findet sich bei Heiner zurück, die systematisch zwischen den Konkretionsebenen ‚Berufsfeld', ‚Arbeitsfeld' und ‚Tätigkeitsfeld' differenziert (vgl. Heiner 2010, S. 95 ff.):

- *Berufsfeld:* Das Berufsfeld ist bspw. die Kinder- und Jugendhilfe oder die Altenhilfe, also das, was von uns synonym mit ‚Handlungsfeld' beschrieben wurde.
- *Arbeitsfeld:* Ein Berufsfeld der Sozialen Arbeit differenziert sich in unterschiedliche Arbeitsfelder aus, in der Kinder- und Jugendhilfe bspw. Kinder- und Jugendarbeit, Frühkindliche Bildung, Betreuung und Erziehung (FBBE) oder Erzieherische Hilfen.
- *Tätigkeitsfeld:* Diese Arbeitsfelder, wie bspw. Kinder- und Jugendarbeit, differenzieren sich in unterschiedliche Tätigkeitsfelder aus, wie bspw. Offene Kinder- und Jugendarbeit, Abenteuerspielplatz, mobile und aufsuchende Jugendsozialarbeit. Insgesamt unterscheiden sich die Tätigkeitsfelder von den Arbeitsfeldern also dadurch, dass sie jeweils nur einzelne Teilaspekte bzw. Schwerpunkte der mit den Arbeitsfeldern einhergehenden Aufgaben- bzw. Problemstellungen bearbeiten, unterschiedlichen methodischen Vorgehensweisen folgen und hinsichtlich der Dienstleistungserbringung unterschiedlich organisiert sind (vgl. ebd., S. 96). Die Unterschiede zwischen den einzelnen Tätigkeitsfeldern bestehen somit u. a. darin, dass sie sich erstens jeweils in unterschiedlichem Maße an der Lebenswelt der Adressat_innen orientieren bzw. jene ergänzen, unterstützen und ersetzen (vgl. Thole 2012, S. 28). Zweitens wird in den Tätigkeitsfeldern mit unterschiedlichen Zeitdauern und Zeitumfängen operiert. Schließlich erfolgen die jeweils zu bearbeitenden Aufgaben und Probleme drittens unterschiedlichen Intensitäten.[2]

Auf eine Problematik, die sich mit dieser Unterscheidung von Heiner (2010) einstellt, möchten wir bereits jetzt hinweisen: Die einzelnen Handlungsfelder

2 Diese Differenzierung in Berufs-, Arbeits- und Tätigkeitsfeld werden wir nochmals vertiefen (vgl. Exkurs ‚Feldtypologie nach Maja Heiner', S. 87 f.).

Sozialer Arbeit sind sehr unterschiedlich strukturiert und weisen unterschiedliche Binnendifferenzierungen und Institutionalisierungsgrade auf. So muss berücksichtigt werden, dass sich diese Feldtypologie mit den drei Konkretionsebenen nicht auf sämtliche Handlungsfelder der Praxislandschaft Sozialer Arbeit anwenden bzw. durchdeklinieren lässt.

Aus diesem Grund schlagen wir für unsere weitere Begriffsverwendung vor, diese Feldtypologie nicht systematisch streng, sondern als ein heuristisches Konzept zu nutzen, um Ordnung in die Materie zu bringen: Immer wenn nachfolgend die Begriffe ‚Berufsfeld', ‚Arbeitsfeld' und ‚Tätigkeitsfeld' verwendet werden, verwenden wir dies im Verständnis der hier skizzierten Systematik. Der Begriff ‚Handlungsfeld' ist offener: Er entspricht primär dem, was Heiner als ‚Berufsfeld' qualifiziert; zugleich berücksichtigt der ‚Handlungsfeld'-Begriff die jeweils handlungsfeldeigenen Dynamiken und nimmt, wenn es feldangemessen ist, die Konkretionsebenen wie ‚Arbeitsfelder' und ‚Tätigkeitsfelder' auf.

Reflexionsaufgaben

a. Beschreiben Sie mindestens zwei Charakteristika, inwiefern sich die drei Handlungsformen überschneiden und unterscheiden. Wie lassen sich Handlungen dann als sozialpädagogisch definieren?
b. Welche konkreten Dynamiken haben verschiedene Handlungsfelder, wenn Sie sich nochmals die vier Fallportraits vergegenwärtigen?

6 Zusammenfassung: Soziale Arbeit als eine gesellschaftliche Probleme bearbeitende Akteurin

Der Begriff ‚Soziale Arbeit' erscheint als Container – insbesondere dann, wenn die einzelnen Aufgaben, Ziele und Funktionen, aber auch Angebote, Maßnahmen und Leistungen betrachtet werden. Diese unübersichtliche Heterogenität Sozialer Arbeit lässt sich jedoch in einzelne Handlungsfelder untergliedern und einteilen. Bei einer genaueren Betrachtung der Landschaft lassen sich, wie die vier Fallportraits illustriert haben, zusammenhängende, zuverlässig wiederkehrende Ensembles von Aufgaben, Akteur_innen, Institutionen und Angebotsformen identifizieren, über die sich die Handlungsfelder unterscheiden lassen. Jedes Handlungsfeld hat also spezifische Muster.

Insgesamt kann festgehalten werden, dass sich die Ausdifferenzierung und Pluralisierung einer modernen, beständig komplexer werdenden Gesellschaft in der Ausgestaltung Sozialer Arbeit widerspiegelt: Historisch betrachtet ist Soziale Arbeit nicht mehr nur für randständige Problemlagen zuständig, sondern immer mehr für die als normal geltenden Lebenslagen in der Mitte der Gesellschaft. Diese Ausdifferenzierung der sozialpädagogischen Handlungsfelder in immer spezialisiertere Angebotsformen und Hilfemaßnahmen geht jedoch keinesfalls mit einer Klärung dessen einher, für welche Problembereiche die Soziale Arbeit letztlich (und exklusiv) zuständig ist. So paradox dies auch klingen mag: Bei der *Spezialisierung* und *Allzuständigkeit* Sozialer Arbeit handelt es sich so gesehen um zwei Seiten derselben Medaille.

Zugleich lässt sich als handlungsfeldübergreifende genuine Aufgabe und Zielsetzung Sozialer Arbeit die fortlaufend notwendige Vermittlung zwischen Individuum und Gesellschaft bestimmen. Soziale Arbeit agiert bei dieser Vermittlungstätigkeit als eine gesellschaftliche Probleme bearbeitende Akteurin. Diese Aufgabe und Zielsetzung zeigt sich besonders deutlich in dem die Soziale Arbeit kennzeichnenden doppelten Mandat aus Hilfe und Kontrolle. Die Vermittlungstätigkeit Sozialer Arbeit verfolgt das Ziel, soziale Verantwortung bzw. Gemeinschaftssinn und Selbstverwirklichung auszubalancieren. Dabei müssen subjektive Lebensführungsweisen von Adressat_innen mit den geltenden gesellschaftlichen Verhaltensnormen zusammengebracht werden. Die Elemente von Handlungsfeldern lassen sich wie folgt veranschaulichen:

Abb. 6.1: Elemente von Handlungsfeldern

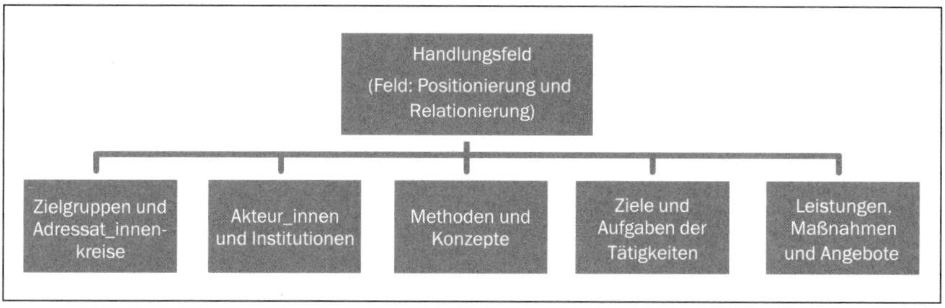

Das alltägliche Handeln lässt sich wiederum in fünf Komponenten zerlegen. Geraten hier die einzelnen Komponenten in einen erheblichen Konflikt zueinander, kann eine Unterstützung durch sozialpädagogisches Handeln erfolgen. Innerhalb der jeweiligen Handlungsfelder werden folgende Handlungsformen vollzogen:

Abb. 6.2: Handlungskomponenten und Handlungsformen in der Sozialen Arbeit

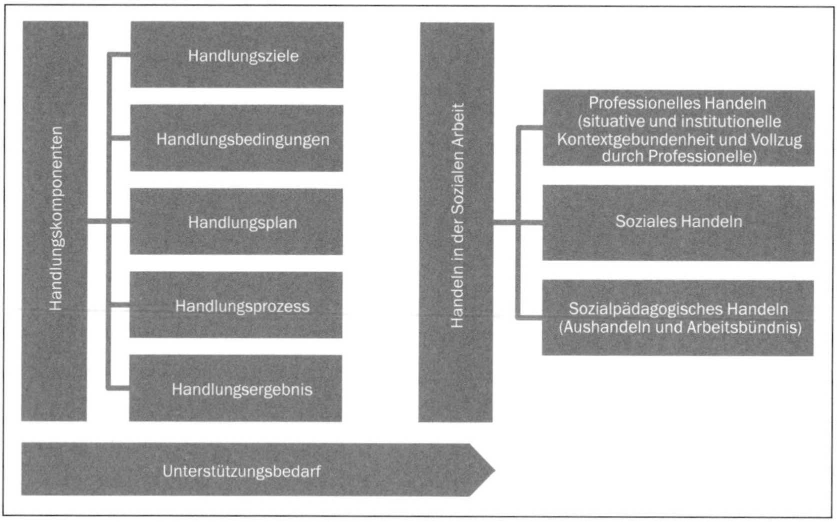

Der Begriff des Handlungsfeldes ermöglicht es, den vielgestaltigen und dynamischen Praxiszusammenhang Sozialer Arbeit zu ordnen und zu systematisieren. Er verweist auf mehr oder minder deutlich voneinander unterscheidbare Ensembles, innerhalb derer relativ zuverlässig beständig wiederkehrende Akteur_innen, Institutionen, Problemdarstellungen, Aufträge, Ziele, Interessen, Bearbeitungsstrategien, Angebote und Handlungsformen miteinander verbunden sind.

Der Feldbegriff macht auf einen inneren logischen Zusammenhang aufmerksam, nämlich auf eine dynamische Struktur, innerhalb derer sich Akteur_innen und Institutionen zueinander ins Verhältnis setzen und interdependent und machtvoll zueinander positioniert werden. Der Handlungsbegriff nimmt vorweg, dass das Feld durch gezielte und planerische, kontextsensible und damit feldspezifische Handlungsformen bestimmt wird. Das Handeln in den einzelnen Feldern der Sozialen Arbeit lässt sich dabei feldübergreifend als professionell, sozial und sozialpädagogisch geformt beschreiben. Im Begriff ‚Handlungsfeld' kommen handelnde Akteur_innen und dynamische Strukturen zusammen, d.h. im Begriff des Handlungsfeldes können Akteur_in (Handlung) und Struktur (Feld) wechselseitig so aufeinander bezogen, dass sowohl Verhalten als auch Verhältnisse in produktiver Weise beschrieben, analysiert und reflektiert werden können.

Teil II
Aktuelle Handlungsfelder der Sozialen Arbeit

7 Einführung in vier Handlungsfelder der Sozialen Arbeit

In den vorherigen Kapiteln wurde die Perspektive entfaltet, dass es sich bei Handlungsfeldern um zuverlässig wiederkehrende *Ensembles* von Aufgaben, Akteur_innen, Institutionen und Angebotsformen handelt, die sich permanent (zumindest graduell) verändern. Typisch für alle Handlungsfelder ist, dass sie sich handlungsfeldintern in verschiedene Interventionsgrade wie bspw. von der offenen über ambulanten bis hin zur vollstationären Einrichtung ausdifferenzieren. Weiterhin haben wir die Vermittlung zwischen gesellschaftlichen Normen und Konventionen und individuellen Bedürfnissen und Interessen als eine handlungsfeldübergreifende Aufgabe und Zielsetzung Sozialer Arbeit bestimmt. Besonders eindrücklich und spannungsreich materialisiert sich dieser Vermittlungsauftrag in Gestalt des doppelten Mandates aus Hilfe und Kontrolle. Ebenfalls handlungsfeldübergreifend verstehen wir Soziale Arbeit als eine *historische* Antwort auf die wachsenden Bewältigungsanforderungen, die angesichts zunehmender Entgrenzungstendenzen und gesellschaftlicher Transformationsprozesse an die Mitglieder moderner Gesellschaften adressiert werden (vgl. exemplarisch Mollenhauer 1959, S. 19ff.; Böhnisch 2012a, S. 219ff.). Eine genauere historische Betrachtung der Anfänge Sozialer Arbeit zeigt, dass sich die aktuellen Handlungsfelder aus vier verschiedenen Strängen heraus entwickelt haben. Entsprechend lassen sich die folgenden Entwicklungslinien nachzeichnen (vgl. Thole 2012, S. 23f.):

1. Vom Waisenhaus zu den Erzieherischen Hilfen als einem wichtigen Arbeitsfeld im heutigen Handlungsfeld Kinder- und Jugendhilfe;
2. von den Kinderbewahranstalten und Kleinkinderschulen zu einem bedeutsamen Arbeitsfeld Frühkindlicher Bildung, Betreuung und Erziehung (FBBE) innerhalb des heutigen Handlungsfeldes der Kinder- und Jugendhilfe;
3. von der Gesundheits-, Alten- und Armenfürsorge zu einer ausdifferenzierten dienstleistungsorientierten Sozialen Hilfe, welche heute in den Handlungsfeldern Behinderten- und Gesundheitshilfe, Soziale Altenhilfe sowie Soziale Hilfen in besonderen Lebenslagen wirksam wird und
4. von der Jugendfürsorge und -pflege zur bildungsorientierten Kinder- und Jugend(sozial)arbeit als weiteres wichtiges Arbeitsfeld des Handlungsfeldes Kinder- und Jugendhilfe.

Zugespitzt lässt sich sagen, dass historisch betrachtet ein beträchtlicher Teil der institutionalisierten Sozialen Arbeit sich insbesondere an junge Menschen richtete, die nicht oder nur unzureichend in ihren Familien sozialisiert wurden. Bis heute bilden die in der Kinder- und Jugendhilfe zusammengefassten Leistungen und Hilfen für Heranwachsende eines der zentralen Handlungsfelder der Sozialen Arbeit. Quantitativ unterschiedlich gewichtet lassen sich heute vier Schwerpunkte identifizieren (vgl. Thole 2012, S. 27). Wir stellen folgende vier Handlungsfelder vor:

1. Kinder- und Jugendhilfe (Kapitel 8) und hier vertiefend Kindertageseinrichtungen (Unterkapitel 8.2), Offene Kinder- und Jugendarbeit (Unterkapitel 8.3) und Stationäre Jugendhilfe (Unterkapitel 8.4)
2. Soziale Hilfen in besonderen Lebenslagen (Kapitel 9) und hier vertiefend Wohnungslosenhilfe (Unterkapitel 9.2) und Suchthilfe (Unterkapitel 9.3)
3. Behinderten- und Gesundheitshilfe (Unterkapitel 10.2 und 10.3)
4. Soziale Altenhilfe (Kapitel 11) und hier vertiefend Offene Altenarbeit (Unterkapitel 11.2), sowie ambulante, teilstationäre und stationäre Altenhilfe (Unterkapitel 11.3)

Die einzelnen Kapitel sind wie folgt strukturiert: In einen ersten Schritt konturieren sie das Handlungsfeld selbst. Daran schließen zwei bzw. drei Arbeits- bzw. Tätigkeitsfelder an, zu denen auch diejenigen gehören, die wir bereits in den vier Fallportraits aufgegriffen haben. In jeder Vorstellung sind zudem Exkurse wie bspw. zu ‚Inklusion' oder zur ‚advokatorischen Ethik' eingelassen, die insbesondere für diese Arbeits- bzw. Tätigkeitsfelder relevant sind, aber auch handlungsfeldübergreifend zentral sein können.

Der zweite Teil schließt mit der systematisierenden ‚*Zusammenfassung: Konturierungen sozialpädagogischer Handlungsfelder*' ab (Kapitel 12) und bündelt die jeweiligen Spezifika, Spezialisierungen und neuen Tendenzen der vier Handlungsfelder, als auch deren Gemeinsamkeiten.

8 Kinder- und Jugendhilfe

8.1 Historischer Wandel und aktuelle Ausrichtung der Kinder- und Jugendhilfe

Neben der Schule organisiert die Kinder- und Jugendhilfe das institutionelle Aufwachsen von Kindern, Jugendlichen und jungen Erwachsenen in der bundesrepublikanischen Gesellschaft. Dieser Befund schließt qualitativ und systematisch an die klassische Definition an, mit der Gertrud Bäumer 1929 Sozialpädagogik begrifflich fasst als „alles was Erziehung [ist], aber nicht Schule und nicht Familie“ (Bäumer 1929/1998, S. 149). Quantitativ gesehen ist die Kinder- und Jugendhilfe das größte Arbeitsgebiet der Sozialen Arbeit und expandiert weiter – alleine zwischen 2006 und 2015 sind die Beschäftigtenzahlen von knapp über 535 000 auf knapp 762 000 gestiegen (vgl. Arbeitsstelle Kinder- und Jugendhilfestatistik 2017, S. 15).

Zugleich unterliegt gerade dieses Handlungsfeld einem äußerst komplexen historischen Wandel: Historisch betrachtet speist sich Kinder- und Jugendhilfe aus drei, sich seit Mitte des 19. Jahrhunderts entwickelnden Aufgabengebieten – erstens der *Kinder- und Jugendfürsorge,* die die „Interventionen in Familien zur Vermeidung einer Kindeswohlgefährdung“ (Schröer/Struck 2018, S. 18) organisiert, zweitens der *Kinder- und Jugendpflege,* die die „allgemeinen Angebote zur Erziehung, Bildung, sozialen Unterstützung und zum Schutz von Kindern, Jugendlichen und jungen Volljährigen“ (ebd.) zur Verfügung stellt respektive fördert und drittens der *Kleinkindpädagogik,* die ihre Wurzeln in der Kleinkinderbewahranstalten und Kleinkinderschulen hat (vgl. Thole 2012, S. 23 f.).

Zentral ist dabei das veränderte Verständnis der Adressat_innengruppe der Jugendlichen: In den 1870er-Jahren wurden als ‚Jugendliche‘ zunächst nur junge männliche Rechtsbrecher angesprochen, denen eine spezifische Behandlung durch die Jugendfürsorge zukommen musste (vgl. Roth 1983, S. 106). Erst allmählich hat sich im Verlauf der letzten 140 Jahre der Begriff ‚Jugendliche‘ zu einem tendenziell positiv bzw. teils auch ambivalent besetzten Begriff für junge Männer und Frauen entwickelt.

Im Bereich der Jugendfürsorge wurden dabei die einstigen bewahrpädagogischen Motive nach und nach durch eine Bildungs- und Subjektorientierung ersetzt. Aus dem gefährlichen Jugendlichen, welcher diszipliniert werden musste (vgl. Anhorn 2010 und Abschnitt 4.1.1), wird der in Teilen gefährdete Jugendliche, der einer Bildungs- und sozialen Teilhabförderung bedarf. Exemplarisch wird auch hier sichtbar, wie sich die Vorstellungen über Heranwachsende, oder abstrakter gesagt: die diskursiven Ordnungen des Wissens verschoben haben.

Diese haben dazu geführt, dass Jugendliche heute anders objektiviert und subjektiviert (vgl. Exkurs ‚Subjektivierung und Objektivierung') werden als in den Anfängen der Jugendpflege.

Exkurs: Subjektivierung und Objektivierung

Wissensordnungen ordnen nicht nur in abstrakter Form Wissen (vgl. Exkurs ‚Wissensordnungen und Diskurs', S. 42ff.). Vielmehr stellen sie Werturteile, Unterscheidungen und Kategorien bereit, die auch den einzelnen Menschen in Kategorien und Gruppen einordnen. Dies verdeutlichen beispielsweise Geschlechterordnungen oder generationale Ordnungen, indem Personen entweder vergeschlechtlicht als Frauen, Diverse, Männer oder in Altersgruppen als Jugendliche, Kinder, Erwachsene bezeichnet und zusammengefasst werden und diese Zuweisungen konkrete (Aus-)Wirkungen für die jeweilige Person haben. Die Philosoph_innen Michel Foucault und Judith Butler machen darauf aufmerksam, dass Subjektwerdung im Verständnis einer sozialen Existenz, die sich selbst als solche wahrnimmt, immer unweigerlich mit einer Unterwerfung unter die jeweils wirkenden Ordnungen einhergeht (vgl. Foucault 1994, S. 246f.; Butler 2001). Um als Jugendlicher, als Frau, als Deutsche, usw. Anerkennung zu finden, muss ich mich den entsprechenden Ordnungen der Generationalität, des Geschlechts oder der Nationalstaatlichkeit unterordnen – eben diese Ordnungen als *gültig* anerkennen. Dieser doppelte Vorgang aus Subjektwerdung und Unterwerfung wird gemeinhin als Subjektivierung bezeichnet.

Mit dieser Subjektivierung geht meist im Körperinneren des Subjekts gleichzeitig eine von außen vorgenommene „Objektivierung" (Foucault 1994, S. 243) des jeweiligen Menschen einher. Diese stellt sich darüber ein, dass die diskursive Zuordnung von Menschen in Gruppen und Kategorien auch von Dritten vorgenommen wird, indem jene mit dem jeweils anderen in einer bestimmten Art und Weise umgehen bzw. ihn in einer bestimmten Art und Weise ansprechen. Aufgrund spezifischer Charakteristika werden Menschen von anderen eben als Jugendlicher, als Frau, als Deutsche usw. geordnet, entsprechend dieser Einordnung adressiert und positioniert und damit immer wieder entsprechend hervorgebracht. Mit dieser Objektivierung sind spezifische Erwartungen, Anforderungen, Vorannahmen und Zuschreibungen verbunden. Deutlich wird dies etwa, wenn eine in ihren Vorannahmen irritierte Lehrerin einen Schüler mit Migrationshintergrund mit den Worten zu loben versucht: „Für'nen Ausländer gar nicht schlecht" (Mecheril/Rose 2014, S. 130). Das eine solche Äußerung mehr über die Alltagsrassismen der Lehrkraft als über den Leistungsstand des Schülers aussagt, sei dahingestellt. Für die vorliegenden Zusammenhänge ist analytisch vor allem interessant, mit welchen Zuschreibungen der Schüler mit Migrationshintergrund objektiviert wurde. Analog zu diesem Beispiel hilft das Konzept der Objektivierung zu reflektieren, *als was* die Adressat_innen Sozialer

Arbeit objektiviert werden und welche Vorannahmen und Zuschreibungen damit verbunden sind, wenn sie beispielsweise als erziehungsschwieriger Jugendlicher, als psychisch kranke und mit der Erziehung ihrer Kinder überforderte Mutter, als alkoholabhängiger Vater usw. adressiert und positioniert werden. Eine solche kritische Reflexion ist für eine adressat_innenorientierte Soziale Arbeit querliegend zu der Arbeit in den einzelnen Handlungsfeldern unabdingbar. Dennoch ist darauf hinzuweisen, dass Soziale Arbeit, wenn sie damit konfrontiert ist, eine vorliegende Problemlage in einen bearbeitbaren Fall zu transformieren, gar nicht umhinkommt, Adressat_innen und ihre Problemlagen zu objektiveren (vgl. Bitzan/Bolay 2017).

Die beschriebene Motivverschiebung ist nicht nur für die Jugendlichen und die Art und Weise, wie sie von der Kinder- und Jugendhilfe adressiert werden von Bedeutung. Gleichfalls ist sie Ausdruck eines historischen Wandels:

Mit dem Inkrafttreten des Reichsjugendwohlfahrtsgesetzes (RJWG) am 1. April 1924 wurden die verschiedenen Stränge der Jugendpflege und Jugendfürsorge gebündelt und in eine rechtlich verbindliche Struktur eingebunden. Rückblickend wurde das Gesetz als ‚Jugendamtsgesetz' bezeichnet, weil es nicht zum Ziel hatte, die Interessen der Jugendlichen zu vertreten und primär für ihre Wohlfahrt einzutreten, sondern eine gesetzliche Grundlage schaffen sollte, damit die Maßnahmen in Erziehungsinstitutionen vereinheitlicht und in einen Rechtsrahmen überführt werden konnten (vgl. Struck/Schröer 2011, S. 725). Entsprechend erwachsenen- und institutionenzentriert gestaltete sich die in vielen Fällen bevormundende und eingriffsorientierte Jugendfürsorge unter den gesetzlichen Vorzeichen des RJWG. Es war maßgeblich von der Idee geleitet, einer drohenden Verwahrlosung der Jugend mit Vehemenz gegenüberzutreten.

Diese bewahrpädagogische Fokussierung erscheint passend für die unruhigen und fragilen politischen Zeiten der Weimarer Republik. Fliehkräfte aus unterschiedlichen politischen Richtungen hatten die Gesellschaft schon vor der Machtübernahme durch die NSDAP auf eine Zerreißprobe gestellt. Die hier beschriebenen gesetzlichen Rahmungen und gesellschaftlichen bzw. politischen Verhältnisse können als wirkmächtige Kontexte für die Etablierung des Bewahrmotivs in der Jugendfürsorge verstanden werden.

Wir machen einen Zeitsprung: Seit 1986 bis in die 1990er-Jahre hinein lassen sich vermehrt Stimmen im westdeutschen Fachdiskurs Sozialer Arbeit[3] aus-

3 Wir blenden an dieser Stelle die Transformation der ‚neuen Bundesländer' in einen Wohlfahrtsstaat und die damit verbundenen fachlichen Kontroversen aus, um den vorliegenden Text nicht zu komplex werden zu lassen. Dies geschieht in Anerkennung dessen, dass sich die Soziale Arbeit im Allgemeinen und die Jugendhilfe im Besonderen in den neuen Bundesländern vor und nach der Wiedervereinigung teilweise deutlich von

machen, welche eine Kritik an den nach wie vor mehrheitlich bevormundenden und expertokratisch ausgerichteten Hilfemaßnahmen formulieren. Vorangebracht über die theoretischen Konzepte Lebensweltorientierung (vgl. Grunwald/Thiersch 2016; Thiersch 2006) und Theorie sozialer Dienstleistungen (vgl. Oechler 2015; Olk/Otto 2003; Olk/Otto 1987) findet in der Sozialen Arbeit insgesamt ein Prozess des Umdenkens statt: Anstatt Hilfsmaßnahmen expertokratisch zu verorten, sollen jene nun im Verständnis sozialer Dienstleistungen partizipativ mit den Nutzer_innen gemeinsam erbracht werden bzw. sich an den lebensweltlichen Zusammenhängen der Adressat_innen orientieren (vgl. Exkurs ‚Aushandeln als zentrale Dimension Sozialer Arbeit', S. 56 f.).

Mit dem Achten Sozialgesetzbuch (SGB VIII), auch bekannt als Kinder- und Jugendhilfegesetz (im weiteren Verlauf: KJHG), tritt zum 1. Januar 1991 ein Paradigmenwechsel in Kraft. Es löst das Konzept der staatlichen Fürsorge, wie sie bis dato in den Grundstrukturen des seit 1961 gültigen Jugendwohlfahrtsgesetz (JWG) zu finden ist, ab, zugunsten einer dienstleistungsbezogenen Adressat_innenorientierung. So ist u. a. rechtlich kodifiziert, dass Kinder und Jugendliche an allen sie betreffenden Entscheidungen der öffentlichen Jugendhilfe zu beteiligen sind (§ 8 Abs. 1 SGB VIII). Das KJHG zielt folglich stärker auf Dialog und Beteiligung ab, möchte zwischen Mädchen und Jungen Benachteiligungen abbauen und Gleichberechtigung fördern (§ 9 SGB VIII) und schließlich Hilfeprozesse individueller gestalten.

Die Rechtsgrundlagen in den zuvor als Jugendfürsorge und Jugendpflege bezeichneten Bereichen Jugendarbeit, Jugendsozialarbeit sowie erzieherischer Kinder- und Jugendschutz lassen analog zu der beschriebenen Kehrtwende eine deutliche Bildungs- und Subjektorientierung erkennen. Auch die Motivverschiebung hin zum Bildungsprimat ist also strukturiert durch entsprechende gesetzliche Rahmungen und korrespondiert mit der emanzipatorischen und hierarchiekritischen Stimmung des gesellschaftlichen Zeitgeistes, so wie er sich auch im Fachdiskurs der Sozialen Arbeit widerspiegelt. Das Beispiel zeigt, dass Brüche und Verschiebungen sozialpädagogischer Aktzentsetzungen an die historisch-spezifischen gesellschaftlichen Verhältnisse und Orientierungen gebunden sind. In den Akzentsetzungen Sozialer Arbeit wie auch in den jeweilig geltenden Rechtsnormen wird so etwas wie ein gesellschaftlicher Zeitgeist sichtbar.

---

der in der damaligen Bundesrepublik unterschieden hat und im Wissen darum, dass in diesem Zusammenhang auch Chancen eines gegenseitigen Voneinander-Lernens versäumt und Potentiale ungenutzt geblieben sind (vgl. zur Sozialen Arbeit in den neuen Bundesländern Bütow/Chassé 2008; zur Sozialen Arbeit zur Zeit der DDR im Allgemeinen Seidenstücker 2015 sowie für das Tätigkeitsfeld der Kindertageseinrichtung Konrad 2012, S. 205 ff.).

Die Aufgaben und Ziele der heutigen Kinder- und Jugendhilfe sind über das KJHG definiert. Diese Entwicklung der Jugendpflege und Jugendfürsorge hin zu einer *bildungsorientierten Arbeit mit Kindern und Jugendlichen* spiegelt sich auch im § 1 Abs. 1 und 2 SGB VIII wider:

> „(1) Jeder junge Mensch hat ein Recht auf Förderung seiner Entwicklung und auf Erziehung zu einer eigenverantwortlichen und gemeinschaftsfähigen Persönlichkeit.
> (2) Pflege und Erziehung der Kinder sind das natürliche Recht der Eltern und die zuvörderst ihnen obliegende Pflicht. Über ihre Betätigung wacht die staatliche Gemeinschaft." (§ 1 Absatz 1 und 2 SGB VIII)

Folglich bezieht sich Kinder- und Jugendhilfe „sowohl auf die öffentliche Infrastruktur zur Pflege, Erziehung und Bildung als auch auf Interventionsaufgaben und das sogenannte ‚Wächteramt des Staates'" (Schröer/Struck 2018, S. 116), der Wache über das Wohl des Kindes (vgl. auch Art. 6 II Nr. 2 Grundgesetz).

Die Leistungen des KJHG werden als individueller Rechtsanspruch „jungen Menschen, Müttern, Vätern und Personensorgeberechtigten von Kindern und Jugendlichen gewährt" (§ 6 SGB VIII). Unter ‚jungen Menschen' sind Kinder, Jugendliche und junge Erwachsene zu fassen (§ 7 SGB VIII). Daher werden viele Leistungen bis zur Volljährigkeit mit 18, wenige andere bis zum vollendeten 27. Lebensjahr gewährt. Leistungsberechtigte sind demnach junge Menschen und Eltern. Zugleich dient aber das KJHG auch dazu, einen rechtsverbindlichen Gestaltungsrahmen für die Akteur_innen der Kinder- und Jugendhilfe auf kommunaler Ebene auszuformulieren.

Ab dem zweiten Kapitel des KJHG sind die unter § 2 aufgelisteten Leistungsbereiche im Einzelnen definiert:

- Jugendarbeit (§ 11 SGB VIII), Jugendverbände (§ 12 SGB VIII), Jugendsozialarbeit (§ 13 SGB VIII), erzieherischer Kinder- und Jugendschutz (§ 14 SGB VIII),
- Förderung der Erziehung in der Familie (§§ 16–21 SGB VIII), wobei hier auch Mütter, Väter und andere Erziehungsberechtigte als Adressat_innen explizit benannt werden,
- Förderung von Kindern in Tageseinrichtungen und in Kindertagespflege (§§ 22–26 SGB VIII),
- Hilfe zur Erziehung, Eingliederungshilfe für seelisch behinderte Kinder und Jugendliche, Hilfe für junge Volljährige (§§ 27–41 SGB VIII),
- andere Aufgaben der Jugendhilfe (§§ 42–60 SGB VIII), wozu bspw. Inobhutnahme von Kindern und Jugendlichen (§ 42 SGB VIII) oder die Mitwirkung bei Verfahren vor den Vormundschafts-, Familien- und Jugendgerichten (§§ 50–58 SGB VIII) gehören.

Folglich zählen zu den Arbeits- und Tätigkeitsfeldern, die in den Leistungsbereich der Kinder- und Jugendhilfe fallen, bspw. Kindertageseinrichtungen, Einrichtungen der Offenen Kinder- und Jugendarbeit, Inobhutnahmen, die stationäre Kinder- und Jugendhilfe sowie Angebote der Familienbildung und der Schulsozialarbeit. Zentral für diese Felder sind zwei eng gekoppelte Aspekte, sowohl die Frage nach den Trägerschaften als auch die nach der inhaltlichen Ausgestaltung: Die Kinder- und Jugendhilfe basiert auf der Prämisse von Dezentralität, die „die Vielfalt von Trägern unterschiedlicher Wertorientierungen und die Vielfalt von Inhalten, Methoden und Arbeitsformen" innerhalb dieser sozialen Dienstleistungen ermöglicht (§ 3 SGB VIII). Eingelassen damit ist das Subsidiaritätsprinzip zwischen öffentlichen und freien Trägern, um die Wertevielfalt einer demokratischen Gesellschaft auch institutionell zu gewährleisten.

Zwar wird das KJHG als Rahmengesetz nach dem Föderalismus-Prinzip in den 16 Bundesländern jeweils unterschiedlich ausdifferenziert, entscheidender ist jedoch für die konkrete Ausgestaltung die kommunale Ebene. Die praktische Umsetzung des Subsidiaritätsprinzips wird auf kommunaler Ebene realisiert und bedeutet, dass bspw. ein kommunaler öffentlicher Träger (z. B. Jugendamt, Gemeinde) einem freien Träger wie bspw. den Wohlfahrtsverbänden (Zentralwohlfahrtsstelle der Juden in Deutschland, Diakonie, Caritasverband, Arbeiterwohlfahrt, Deutsches Rotes Kreuz und Paritätischer Wohlfahrtsverband) den Vortritt überlassen muss, wenn es um die Erbringung von Angeboten für junge Menschen und Familien geht. Dieses Subsidiaritätsprinzip, welches die freien Träger in ihrem Status als Leistungserbringer absichert, ist in den 1990er-Jahren auf privatwirtschaftliche Anbieter, die nicht der Gemeinnützigkeit unterliegen (z. B. in Gestalt von GmbHs), ausgeweitet worden. Das Jugendamt als Leistungsgewährer schließt demnach mit den freien Trägern als auch mit privatwirtschaftlichen Anbietern (als Leistungserbringer) Verträge, in denen die Erstattung der Kosten vereinbart werden (Leistungs- und Entgeltvereinbarung nach § 78 SGB VIII). Diese Leistungen zwischen öffentlichen und freien Trägern der kommunalen Kinder- und Jugendhilfe werden in Arbeitsgemeinschaften koordiniert (ebd.) und im Jugendhilfeausschuss evaluiert, respektive langfristig geplant (§ 71 SGB VIII). Bundesweit betrachtet sind diese kommunalen Leistungserbringungen, je nach lokaler Trägerlandschaft sprich: Bewerberlage, sehr heterogen (siehe zu diesem Themenkomplex insgesamt vertiefend auch die Abschnitte 15.3.1 und 15.3.2).

Als zentrale Herausforderung für das Handlungsfeld Kinder- und Jugendhilfe gilt das Thema Inklusion. Spätestens mit der Ratifizierung der UN-Behindertenrechtskonvention (UN-BRK) 2006 in Deutschland und dem 13. Kinder- und Jugendbericht (2009) ist Inklusion auf der politischen und fachlichen Agenda (vgl. auch Unterkapitel 8.1). Zentraler Kritikpunkt ist, dass es aktuell ein paralleles Hilfesystem für junge Menschen mit Behinderung gibt (SGB IX). Bezogen auf den Aspekt ‚Behinderung' konkretisiert sich eine inklusive Öffnung der Kinder- und Jugendhilfe am § 35a SGB VIII, der Eingliederungshilfe für seelisch behinderte Kinder und Jugendliche. Hiermit ist die Frage verbunden, wie weit junge Menschen mit Behinderungen und Beeinträchtigungen zukünftig zum Zuständigkeitsbereich der Kinder- und Jugendhilfe gehören werden. Unter dem Begriff „Gesamtzuständigkeit der Kinder- und Jugendhilfe für alle Kinder und Jugendlichen" (AGJ 2013) wurde die Förderung und Unterstützung aller jungen Menschen durch die Kinder- und Jugendhilfe gefordert. Diese Forderung ist vor dem Hintergrund fachlicher Diskussionen um (Nicht-) Zuständigkeiten für Klientelgruppen bzw. der disziplinären Grundfrage, wann ein Kind zu einem (sozial-)pädagogischen Arbeitsgegenstand, also zum Fall wird, höchst aufschlussreich, da damit bisher ausgeschlossene Personenkreise in den Zuständigkeitsbereich der Kinder- und Jugendhilfe integriert werden sollen (vgl. Schmidt/Schulz 2017).

Zugleich bedeutet aber die Umsetzung von Inklusion eine tiefgreifende Veränderung der Kinder- und Jugendhilfepraxis: Einerseits bewegt sich Kinder- und Jugendhilfe immer zwischen den zwei Polen Hilfe und Kontrolle. Sie sorgt sowohl für die Einhaltung gesellschaftlicher Normen als auch dafür, dass die Adressat_innen in deren Lebensentwürfen gestärkt und bei der Suche nach individuellen Bewältigungsstrategien unterstützt werden. Dieses doppelte Mandat kollidiert aber andererseits mit dem Anspruch nach Inklusion: Inklusion bedeutet, dass das System selbst sich an den individuellen Fähigkeiten und Bedürfnissen der Adressat_innen orientieren muss und daraus entsprechende Maßnahmen zur Förderung von Bildungs- und Entwicklungsprozessen entwickelt und nicht weiter die Einzelne in das bestehende System integriert werden soll. Die Frage ist demnach dann, inwieweit Kinder- und Jugendhilfe, sofern sie dem Ziel der Inklusion unterliegt, noch ihrem Kontrollauftrag nachkommen kann, da Normalisierung eine Form von Integration ist. Eine Orientierung am Gedanken der Inklusion erfordert folglich einen fundamentalen Paradigmenwechsel weg von Konzepten der Integration hin zur Inklusion, wie sie sich auch in den aktuellen Modernisierungsbemühungen abzeichnet. Wir werden im weiteren Verlauf des Buchs ‚Inklusion' als zentrales aktuelles Konzept immer wieder beleuchten.

Des Weiteren wird derzeit der gesetzliche Rahmen der Kinder- und Jugendhilfe, d.h. das aktuelle SGB VIII reformiert. Diese Reform begann 2015. Seit November 2018 soll sie als Beteiligungs- und Dialogprozess zur Modernisierung der Kinder- und Jugendhilfe führen. Das politische Interesse besteht darin, das SGB VIII stärker Richtung Kinderschutz und Unterstützung von Familien zu reformieren (siehe Überblick über die Debatten u.a. auf der Homepage des Deutsches Institut für Jugendhilfe und Familienrecht e.V. (DIJuF) 2019). An diesem Dialogprozess sind Praxis und Wissenschaft der Kinder- und Jugendhilfe, der Behindertenhilfe und der Gesundheitshilfe sowie Bund, Länder und Kommunen beteiligt.

Nachfolgend werden exemplarisch drei Tätigkeitsfelder skizziert – Kindertageseinrichtungen (§ 22 SGB VIII), Offene Kinder- und Jugendarbeit (§ 11 SGB VIII) und stationäre Kinder- und Jugendhilfe (§§ 27 und 34 SGB VIII). In der Breite der Kinder- und Jugendhilfe bieten sie einen möglich kontrastiven Einblick nicht nur bezogen auf das Alter der Adressat_innen, sondern hinsichtlich ihrer fachlichen Ziele und Grundorientierung.

8.2 Kindertageseinrichtung

Heutzutage werden in Deutschland knapp über zwei Millionen drei- bis sechsjährige Kinder, d.h. 95% dieser Alterskohorte in Kindertageseinrichtungen betreut – ein enormer Zuwachs, wenn man diese Zahlen mit denen aus dem Jahr 1985 vergleicht: So waren es in der BRD 68% und DDR 93% der Kinder, die eine außerfamiliale Betreuung erhielten. Die Differenz zwischen den Ost-/West-Betreuungszahlen wird weiterhin verschärft, als in der BRD die Halbtagsbetreuung und in der DDR die Ganztagsbetreuung eher die Regel war. Diese ganztägige Betreuung von Kindern – wir sprechen hier von Betreuungszeiten von 45 Stunden in der Woche – nimmt zu. Im Jahr 2018 waren laut Statistischem Bundesamt knapp über 724000 Beschäftigte in Kindertageseinrichtungen, teils in Vollzeit, hauptsächlich in Teilzeit angestellt. Auch wenn das Personal von Kindertageseinrichtungen seit längerer Zeit multiprofessionell von Kindheits- bzw. Frühpädagog_innen, Erzieher_innen, Diplom-Erziehungswissenschaftler_innen, Sozialassistent_innen usf. gestellt wird, gehört die Kindertagesbetreuung historisch betrachtet zu den ersten Arbeitsfeldern der Sozialen Arbeit.

Die Vorläufer der heutigen Kindertageseinrichtungen sind die von den Kirchen oder Philanthropen initiierten Spiel- und Warteschulen, die Kleinkinderschulen oder Kleinkinderbewahranstalten, die fürsorgerisch für erwerbstätige Eltern in prekären Lebenslagen eingerichtet wurden, aber wie die Fröbel-Kindergärten auch von neuhumanistischen Bildungsgedanken geprägt waren. Die Frage, weshalb es öffentliche vorschulische Einrichtungen für jüngere Kinder geben soll, wird im 19. Jahrhundert demnach in zwei verschiedene Richtungen pädagogisch beantwortet (vgl. Reyer 2006, S. 58ff.): Einerseits war ein sozialfürsorgerisches Motiv stark verbreitet. Dieses beinhaltet, dass nur diejenigen Kinder öffentlich betreut werden sollen, für die keine ausreichende familiale Betreuung vorhanden ist – z.B. weil die Eltern lange arbeiten müssen, um den Lebensunterhalt für die Familie zu verdienen. Folglich ersetzen diese Leistungen das, was primär die Familie erbringen sollte. Andererseits lässt sich auch ein bildungspolitisches Motiv finden, welches zum Ziel hat, allen Kindern gleichermaßen einen Zugang zu Bildung zu ermöglichen. Bildung war für Friedrich Fröbel und die von ihm begründeten ‚Kindergärten' ein zentrales Motiv und sollte idealerweise die familialen Bildungsleistungen ergänzen. In beiden Fällen geht es also um familienergänzende Leistungen, die außerhalb der Familie erfüllt werden.

Im SGB VIII ist im § 22 Absatz 3 der Förderungsauftrag für Kinder in Tagesbetreuung und Tagespflege zusammengefasst: „Der Förderungsauftrag umfasst Erziehung, Bildung und Betreuung des Kindes und bezieht sich auf die soziale, emotionale, körperliche und geistige Entwicklung des Kindes." Als aktuelle Aufgabe lässt sich demnach die Förderung von individuellen Bildungs-, Entwicklungs- und Lernprozessen des Kindes (Bildungsprimat) sowie eine zeitlich umfassende und auf die individuellen Bedarfe der Eltern zugeschnittene Betreuung ableiten (Hilfe- bzw. Fürsorgeprimat), wobei faktisch aber Kindertageseinrichtungen „im Schnittfeld multipler gesellschaftlicher Interessen" (Honig 2010, S. 93) liegen: In der Praxis ist es kaum möglich, den Anforderungen, die aus dem Bildungs- wie dem Betreuungsauftrag resultieren, gleichermaßen zu entsprechen. Gleichzeitig haben, infolge der Berufstätigkeit beider Elternteile, die ansteigenden, zeitlich umfassenderen Betreuungsbedarfe den gesellschaftlichen Stellenwert bzw. die gesellschaftliche Verantwortung der Kindertageseinrichtung in den letzten 20 Jahren weiter erhöht.

Im § 24 SGB VIII wird der Rechtsanspruch eines Kindes vom vollendeten dritten Lebensjahr an bis zum Eintritt in die Schule auf den Besuch einer Tageseinrichtung verbrieft. Zugleich haben auch nach § 24 „die Träger der öffentlichen Jugendhilfe darauf hinzuwirken, dass für diese Altersgruppe ein bedarfsgerechtes Angebot an Ganztagsplätzen oder ergänzend Förderung in Kindertagespflege zur Verfügung steht" (§ 24 SGB VIII). Die Trägervielfalt erklärt die hohe Diversität an pädagogischen Konzepten wie bspw. Ansätze der Montessori-, Freinet-, Waldorf- oder Reggio-Pädagogik oder den Situationsansatz, respektive Bewegungs-, Bauernhof-, Wald- oder Sprachkindergärten, um nur einige zu nennen. Daneben lassen sich auch unterschiedliche Altersmischungen und Gruppenzuschnitte finden: Manche Kindertageseinrichtungen bieten die Betreuung von unter und über Dreijährigen unter einem Dach an, teilweise werden gruppenübergreifende Schwerpunkträume (z. B. Werkraum, Atelier, Bauraum) im Sinn von ‚Offener Arbeit' bereitgehalten, andere Einrichtungen arbeiten in fixen Stammgruppen und/oder in altersgetrennten, sprich altershomogenen Gruppen.

Als eine Gemeinsamkeit lässt sich die Bildungsorientierung benennen: Alle derzeit relevanten kindheitspädagogischen Konzepte rücken als aktuelle Orientierung die Individualität der kindlichen Lernprozesse in den Mittelpunkt, die in der pädagogischen Interaktion begleitet werden soll. Damit schließen sie einerseits an ein subjektorientiertes, auf Selbst-Bildung hin ausgerichtetes Bildungsverständnis an, wie es für die Soziale Arbeit insgesamt kennzeichnend ist. Andererseits wird hierdurch an (grund-)schuldidaktische Konzepte angeschlossen, die die Organisation von Bildung in Form von Curricula mit der Flexibilisierung und Individualisierung von Unterricht verbinden (vgl. hierzu vertiefend Olk/Hübenthal 2011; Sting 2013; Stieve 2015). Diese Verbindung von curricularen Bildungsbereichen und deren individuelle Aneignung findet sich auch in den Bildungsplänen der Länder wieder, die Bildungsprozesse in verschiedene Inhaltsbereiche unterteilen und Förderziele definieren. Diese Bildungspläne sind teilweise institutionenübergreifend formuliert: So sind die „Bildungsgrundsätze" in Nordrhein-Westfalen „Grundsätze zur Bildungsförderung für Kinder von 0 bis 10 Jahren in Kindertageseinrichtungen und Schulen im Primarbereich" und fokussieren „Mehr Chancen durch Bildung von Anfang an" (MFKJKS/MSW 2016). Damit sind sozialpädagogisch geprägte Ansätze, die an gruppenpädagogische Überlegungen oder an einem sozialpädagogischen Bildungsverständnis anschließen, welches sich am Ziel der Gemeinschaftsfähigkeit orientiert, eher schwächer vertreten.

Exkurs: Aktuelle Kindheitsmodelle – Bildungskindheit und Risikokindheit

Unter Slogans wie ‚Bildung von Anfang an' wird die Vorstellung von ‚Bildungskindheit' transportiert. Diese fußt darauf, dass bereits sehr junge Kinder sich bilden, dabei ‚aktiv handelnde Subjekte' sind, aber zugleich ihre Arten des Lernens andere seien als die in anderen Lebensphasen (vgl. Liegle 2006; Schäfer 2011). Im Vergleich zu anderen Lebensphasen zeichnet sich ‚frühe Kindheit' in einer hohen Dynamik und Komplexität von bspw. kognitiven, motorischen, psychischen und sozialen Lern- und Entwicklungsprozessen aus, welche sowohl zeitlich als auch räumlich entgrenzt ist. Folglich kann jeder Ort und jede Interaktion für das kindliche Lernen bedeutsam sein. Auch hier verbirgt sich ein Appell an die Erwachsenen, entsprechend zu handeln: Sie sind dazu angehalten, jederzeit und überall diese bildsamen Aktivitäten zu ermöglichen und zu fördern.

Exemplarisch für die Kontur einer zeitgenössisch-westlichen ‚Risikokindheit' ist die nachfolgende Beschreibung des Sozialforschers Klaus Hurrelmann (2011): „Kindheit heute bedeutet, in einer ungesicherten sozialen Bindung aufzuwachsen, in einer Wettbewerbsgesellschaft zu leben, in der allein individuelle Leistung und sonst gar nichts zählt, in einer Freizeitwelt zu sein, die durch den Konsum und durch kommerzielle Wettbewerbsprozesse gekennzeichnet ist. Kindheit bedeutet auch, der zunehmenden Verstädterung ausgesetzt zu sein, die Verknappung von Spiel- und Freiflächen zu erleben und zu erfahren, dass das unmittelbare Wohnumfeld als Lebens-, Spiel- und Erfahrungsraum nicht zur Verfügung steht. Kindheit bedeutet heute auch, auf eine ökologische Umwelt angewiesen zu sein, die belastende und schädigende Wirkungen haben kann" (Hurrelmann 2011, S. 1).

An der Beschreibung fällt formal der dramatische Ton auf und inhaltlich folgt die Aufzählung der Logik, dass sich zeitgenössische Kindheit nur als Verlustgeschichte beschreiben lässt. Diese Risiken und Verluste gefährden die notwendigen Entwicklungsaufgaben des Kindes und appellieren damit an die Erwachsenen, genau hier handeln zu müssen. Diese Beschreibung vermitteln implizit ein normatives Modell von ‚guter Kindheit', welches auch für die sozialpädagogische Praxis zu gelten hat – eine Norm, die u.a. die Notwendigkeit sozialer Bindung in stabilen Familienverhältnissen, unverplanter und nicht-kommerzieller Freiräume und unverzweckter Bildung (an)erkennt.

Auf den ersten Blick adressieren die beiden Modelle ‚Risikokindheit' und ‚Bildungskindheit' Kinder und Erwachsene unterschiedlich. Jedoch sind sie zwei Seiten einer Medaille, weil sie gemeinsam vom Kind als einem natürlich gegebenen Wesen ausgehen, eine ‚gute Entwicklung' als Ziel setzen und hieraus pädagogisch-professionelles Handeln ableiten. Diese Bedürfnisbeschreibungen setzen ein spezifisches Bild vom Kind als gegeben voraus – nämlich dass überhaupt Menschen in dieser Lebensphase sich entwickeln. Diese Vorstellung von ‚Entwicklungskindheit' und die Ansprache von Kindern als sich entwickelnde Personen ist nach wie vor eine gesellschaftlich dominante Perspektive auf das kindliche Aufwachsen (vgl. Honig 1999). Der Begriff der Entwicklung ist darauf ausgerichtet, dass etwas sich entfaltet, oder konkret: das Kind sich zum Erwachsenen hin entwickelt.

Der Begriff ‚Entwicklungskindheit' beschreibt jedoch keinen natürlich-biologischen Prozess, sondern bezeichnet eine historisch-kulturelle Konstruktion. Ihre ersten Spuren lassen sich u.a. in der Pädagogik des 18. Jahrhunderts finden, wo zunächst noch vom „Auswickeln" die Rede war (Tervooren 2008). Insbesondere mit Beginn des 19. Jahrhundert setzen verschiedene Vorhaben ein, die diese Vorstellung einer menschlichen Entwicklungsgeschichte empirisch beweisen möchten: Nachdem in bürgerlichen Familien Väter ihre Söhne beobachteten und deren Entwicklungen in so genannten ‚Vätertagebüchern' dokumentierten, setzen auch in anderen Institutionen wie bspw. der Schule systematische Beobachtungen von Kindern ein. Gerade diese öffentlich-institutionellen Beobachtungen dienten dazu, eine möglichst große Gruppe von Kindern systematisch zu vermessen und zu vergleichen, mit dem Ziel, über statistische Vergleiche herauszufinden, was Gesetzmäßigkeiten kindlicher Entwicklung und was ‚normale' und was von der Norm ‚abweichende' Entwicklungsverläufe sind (vgl. Eßer 2014).

Diese Zweck- und Zielgerichtetheit auf die Entwicklung in Richtung eines zukünftigen Erwachsenenseins „erlaubt es, fast unbemerkt von einer *Beschreibung* kindlicher Entwicklung zu einer *Normierung* kindlicher Entwicklung zu wechseln – einer Normierung, die in den politisch-pädagogischen Verwendungskontexten des derart erzeugten ‚Wissens vom Kind' abgestützt wird. Das ‚Erwachsenwerden' erscheint so als natürlicher Gang der menschlichen Entwicklung, als Wachstum und Reifung" (Honig 1999, S. 62, Hervorhebung im

Original). Die aktuelle Lebensphase ‚Kindheit' ist wiederum bestimmt durch die Ermöglichung von Bildung, und zwar in einer ökonomischen und funktionalisierten Logik. Kinder werden politisch „primär als Ressource für den Fortbestand der Sozial- und Wirtschaftsordnung" angesprochen (Klinkhammer 2014, S. 512f.), in die wie in ein Produkt investiert werden soll.

Für das Arbeitsfeld der öffentlichen Kinderbetreuung lässt sich seit den 2000er Jahren ein noch nicht abgeschlossener Transformationsprozess zu einem umfassenden System Frühkindlicher Bildung, Betreuung und Erziehung (FBBE) nachzeichnen. Eine zentrale Herausforderung für dieses im Wandel befindliche Arbeitsfeld bzw. für sein zentrales Tätigkeitsfeld in Gestalt der Kindertageseinrichtung ist neben dem quantitativen als auch qualitativen Ausbau der Betreuung von unter dreijährigen Kindern auch die Öffnung des pädagogischen Ortes in Richtung Familie. Eine weitere Herausforderung ist die der Qualität des frühpädagogischen Personals, wobei hier zu berücksichtigen ist, dass dieses Personal auch zukünftig sowohl auf Fachschul- als auch auf Hochschulebene ausgebildet werden muss. Schließlich ist derzeit noch offen, inwieweit sich das Arbeitsfeld der FBBE angesichts starker didaktischer Elemente und entwicklungspsychologischer Indienstnahmen als eine eigenständige Profession und erziehungswissenschaftliche (Sub-)Disziplin der Früh- bzw. der Kindheitspädagogik etabliert oder aber weiterhin vor allem als ein Arbeitsfeld der Sozialen Arbeit weiterentwickelt und entsprechend wahrgenommen wird.

8.3 Offene Kinder- und Jugendarbeit

Die Offene Kinder- und Jugendarbeit ist – auch durch die zunehmende Einbindung in die ganztagsschulische Betreuung in vielen Kommunen – ein Tätigkeitsfeld der Kinder- und Jugendhilfe, in welchem die Beschäftigtenzahlen nach einem jahrelangen Einbruch seit 2010 allmählich wieder zunehmen. Für das Jahr 2015 registrierte das Statistische Bundesamt (2017) knapp über 10 000 Hauptberufliche, 2 700 Nebenberufliche und 15 000 Ehrenamtliche. Neben Erzieher_innen und anderen pädagogisch qualifizierten Personen arbeiten im Tätigkeitsfeld Offene Kinder- und Jugendarbeit mehrheitlich Sozialarbeiter_innen. Sie arbeiten in knapp über 19 000 Einrichtungen, die von 114 000 Jugendlichen genutzt wurden, wobei die Verteilung nach den Geschlechtern nahezu paritätisch ist.

Der Großteil der Offenen Kinder- und Jugendarbeit findet in unterschiedlich großen Einrichtungen wie Jugendräumen, Jugendtreffs, Jugendfreizeitstätten, Jugendhäusern, Jugendclubs oder Jugendzentren statt – seltener sind mobile Einrichtungen (Spiel- und Sportmobile und Doppeldeckerbusse als mobile

Häuser) oder weitere aufsuchende Formen. Diese Tätigkeitsfelder der Offenen Kinder- und Jugendarbeit werden größtenteils von Professionellen verwaltet. Die in den 1970er-Jahren von Jugendlichen selbst initiierten und selbstverwalteten Jugendeinrichtungen (‚autonome Jugendzentren') sind inzwischen ebenfalls häufig mit Haupt- oder Nebenamtlichen besetzt. Alle diese Einrichtungen sind in vielen Kommunen Teil der Infrastruktur. Träger dieser Einrichtungen sind neben den öffentlichen Trägern (z. B. Jugendämter und Gemeinden) mehrheitlich freie Träger wie Jugendverbände und Jugendringe, Jugendinitiativen und Wohlfahrtsverbände sowie kirchliche Träger (vgl. Statistisches Bundesamt 2017, S. 5). Diese Angebote stehen nach dem gesetzlichen Auftrag prinzipiell allen Kindern und Jugendlichen offen, wobei die jeweiligen Einrichtungen Altersbegrenzungen festlegen. Faktisch lassen sich aber unter dem Label Offene Kinder- und Jugendarbeit mehrheitlich Angebote finden, die für ‚benachteiligte' ältere Kinder und Jugendliche konzipiert sind, auch wenn zunehmend jüngere Kinder die Einrichtungen aufsuchen.

Historisch gesehen entwickelte sich die heutige Offene Kinder- und Jugendarbeit aus der Jugendfürsorge und aus der Jugendpflege Ende des 19. Jahrhunderts. Darüber hinaus haben Jugendbewegungen wie bspw. ‚Die Falken' oder die ‚Wandervogel'-Bewegung zu Beginn des 20. Jahrhunderts mit ihren Idealen einen erheblichen Einfluss auf die noch heute existierenden Grundsätze der Freiwilligkeit, Offenheit, Partizipation und Niedrigschwelligkeit von Offener Kinder- und Jugendarbeit. Spätestens seit Ende der 1990er-Jahre ist das Verständnis von der Ermöglichung und Begleitung von bildungsrelevanten Erfahrungen für das Tätigkeitsfeld der Offenen Kinder- und Jugendarbeit (erneut) zentral (vgl. Müller 1996). Der Anspruch auf und die Ermöglichung von Bildung sind als Aufgaben der Kinder- und Jugendarbeit im Allgemeinen rechtlich im § 11 (1) SGB VIII festgeschrieben:

> „Jungen Menschen sind die zur Förderung ihrer Entwicklung erforderlichen Angebote der Jugendarbeit zur Verfügung zu stellen. Sie sollen an den Interessen junger Menschen anknüpfen und von ihnen mitbestimmt und mitgestaltet werden, sie zur Selbstbestimmung befähigen und zu gesellschaftlicher Mitverantwortung und zu sozialem Engagement anregen und hinführen."

Das hier vertretene Bildungsverständnis formuliert Bildung nicht als Wissens- und Fähigkeitenkanon, sondern als einen Prozess der Befähigung und Ermöglichung von Selbstbestimmung in Gesellschaft. Dies ist Auftrag und Ziel der Angebote von Offener Kinder- und Jugendarbeit. Der Bildungsbegriff steht also „für die Erwartung, dass Jugendarbeit als Jugendpädagogik einen Beitrag dazu leisten soll, dass Jugendliche zu einer selbstbestimmten, eigensinnigen und eigenverantwortlichen Lebensführung befähigt werden sollen" (Scherr 2003, S. 98). Die grundlegende Ausrichtung der pädagogischen Förderung und Unterstützung von Bildung liegt demnach in der „Befähigung zu selbst bestimmter Lebensführung und zu sozialer Eingebundenheit und Verantwortung" (BMFSFJ 2005, S. 365). Des Weiteren sollen die Angebote der Jugendarbeit nicht nur an den Interessen der Adressat_innen anknüpfen, sondern von jenen „mitbestimmt und mitgestaltet werden" (BMFSFJ 2005, S. 365). Bereits hier legt der Gesetzgeber fest, dass das pädagogische Ziel, Selbstbestimmung in Gesellschaft (und nicht: Vermittlung eines Bildungskanons), nur über Partizipation erreicht werden kann.

Offene Kinder- und Jugendarbeit ist vom Status gesehen ein non-formaler Bildungsort, aber eben kein klassischer: Sie ist empirisch gesehen viel eher als „ein Gelände mit Bildungschancen, ein beziehungsreicher Raum von nutzbaren Gelegenheiten" (Müller/Schmidt/Schulz 2008, S. 59) zu fassen.

Exkurs: Informelle, non-formale und formale Bildung

Spätestens seit Anfang der 2000er Jahre lassen sich europaweit in der öffentlichen Diskussion, wenn es um Lernen und Bildung geht, die Begriffe ‚informelles Lernen', ‚non-formales Lernen' und ‚formales Lernen' respektive ‚informelle Bildung', ‚non-formale Bildung' und ‚formale Bildung' finden. Was ist mit diesen Unterscheidungen gemeint und welche Aussagen werden damit über das Lernen gemacht (vgl. Schulz 2018)?

In älteren Publikationen wie bspw. dem „Memorandum über Lebenslanges Lernen" der Kommission der Europäischen Gemeinschaften (2000) lässt sich folgende Unterscheidung finden:

- „Formales Lernen findet in Bildungs- und Ausbildungseinrichtungen statt und führt zu anerkannten Abschlüssen und Qualifikationen.
- Nicht-formales Lernen findet außerhalb der Hauptsysteme der allgemeinen und beruflichen Bildung statt und führt nicht unbedingt zum Erwerb eines formalen Abschlusses. […]
- Informelles Lernen ist eine natürliche Begleiterscheinung des täglichen Lebens. […] [Es] handelt sich beim informellen Lernen nicht notwendigerweise um ein intentionales Lernen, weshalb es auch von den Lernenden selbst unter Umständen gar nicht als Erweiterung ihres Wissens und ihrer Fähigkeiten wahrgenommen wird" (Kommission der Europäischen Gemeinschaften 2000, S. 9).

Diese Definition verdeutlicht zunächst, dass ‚formales', ‚nicht-formales' bzw. ‚non-formales' und ‚informelles' Lernen relationale Begriffe sind. Dies bedeutet, dass sie aufeinander Bezug nehmen und folglich getrennt voneinander keinen eigenständigen Sinn ergeben. Zudem ruft die Definition auch in Erinnerung, dass nicht nur eine Bildungseinrichtung – sprich: die Schule – existiert, in der Heranwachsende lernen, sondern Lernen in vielfältigen Kontexten stattfinden kann und zudem Lernprozesse nicht mit dem Abschluss einer formalen Bildungslaufbahn enden. Damit knüpft diese Definition auch an einen der Väter dieser begrifflichen Unterscheidung an, an den amerikanischen Philosophen und Erziehungswissenschaftler John Dewey. Dieser hat bereits in der ersten Hälfte des 20. Jahrhunderts mit dem Begriff der ‚informal education' auf die basalen Lernerfahrungen des alltäglichen Lebensraums verwiesen, auf denen Schule als Ort von ‚formal education' notwendigerweise angewiesen ist und aufbaut (vgl. Dewey 1938/1998). Dewey hebt damit hervor, dass aus der Position des Lernenden Lernen an verschiedenen Orten und in vielen Formen vollzogen und miteinander verknüpft wird. Lernen findet demnach bereits vor dem Eintritt der Kinder in klassische Bildungsinstitutionen wie Schule und auch jenseits klassischer Formen wie die des kognitiven oder rational gesteuerten Lernens statt.

Diese erste grobe Unterscheidung der Trias wurde deshalb weiter ausdifferenziert, da sie tendenziell die (Lern-)Intentionen der jeweiligen Orte mit den dort stattfindenden Prozessen gleichsetzt und dies zu Missverständnissen führt. Der deutsche 12. Kinder- und Jugendbericht (vgl. BMFSFJ 2005) schlug entsprechend eine Differenzierung zwischen einerseits *Bildungsorten bzw. -settings* und andererseits *verschiedenen Formen des Lernens* vor:

Bildungsorte: Die Orte lassen sich dahingehend unterscheiden, ob sie über einen Bildungsauftrag verfügen bzw. eine Bildungsintention verfolgen oder nicht – und wenn ja, wie stark dieser Auftrag auch formalisiert und nach Abschluss zertifiziert ist. Vor dem Hintergrund der gesellschaftlichen Funktionszuweisung lassen sich formale Bildungsorte wie die der Schule oder Ausbildungsstätten von non-formalen Bildungssettings wie den Angeboten der Kinder- und Jugendhilfe unterscheiden. Daneben gibt es sowohl die Familie als zentrale Bildungswelt im Kindes- und Jugendalter als auch die Lernwelten, wie etwa Medien oder die Gleichaltrigengruppe, in denen zwar etwas gelernt werden kann, das Lernen aber nicht der zentrale Zweck dieser Settings ist und diese im Vergleich zu den eben genannten Orten auch nicht immer klar geografisch verortet werden können (vgl. ebd., S. 91 ff.).

Lernprozesse: Die Arten der Lernprozesse lassen sich aus einer didaktischen Perspektive zwischen formelle und informelle Lernprozesse unterscheiden: Die Heranwachsenden als Akteur_innen lernen an den jeweiligen Orten nicht (nur) das, was dieser offiziell vorgibt, also an formalen Bildungsorten wie bspw. in der Schule nicht nur den zu vermittelnden formalen Stoff wie Lesen, Schreiben oder Rechnen, sondern auch vieles ‚nebenher', was nicht expliziter Gegenstand des Lehrplans ist. Mit dem informellen Lernen wird folglich ein nicht-didaktisiertes, beiläufiges, häufig unabsichtliches, konkretes, lebensweltorientiertes und selbstgesteuertes Lernen bezeichnet. In einem Setting kann demnach sowohl explizit und (hochgradig) formalisiert als auch implizit und informell gelernt werden, wobei diese zwei Punkte als Extreme eines Kontinuums zu verstehen sind.

Konkret bedeutet dies für Orte der Kindertagesbetreuung oder Jugendarbeit, dass sie aus einer Institutionenperspektive heraus bestimmte Lernprozesse, die bspw. in Bildungsplänen und/oder Konzepten formuliert sind, bei Kinder und Jugendlichen anstoßen und begleiten wollen, diese Prozesse aber eben nicht in klassischer Weise überprüft und zertifiziert werden. Folglich werden diese Orte als non-formale Bildungsorte bezeichnet. Zugleich können Kinder und Jugendliche dort als Akteur_innen immer auch im Sinne von informellen Lernprozessen lernen. Demnach finden an non-formalen Bildungsorten – so wie im Grunde genommen an allen anderen Orten auch – spezifische formelle und informelle Lernprozesse statt.

Diese Ermöglichung von vielfältigen Anschlussmöglichkeiten für Jugendliche wird in verschiedenen Angebotsformaten umgesetzt: Der sogenannte ‚Offene Bereich' bzw. der ‚Offene Betrieb' ist ein – sowohl zeitlich als auch räumlich gesehen – barrierearmes Angebot, über das Heranwachsende selbst verfügen können. Häufig finden sich hier Sitz- und Sofaecken, Versorgungsmöglichkeiten und Unterhaltungsmedien. Des Weiteren werden häufig auch Funktionsräume (z. B. Proberäume oder Werkstätten) zur Verfügung gestellt sowie regelmäßig stattfindende pädagogische Angebote und Projekte (z. B. Kursangebote in sportiven oder kreativen Bereichen, Angebote, die sich an spezifische Personengruppen wie Trans/Jungen/Mädchen richten) oder Veranstaltungen (z. B. Musikkonzerte, Kinoabende oder Discos) angeboten. Quer über diese Angebotsformate können sich im Sinn von niedrigschwelliger Arbeit neben punktuellen Kontakten zu Sozialarbeiter_innen auch erste Gelegenheiten für Beratung entwickeln (vgl. Cloos/Köngeter 2007).

Die Verbindung von personellen, materiellen und räumlichen Ressourcen mit der strukturellen Ermöglichung einer Beteiligung der Jugendlichen ist eine der praktischen Hauptaufgaben der Jugendarbeitspraxis. Dies ist vor dem Hintergrund unterschiedlicher Zugangschancen Jugendlicher im Zusammenspiel verschiedener Bildungsorte wie Familie, Peer-Gruppe, Schule usw. wichtig. Darauf macht auch der 13. Kinder- und Jugendbericht aufmerksam: „Je nach ökonomischem, kulturellem und sozialem Kapital in der Familie oder im Peerkontext und einem dementsprechend unterschiedlichen Alltag eignen sich Kinder und Jugendliche dabei verschiedene Kompetenzen an" (BMFSFJ 2013, S. 368), mit denen sie in ihrem lebensweltlichen Alltag oder in bildungsinstitutionellen Kontexten mehr oder weniger anschlussfähig und folglich auch handlungsmächtig sind.

Eine relativ neue und fachlich umstrittene Entwicklung sind die Kooperationen zwischen Offener Kinder- und Jugendarbeit und Schule: Die Reformierung von Schule selbst, wie sie bspw. mit dem Programm ‚Zukunft Bildung und Betreuung' gefordert und gefördert wird, markiert maßgeblich die Entwicklung weg von der Halbtagsschule hin zur Ganztagsschule. Um diesen Strukturwandel weiter fortzuschreiben ist auch Offene Kinder- und Jugendarbeit im schulischen Alltag an verschiedenen Stellen positioniert, indem sie bspw. die Übernachmittagsbetreuung, die (Mittag-)Essensversorgung oder Hausaufgabenhilfe von Kindern und Jugendlichen übernimmt. Für das Jahr 2015 registrierte das Statistische Bundesamt (2017) von über 26 000 Kooperationen über 11 000 alleine im Grundschulbereich. Einer der Hauptdiskussionspunkte ist, inwiefern sich die schul- und sozialpädagogische Vorstellung von Bildung aufeinander beziehen lassen. Hierzu lassen sich konstruktive Vorschläge bspw. unter dem Stichwort „Ganztagsbildung" finden, die quer über die schul- und jugendpädagogischen Disziplinen an das Konzept von lokalen bzw. regionalen Bildungslandschaften anschließen (vgl. Coelen/Otto 2008 und siehe vertiefend hierzu auch den Abschnitt 16.1.3).

8.4 Stationäre Erziehungshilfen

Die ‚stationären Erziehungshilfen' sind eine pädagogisch konzipierte *Fremdunterbringung von Kindern* an einem anderen Ort und ein Teil des im § 27 SGB VIII beschriebenen Anspruchs auf ‚Hilfe zur Erziehung'. Nach der Typologie von Heiner (vgl. Unterkapitel 5.3) handelt es sich bei den stationären Erziehungshilfen um ein Tätigkeitsfeld innerhalb des Arbeitsfelds ‚Erzieherische Hilfen' bzw. ‚Hilfen zur Erziehung'.

Den Hilfeanspruch hat der Personensorgeberechtigte dann, „wenn eine dem Wohl des Kindes oder des Jugendlichen entsprechende Erziehung nicht gewährleistet ist und die Hilfe für seine Entwicklung geeignet und notwendig ist" (§ 27 SGB VIII). Diese Hilfe wird insbesondere nach Maßgabe der §§ 28 bis 35 SGB VIII gewährt:

- Erziehungsberatung (§ 28 SGB VIII)
- Soziale Gruppenarbeit (§ 29 SGB VIII)
- Erziehungsbeistand und Betreuungshelfer (§ 30 SGB VIII)
- Sozialpädagogische Familienhilfe (§ 31 SGB VIII)
- Erziehung in einer Tagesgruppe (§ 32 SGB VIII)
- Vollzeitpflege (§ 33 SGB VIII)
- Heimerziehung und sonstige betreute Wohnformen (§ 34 SGB VIII)
- Intensive sozialpädagogische Einzelbetreuung (§ 35 SGB VIII)

Dieses Leistungsspektrum lässt sich in Angebote der ambulanten, teilstationären und stationären Erziehungshilfen unterscheiden. Diese gängige Unterscheidung verweist darauf, wo der Lebensmittelpunkt der jungen Menschen während der Hilfeform liegt: Während bei den ambulanten und teilstationären Hilfen dieser Lebensmittelpunkt in den Familien liegt, verschiebt sich bei den stationären Hilfen der Lebensmittelpunkt hin zu einem anderen Ort, an welchem die jungen Menschen nahezu ihren kompletten Alltag verbringen – d.h. bspw. sie wohnen, essen, schlafen und werden auch individuell gefördert in einer Jugendwohngruppe, wie sie im Portrait von Zeynep Özkan beschrieben wurde. Die sozialpädagogische Familienhilfe sucht folglich die Familie auf, um dann vor Ort gemeinsam mit den Familien als Erzieherische Hilfe tätig zu sein, während die Erziehungshilfen in der Tagesgruppe und in der Heimerziehung außerhalb der Familie stattfinden.

Historisch betrachtet liegen, wie zu Beginn dieses Kapitels bereits erwähnt, die Anfänge u.a. in der Errichtung der Waisenhäuser (bspw. die Franckeschen Stiftungen in Halle/Saale), die sich im Laufe des 19. Jahrhunderts zunehmend nicht nur elternloser, sondern auch verwahrloster Kinder annahmen (bspw. das ‚Rauhe Haus' in Hamburg) und Teil der Jugendfürsorge waren. Typisch für diese Fürsorgeform war die räumliche Konzentration dieser Gruppe der Kinder auf Kinderheime oder ähnliche, nach außen abgeschlossene Wohneinheiten, gepaart mit einer autoritär-restriktiven Pädagogik und körperlichen Züchtigungen. Diese gewaltvolle Alltagspraxis von Heimen wurde im Rahmen der westdeutschen ‚Heimkampagne' ab 1965 u.a. von Ulrike Meinhoffs Radioreportagen öffentlich gemacht und führte schließlich in der zweiten Hälfte der 1970er-Jahren zur Reform dieser Fürsorgeeinrichtungen (vgl. Rudloff 2018): Hierzu gehörte bspw. die Einführung der oben erwähnten sozialpädagogischen Familienhilfe. Sie entstand unter der neuen Prämisse, junge Menschen möglichst lange in ihrem sozialen Umfeld zu belassen und dessen innerfamiliale Sozialisationsbedingungen zu stärken. Mit dieser Idee der stufenweisen Hilfeleistungen vom geringsten zum größten Eingriff soll vermieden werden, dass zu früh eine Fremdunterbringung des jungen Menschen in einer Pflegefamilie oder in einem Heim erfolgt. Dieses Konzept des geringstmöglichen Eingriffs passt sich in das zentrale Handlungsziel des Tätigkeitsfeldes ein – dem Übergang in eine selbstständige Lebensführung, sofern die Heranwachsenden nicht mehr in ihre Herkunftsfamilien zurückkehren.

Exkurs: Feldtypologie nach Maja Heiner

Nachfolgend wird exemplarisch am Arbeitsfeld ‚Erzieherische Hilfen' die Feldtypologie von Heiner (vgl. 2010, S. 95ff.) erläutert:

Das Arbeitsfeld ‚Erzieherische Hilfen' ist Teil des Berufsfeldes ‚Kinder- und Jugendhilfe', einen Begriff, den wir hier synonym zum Begriff des Handlungsfelds verwenden. Innerhalb des Arbeitsfeldes laufen unterschiedliche Tätigkeitsfelder zusammen, die sich in der o.g. Auflistung (§§ 28–35 SGB VIII) finden lassen. Hierzu gehört auch die ‚Heimerziehung' (§ 34 SGB VIII) – etwa in Form von Jugendwohngruppen, wie sie im Fallportrait von Zeynep Özkan dargestellt wurden.

Wie bereits angemerkt unterscheiden sich die Tätigkeitsfelder von den Arbeitsfeldern dadurch, dass sie jeweils nur einzelne Teilaspekte bzw. Schwerpunkte der mit den Arbeitsfeldern einhergehenden Aufgaben- bzw. Problemstellungen bearbeiten, unterschiedlichen methodischen Vorgehensweisen folgen und hinsichtlich der Dienstleistungserbringung unterschiedlich organisiert sind (vgl. Heiner 2010, S. 96). Die Erzieherischen Hilfen sind organisational in den einzelnen Tätigkeitsfeldern als ambulante, teilstationäre und stationäre Hilfen verfasst. Bei Aufgabenstellungen und Problemlagen, die nach einer sehr intensiven, in hohem Maße intervenierenden Erzieherischen Hilfe verlangen, umfasst das Arbeitsfeld – wie das Fallportrait von Zeynep Özkan verdeutlicht – auch Tätigkeitsfelder, die nahezu den gesamten Alltag der Adressat_innen strukturieren bzw. überformen.

Abb. 8.1: Konkretionsebenen der Feldtypologie nach Heiner (2010, S. 96)

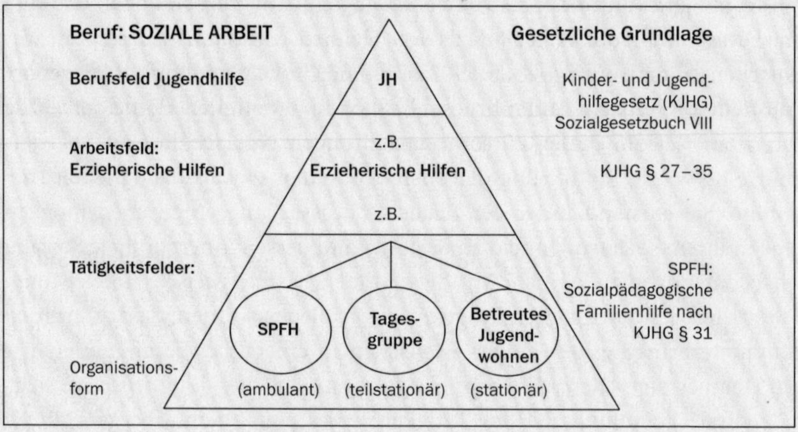

Insgesamt werden die Hilfen zur Erziehung besonders häufig von Familien beansprucht, die auf Transferleistungen angewiesen sind. Oftmals ist daran die Lebenslage des Alleinerziehens gekoppelt (vgl. Freigang 2016, S. 838). Im Jahr 2016 waren 141 704 junge Menschen in stationären Erziehungshilfen nach § 34 SGB VIII untergebracht (im Vergleich 2014: 108 293); das entspricht einer bundesweiten Inanspruchnahmequote von 88 Kindern pro 10 000 der unter 21-Jährigen (vgl. Fendrich/Pothmann/Tabel 2018, S. 76). Damit setzt sich der ansteigende Trend der Heimerziehung weiter fort (Anstieg zwischen 2008 bis 2014: +26 %). Zudem ist zwischen 2014 und 2016 die Bedeutung von unbegleiteten ausländischen Minderjährigen in der Heimerziehung gestiegen. Jedoch sind die Betreuungszahlen zwischen den Bundesländern höchst unterschiedlich: Die Spannbreite geht von 61 pro 10 000 der jungen Menschen unter 21 Jahren in Bayern bis 225 pro 10 000 der jungen Menschen unter 21 Jahren in Bremen (vgl. Fendrich/Pothmann/Tabel 2018, S. 77). Im Rahmen der „Hilfe zur Erziehung in einer Einrichtung über Tag und Nacht (Heimerziehung)" nach § 34 SGB VIII sind 72 263 Personen im Jahr 2016 angestellt gewesen, wobei sich hier nur 58 % des Personals auf Vollzeitstellen befindet (ebd.). Von der Qualifikation finden sich mehrheitlich Erzieher_innen in diesem Tätigkeitsfeld, aber auch Sozialarbeiter_innen und psychologisch-therapeutisch qualifiziertes Personal. Insgesamt besehen wächst das Personal, welches im Rahmen der stationären Erziehungshilfe angestellt ist, analog zum Anstieg der Inanspruchnahme durch junge Menschen.

Die meisten Leistungen der stationären Erziehungshilfen werden, entsprechend dem Subsidiaritätsprinzip, von Einrichtungen in freier Trägerschaft erbracht – am wohl bekanntesten ist SOS-Kinderdorf e. V. Dabei sind stationäre Wohneinheiten unterschiedlich groß; sie reichen von sozialpädagogisch betreutem Einzelwohnen, dezentralen Wohngruppen, die verstreut über verschiedene Stadtteile liegen bis hin zu zentralen Wohneinheiten wie Kinderheimen, auf deren Grundstücken mehrere Gruppen untergebracht sind. Zugleich ist in den vergangenen Jahren ein Trend zur Dezentralisierung erkennbar.

Eine zentrale Herausforderung ist insbesondere durch die aktuelle Aufarbeitung der Geschichte von Kinderheimen und den missbräuchlichen und gewaltförmigen Erfahrungen von Heimkindern im Alltag bspw. durch die Interessenvertretungen der ehemaligen Heimkinder formuliert worden – diese Berichte dokumentieren eklatante Menschenrechtsverletzungen und fordern ein Mehr an Partizipations- und Beschwerdemöglichkeiten ein. Diese Realisierung von alltäglich gelebter Partizipation ist auch rechtlich fundiert: Das KJHG sieht vor, Kinder und Jugendliche allgemein entsprechend ihrem Entwicklungsstand an allen sie betreffenden Angelegenheiten zu beteiligen (§ 8 SGB VIII) und sie speziell in den Hilfen zur Erziehung mitwirken zu lassen (§ 36 SGB VIII). Insbesondere vor dem Hintergrund der UN-Kinderrechtskonvention ist die Kritik wiederholt worden, dass im demokratischen Sinn Partizipation weder eine Kompetenz ist, die das Kind erst allmählich erwirbt, noch eine professionell-institutionelle Handlungsmethode, die wahlweise angewendet werden kann. Vielmehr ist Partizipation ein elementarer Bestandteil sowohl pädagogischen Handelns als auch ein Recht jeder Person (vgl. Pluto, 2007). Für die Alltagspraxis ist dies aber u. a. deshalb herausfordernd, da einerseits die verschiedenen Interessen und Ansprüche von Adressat_innengruppen (Kind(er), Eltern bzw. Herkunftsfamilie etc.) abgewogen werden müssen und andererseits pädagogische

Interessen häufig hinter den institutionellen Routinen anstehen (vgl. exemplarisch hierzu Kotthaus 2012, S. 134f.).

Eine weitere Herausforderung ist die fachlich angemessene Begleitung junger Menschen, die die stationäre Hilfe verlassen haben. Diese Personengruppe wird im internationalen Fachdiskurs als ‚Care Leaver' bezeichnet (vgl. Sievers/Thomas/Zeller 2015). Internationale Studien zeigen, dass diese Gruppe junger Menschen überproportional von Wohnungslosigkeit und von Krankheiten betroffen sind. Mit anderen Worten werden aus ehemaligen Adressat_innen der stationären Kinder- und Jugendhilfe oftmals Adressat_innen von Sozialen Hilfen in besonderen Lebenslagen oder der Behinderten- und Gesundheitshilfe. Diese Problemanzeige deutet daraufhin, dass das eigentliche Ziel der stationären Hilfe, entweder die Rückkehr in die Herkunftsfamilien der Jugendlichen oder der Eintritt in eine selbständige Lebensführung nach § 34 SGB VIII nicht selten verfehlt wird. Auch wenn die Rückkehr in die Familien häufig das zentrale fachliche Ziel ist, verweisen Studien darauf, dass dies de facto kaum realisiert wird. Diese besonderen Lebens- und Bewältigungssituationen müssen über strukturelle Unterstützungsangebote stärker in den Blick genommen werden (vgl. Sievers/Thomas/Zeller 2015). Selbstorganisierte Interessenvertretungen wie das care leaver Kompetenznetz setzen sich dafür ein, dass ehemalige Adressat_innen der (stationären) Kinder- und Jugendhilfe über verschiedene Initiativen und Angebote (z. B. Mentor_innenprogramme, Stipendien, Beratungsangebote, Netzwerke) auch als junge Erwachsene weiterhin Unterstützung und Rückhalt erfahren können (vgl. care leaver Kompetenznetz 2019).

9 Soziale Hilfen in besonderen Lebenslagen

9.1 Aktuelle Ausrichtung der Sozialen Hilfen

Im Vergleich zur Kinder- und Jugendhilfe sind die Sozialen Hilfen, die sich mehrheitlich an erwachsene Personen in besonderen Lebenslagen richten, weitaus vielfältiger, da sie sich auf sehr unterschiedliche Adressat_innengruppen beziehen:

So lassen sich unter dem Hilfeprimat sogenannte ‚Risiko-' oder ‚Problemgruppen' wie bspw. Sozialhilfeempfänger_innen, Wohnungs- oder Arbeitslose, Delinquente, Süchtige, Geflüchtete, Arme, Alleinerziehende oder Prekäre fassen, die von den jeweiligen Arbeits- und Tätigkeitsfeldern wie Sozialhilfe- und Schuldnerberatung, Sucht- oder Wohnungslosenhilfe, Migrationsdiensten sowie den Sozialen Diensten am Arbeitsmarkt wie bspw. dem Jobcenter adressiert werden. Dabei wird eine für die Soziale Arbeit spezifische Problemstellung erneut deutlich: Der Verweis auf die ‚besonderen Lebenslagen' kann nur darüber funktionieren, dass hier eine Vorstellung von Normalbiografie bzw. von einer gesellschaftlich als normal anerkannten Lebensführung zugrunde gelegt wird, von der andere Lebenslagen abweichen – und zwar als problematische Abweichungen (vgl. Kessl 2013, S. 8). In ihrer Vielgestaltigkeit verlangen die unterschiedlichen ‚besonderen Lebenslagen' nach unterschiedlichen Hilfen, etwa in Gestalt spezialisierter zielgruppenspezifischer Beratungsangebote sowie insgesamt in Gestalt einer sehr ausdifferenzierten Palette unterschiedlicher Sozialer Dienste. Mit dem etwas diffusen Begriff der Sozialen Dienste werden spezifische Organisations- und Verwaltungsformen der Sozialen Arbeit beschrieben. Die in den Sozialen Diensten erbrachten Leistungen folgen dem allgemeinen Ziel, „soziale Probleme von Einzelnen, Gruppen und Gemeinwesen zu lösen und durch Prävention zu verhindern" (Weyrich 2017, S. 785). Bereitgestellt werden sie von Trägern der öffentlichen und der freien Wohlfahrtspflege. Damit stellen sie einen Teil der kommunalen Daseinsnachsorge dar (ebd., S. 785 f.; vgl. hierzu Abschnitt 15.3.1).

Exkurs: Die Verbreitung von sozialpädagogischen Beratungsangeboten
Beratung stellt zum einen eine wichtige Handlungsmethode Sozialer Arbeit dar. Zum anderen markieren die verschiedentlich ausgerichteten Beratungsstellen ein wichtiges Tätigkeitsfeld innerhalb der Sozialen Dienste. Der Personenkreis, der diese professionellen Beratungsformate in Anspruch nimmt, hat sich in den

vergangenen Jahren enorm vergrößert. Vor den sozialstaatlichen Veränderungen der 1990er-Jahre galten unterprivilegierte Personenkreise als für Beratungsangebote typische Zielgruppen. Jedoch kommen auf die Beratungseinrichtungen zunehmend Mittelschichtsklientel zu, die im Zuge des Abbaus sozialstaatlicher Sicherung und des Einzugs neoliberaler Politikmodelle mit den Erfahrungen von Status- und Sicherheitsverlust konfrontiert sind. Auch Angehörige dieser Sozialschicht können immer weniger bspw. die Folgen von Trennung, Krankheit, Arbeitslosigkeit oder soziale Ausgrenzung sozial und materiell auffangen (vgl. Sickendiek/Nestmann 2018, S. 223). Zudem hat sich Beratung auch auf die gesamte Lebensspanne ausgeweitet – von der Berufsberatung bis hin zur Beratung für pflegende Angehörige. Mit dieser Vervielfältigung von zu beratenden Adressat_innen geht auch eine Vielfalt an Beratungssettings einher: Klassische Beratungsbüros wie bspw. die der Familienberatung sind um aufsuchende Beratungsformate bspw. im Rahmen von Streetwork erweitert worden.

Pointiert gesagt lässt sich feststellen, dass sich Beratung insofern normalisiert hat, als das sie in der Mitte der Gesellschaft angekommen ist, und sich damit auch der Adressat_innenkreis vergrößert. Die Nutzung von sozialpädagogischen Angeboten und Maßnahmen wird zum „Normallfall" (Chassé/von Wensierski 2008b, S. 8).

Die Vorläufer der Sozialen Dienste lassen sich dabei in der Armen- und Gesundheitsfürsorge sowie der Altenhilfe verorten. Bis in das 18. Jahrhundert war die eben angesprochene Kinderfürsorge eng mit der Armenfürsorge verbunden, jedoch wandelte sich das Kindheits- und Armenverständnis doppelt. Während Kindheit zunehmend als besondere und beschützenswerte Lebensphase umgedeutet wurde, wandelte sich das Verständnis von Armut von einem individuellen hin zu einem gesellschaftlichen Problem. Dies ermöglichte erst den Wandel vom Almosenwesen hin zu einer Pädagogisierung solcher Lebenslagen, die von der gesellschaftlichen Norm abweichen.

Exkurs: Problematisierung von Armut

Die spezialisierte und vielgestaltige Landschaft heutiger Sozialer Hilfen entwickelte sich aus den Anfängen der Armenpflege bzw. Armenfürsorge heraus. Sie lässt sich anhand komplexer werdender Bedarfslagen und den darauf reagierenden, immer spezialisierter werdenden Hilfemaßnahmen erklären.

Dieser historische Wandel setzt jedoch nicht bei einem Nullpunkt der Menschheitsgeschichte an: Armut hat es zwar bereits vor den Anfängen der Armenpflege im 17. und 18. Jahrhundert gegeben. Sie wurde allerdings erst zu einem gesellschaftlich relevanten Problem, als die mittelalterliche, in ein christliches Gesellschaftsbild eingebettete Rationalität durch die säkulare Rationalität der Aufklärung abgelöst wurde. Armut galt nun nicht länger als Ausdruck einer von Gott gewollten Ständeordnung, die sich darüber legitimierte, dass die Reichen den Armen Almosen gaben und die Armen im Gegenzug für das Seelenheil der edlen Spender beteten. Armut wurde in der Zeit der Aufklärung zum Ziel eines Fürsorgeprogramms, welches den Anspruch auf Wohlfahrt mit einer Verpflichtung zur Arbeit zusammenbringt. Bedürftige wurden nun gemäß ihrer Arbeitsfähigkeit unterteilt in unterstützungswürdige und arbeitspflichtige Arme (vgl. Lambers 2010b; Wendt 2008).

Das Beispiel zeigt, wie Soziale Arbeit und ihre Handlungsfelder in ihrer historischen Genese abhängig davon sind, welche sozialen Umstände und Phänomene als gesellschaftlich relevante Probleme artikuliert werden.

Exemplarisch für die sozialpädagogische Arbeit mit erwachsenen Personen in besonderen Lebenslagen werden nachfolgend die beiden Arbeitsfelder Wohnungslosenhilfe (9.2) und Suchthilfe (9.3) detailliert dargestellt sowie aktuelle, mit diesen Arbeitsfeldern verbundene Herausforderungen und Entwicklungen diskutiert.

9.2 Wohnungslosenhilfe

Für das Arbeitsfeld von Andreas Bergkamp, den wir als Sozialarbeiter in der Wohnungslosenhilfe kennengelernt haben, ist eine insgesamt schlechte Datenlage kennzeichnend: Hilfen für wohnungslose Menschen sind durch eine unüberschaubare Vielzahl unterschiedlicher Angebote geprägt (vgl. Wolf 2015, S. 1881). Eine verlässliche Datenlage zu ehren- und hauptamtlichen Beschäftigungsverhältnissen im Feld der Wohnungslosenhilfe existiert nicht. Nach Einschätzungen einschlägiger Verbände und Landesstellen sind in diesem Bereich mehrheitlich Sozialarbeiter_innen, aber auch seelsorgerisch, psychologisch und therapeutisch qualifiziertes Personal angestellt.

Für die Eingrenzung des Arbeitsfeldes ist zunächst die Unterscheidung zwischen Obdachlosigkeit und Wohnungslosigkeit wichtig (vgl. Lutz/Sartorius/Simon 2017, S. 98):

- Unter ‚Obdachlosigkeit' wird ganz allgemein der Zustand bezeichnet, wenn Menschen durch vielfältige Gründe ihre Wohnung verloren haben. Da es sich hierbei um eine Ordnungswidrigkeit handelt, müssen diesen Menschen am selben Tag der Anzeige dieser Obdachlosigkeit auch Notunterkünfte zur Verfügung gestellt werden. Sie erhalten damit aber keinen Mietvertrag, sondern nur ein Nutzungsrecht.

- Unter ‚Wohnungslosigkeit' fallen Personen, die obdachlos sind und zudem „von sozialen Schwierigkeiten betroffen sind, die eine sozialarbeiterische Maßnahme zur Wiedereingliederung erforderlich machen" (Lutz/Sartorius/Simon 2017, S. 98).

Jedoch findet sich auf der rechtlichen Ebene keine gesetzliche Definition des Begriffs ‚Wohnungslosigkeit'. Im Zwölften Sozialgesetzbuch (SGB XII), welches die Sozialhilfe regelt, ist im achten Kapitel „Hilfe zur Überwindung besonderer sozialer Schwierigkeiten" (§§ 67–69 SGB XII) allgemein geregelt, wie rechtlich mit dem Thema ‚Wohnungslosigkeit' umzugehen ist: „Personen, bei denen besondere Lebensverhältnisse mit sozialen Schwierigkeiten verbunden sind, sind Leistungen zur Überwindung dieser Schwierigkeiten zu erbringen, wenn sie aus eigener Kraft hierzu nicht fähig sind" (§ 67 SGB XII). Im weiteren Verlauf heißt es: „Die Leistungen umfassen alle Maßnahmen, die notwendig sind, um die Schwierigkeiten abzuwenden, zu beseitigen, zu mildern oder ihre Verschlimmerung zu verhüten, insbesondere [...] Maßnahmen bei der Erhaltung und Beschaffung einer Wohnung" (§ 68 SGB XII).

Von den Kommunen wird zur Klärung des Berechtigungsstatus wiederum häufig die nachfolgende Definition des Wohnungsnotfalls der BAG Wohnungslosenhilfe e. V. (im Folgenden BAG W) (2011) herangezogen:

> „Zu den Wohnungsnotfällen zählen Haushalte und Personen, die erstens aktuell von Wohnungslosigkeit betroffen sind [...], zweitens unmittelbar von Wohnungslosigkeit bedroht sind [...], drittens in unzumutbaren Wohnverhältnissen leben [...] und viertens als Zuwanderinnen und Zuwanderer in gesonderten Unterkünften von Wohnungslosigkeit aktuell betroffen sind" (ebd., S. 1 ff.). Eine fünfte Gruppe sind ehemals von Wohnungslosigkeit Betroffene oder Bedrohte, die mit „Normalwohnraum versorgt wurden und auf Unterstützung zur Prävention von erneutem Wohnungsverlust angewiesen sind" (ebd.).

Deutlich wird mit dieser Definition, dass unter den Adressat_innenkreis ‚Wohnungslose' also nicht ausschließlich Personen fallen, die im öffentlichen Raum leben (bspw. die stereotype Vorstellung von trinkenden, ungepflegten älteren Männern in Parks und vor Supermärkten), sondern das Spektrum erheblich breiter und für Außenstehende auch ‚unsichtbar' ist:

Zwar wird angenommen, dass die Wohnungslosenhilfe besonders häufig von alleinstehenden Männern mittleren Alters beansprucht wird, die auf Transferleistungen angewiesen sind, während Frauen ihrer Wohnungslosigkeit überwiegend mit sogenannten prekären Wohnverhältnissen begegnen und keine Hilfeleistung in Anspruch nehmen (vgl. Wolf 2015). Der These eines insgesamt einseitigen geschlechtertypischen Musters von Wohnungslosigkeit wird jedoch widersprochen, da die Lebenssituation in prekären Verhältnissen als zu wenig erforscht gilt, um generelle Aussagen treffen zu können. Vorliegende Studien verweisen darauf, dass Faktoren wie Armut, Altersarmut, unzureichende berufliche Qualifikation, geringfügige Erwerbstätigkeit und ökonomische Abhängigkeit einen erheblichen Einfluss auf Wohnungslosigkeit haben.

Im Jahr 2017 gab es ca. 650 000 Menschen ohne Wohnung. Seit 2016 bezieht die BAG W wohnungslose anerkannte Geflüchtete mit in ihre Schätzung ein, deren Anteil bei 375 000 Personen liegt. Etwa 48 000 Menschen leben ohne jede Unterkunft auf der Straße. Die Zahl setzt sich zusammen aus ca. 8 % Kinder und minderjährige Jugendliche (ca. 22 000 Personen) und 92 % Erwachsene (ca. 253 000 Personen) (vgl. BAG W, 2019). Die vorliegenden Zahlen zu Wohnungslosen stellen Schätzungen der BAG W dar, da es keine bundeseinheitliche Wohnungsnotfall-Berichterstattung gibt. Auch das Bundessozialministerium verwendet diese geschätzten Zahlen. Im Vergleich zu den Vorjahren scheint die Zahl der Wohnungslosen erheblich gesunken zu sein, so gingen die Schätzungen für das Jahr 2016 von ca. 860 000 Wohnungslose aus (vgl. BAG W 2017). Jedoch ist dies nicht der Beweis für einen tatsächlichen Rückgang, sondern der erheblichen Verbesserung des Schätzmodells geschuldet.

Generell haben sich die fachlichen Begründungen, wie Wohnungslosigkeit entsteht, stark von individualisierend-psychologisierenden oder pathologisierenden Deutungen (z. B. die Zuschreibung mangelnder Planungsfähigkeit oder geringer Sozialkompetenz) hin zu mehrdimensionalen Ansätzen entwickelt. Aus Armut muss nicht Wohnungslosigkeit resultieren, aber Wohnungslosigkeit kann „ein Resultat eines stetigen Verarmungsprozesses" (Kautz 2010, S. 79) sein. Daher sind die Hilfsangebote innerhalb der Wohnungslosenhilfe sehr vielfältig, auch weil es nicht *den* einen Typus von Wohnungslosigkeit gibt.

Bei den oben genannten sozialarbeiterischen Maßnahmen zur Wiedereingliederung handelt es sich, dem allgemeinen Trend folgend, inzwischen quantitativ mehr um ambulante denn stationäre Hilfen. Inhaltlich lassen sich hierbei die folgenden Angebotsformen unterscheiden (vgl. Lutz/Sartorius/Simon 2017):

- Erstens sind dies Beratungsstellen, die eine explizite Clearingfunktion haben und den Hilfebedarf individuell klären sollen. So hat sich bspw. Ende der 1970er-Jahre im Kontext der Arbeit mit Wohnungslosen auch die integrierte Schuldnerberatung als individuelle Hilfeleistung entwickelt. Beratungsstellen wie diese, mancherorts ‚Wärmestuben' genannt, stellen zudem häufig Tagesaufenthaltsmöglichkeiten zur Verfügung.
- Zweitens leben Wohnungslose in teilstationären Einrichtungen wie bspw. betreuten Wohnungen oder Wohngruppen.
- Drittens können Wohnungslose in stationären Gruppen leben, deren Hilfeziel die (Wieder-)Erlangung von Selbstständigkeit ist.
- Viertens suchen Wohnungslose Notunterkünfte, zumeist Gemeinschaftsunterkünfte auf, wenn sie auf der Straße leben, die zudem auch durch auf-

suchende Hilfe, sprich Streetworker_innen und Mediziner_innen, erreicht werden können.

Fachliche Herausforderungen sind – neben der Behebung der nicht akzeptablen Datenlage – u. a. die schleichende politische Umdeutung von Armut weg von der Prävention von Armut hin zur Armutsfolgenbekämpfung (vgl. Lutz/Sartorius/Simon 2017, S. 218 ff.): Mit den inzwischen stark verbreiteten Tafeln, Suppenküchen oder Kleiderkammern wird ein Almosenwesen reaktiviert, welches nicht mehr auf Integration der Hilfebedürftigen, sondern nur noch auf die Grundversorgung angelegt ist und zumeist lediglich von Ehrenamtlichen betrieben wird. Diese Entwicklung ist problematisch: Damit gibt Soziale Arbeit ihr doppeltes Mandat auf – genauer gesagt: ihre Aufgabe der Förderung sozialer Integration. Das Arbeitsfeld wird zunehmend deprofessionalisiert und entpolitisiert, da es nur noch um eine Verwaltung von Armut geht, welche für die Betroffenen vielfach mit Beschämung und weiteren Ausgrenzungserfahrungen verbunden ist (vgl. Kessl/Klein/Landhäußer 2012; Schoneville 2013). Daher ist – wie auch das Fallportrait von Andreas Bergkamp verdeutlicht – die Wahrnehmung der politischen Anwaltschaft durch Sozialarbeiter_innen im Sinne einer Lobby für Ausgegrenzte und Arme notwendig, die den Rückzug des Sozialstaats kritisieren.

9.3 Suchthilfe

Hinsichtlich der Mitarbeiter_innenzahlen der Suchthilfe ergibt sich eine ähnliche Problematik wie im Feld der Wohnungslosenhilfe: Es liegen weder gebündelte Zahlen darüber vor, wie viele Personen insgesamt in diesem Feld beschäftigt, noch darüber, wie viele davon als Sozialarbeiter_innen angestellt sind. Nach Einschätzungen einschlägiger Verbände sind in diesem Bereich aufgrund der multiprofessionellen Anforderungen mehrheitlich medizinisch psychologisch und therapeutisch qualifiziertes Personal, aber auch Sozialarbeiter_innen angestellt.

Sucht ist als gesellschaftliches Problem emotional und moralisch hoch aufgeladen: Süchtig zu sein ist in der spätmodernen Gesellschaft zweifellos ein gesellschaftliches Problem, da es, wie wir später im Feld der Gesundheitshilfe thematisieren, nicht zum modernen Menschenbild des für sich selbst sorgenden, achtsamen Subjekts passt. So beschreibt Stephan Sting (2015, S. 1708) treffend: „Dem Suchtverständnis wohnt […] eine Tendenz zur Steigerung, zum Verfall und zum Kontroll- und Selbstverlust inne. Sucht wird heute unabhängig vom Substanzgebrauch als eine extreme oder exzessive Verhaltensweise verstanden, deren wesentliches Kriterium das ‚Nicht-mehr-aufhören-können' bzw. ‚die zwanghafte Wiederholung' ist".

Zunächst lässt sich festhalten, dass erstens zwischen Konsum und Sucht, zweitens zwischen substanzabhängiger und substanzunabhängiger Sucht und drittens zwischen illegalen und legalen Drogen unterschieden werden kann:

- Konsum und Sucht: Der Konsum löst nicht unmittelbar ein Suchtverhalten aus, verschiedene Substanzen gelten jedoch als suchtgefährdend. „In den meisten Fällen bleibt der Konsum [...] relativ unproblematisch, wobei der Übergang zu süchtigem Verhalten unklar und die Indizien dafür [...] ungewiss sind" (Sting 2015, S. 1705).
- Illegale und legale Drogen: Unter Drogenkonsum wird häufig der Konsum psychoaktiver Substanzen gefasst, wozu sowohl legale Substanzen wie bspw. Tabak, Alkohol und psychotrope Medikamente (bspw. Schlafmittel) als auch illegale Substanzen wie Cannabis und andere Drogen (bspw. Amphetamine, Kokain) gehören.
- Substanzabhängige und substanzunabhängige Sucht: Als stoffgebundene, substanzabhängige Sucht zählen bspw. gefährdender Alkohol-, Tabak- oder Cannabiskonsum. Als nicht stoffgebundene, substanzunabhängige Sucht zählen bspw. diverse Formen von Essstörungen oder eine pathologische Internet- oder Spielsucht (vgl. Deutsche Hauptstelle für Suchtfragen e.V. 2018).

Hier differenziert sich auch die Sucht(kranken)hilfe gegenüber der Drogenhilfe aus: Während erstere Hilfsangebote für Menschen bereitstellt, die Probleme im Umgang mit Alkohol und Medikamenten haben, ist die Drogenhilfe auf Menschen fokussiert, die Probleme im Umgang mit illegalisierten Drogen haben.[4] Nicht stoffgebundene Süchte werden häufig von Fall zu Fall oder in gesonderten Angeboten aufgefangen. Dies führt zu einer nur bedingt sinnvollen Ausdifferenzierung, auch weil es eine starke Tendenz zum polyvalenten Drogengebrauch gibt (vgl. Loviscach 2008, S. 384).

Exkurs: Normales und abweichendes Konsumverhalten
Am Beispiel des Alkoholkonsums lassen sich zwei Differenzziehungen veranschaulichen: zum einen die gesellschaftliche Verhandlung, ob es sich bei Alkohol um eine Droge handelt, und zum anderen die Definition, ab wann von Alkoholsucht zu sprechen ist, gleichgültig, ob es sich nun um eine legale oder illegale Droge handelt.

4 Wir möchten darauf hinweisen, dass hier alle Altersgruppen verteten sein können, nicht nur Erwachsene, sondern auch Jugendliche und Ältere. Mehrheitlich sind Konsument_innen dem Erwachsenenalter zuzuordnen.

Für westliche Staaten ist nachweisbar, dass in den vorindustriellen Gesellschaften der Konsum von Alkohol keine gesellschaftliche Problematik darstellte und erst im 19. Jahrhundert allmählich als Krankheit zum Gegenstand von Hilfsbedürftigkeit wurde. Das Arbeitsfeld Sucht- und Drogenhilfe konnte dadurch „mit der bis heute charakteristischen Mischung psychosozial helfender, medizinischer und rechtlich prohibitiv-repressiver Aspekte samt der seit den Anfängen starken Selbsthilfe entstehen" (Loviscach 2008, S. 385). Der in dieser Entwicklung enthaltene Steuerungswunsch drückt sich auch in dem zeitweise in vielen westlichen Staaten existierenden Alkoholverbot, sowie der hohen Besteuerung von alkoholhaltigen Getränken oder dem staatlich geregelten Vertrieb dieser Getränke aus. Folglich wurde phasenweise Alkohol als illegale oder als nur unter staatlicher Aufsicht auszugebende Droge behandelt.

Zugleich wird der regelmäßige Konsum von Alkohol gesellschaftlich nicht als Suchtverhalten wahrgenommen. Wie der teils erhebliche Alkoholkonsum bei Betriebsfeiern oder Familienfesten zeigt, sind diese zeitweise erheblichen Abweichungen in einem Normalitätskorridor gesellschaftlich akzeptabel. Zum Hilfe-Fall wird der Drogenkonsum Alkohol erst dann, wenn er besonders, also de facto negativ abweicht, z.B. im erheblichen Maß zur Gewohnheit und zum Fall von Sucht(kranken)hilfe wird – selbst wenn die abweichende Person für sich selbst keine Hilfsbedürftigkeit (an)erkennt. Diese Falldefinition ist eng mit dem Gesellschaftsbild verknüpft. Die moderne Gesellschaft ist, so der Soziologe Max Weber (1920, S. 12), „von der Fähigkeit und Disposition der Menschen zu bestimmten Arten praktisch-rationaler Lebensführung [...] abhängig". Damit diese spezifische Arten der Lebensführung gelingen, ist Gesellschaft darauf angewiesen, dass ‚ihre' Individuen diese Hilfeleistungen annehmen, sprich: sich aktiv an der Bearbeitung beteiligen. Insgesamt ist die gesellschaftliche Konstruktion, wer im Fall von Alkoholkonsum zum Fall von Suchthilfe wird, einem historischen Wandel unterworfen, also kontingent.

Die Rahmenbedingungen der Suchthilfe sind v.a. rechtlich geprägt: Zum einen definiert das Betäubungsmittelgesetz (BtMG) §§ 29–35 den Straftatbestand des illegalen Drogenbesitzes, zum anderen definiert das Sozialgesetzbuch, insbesondere in den Büchern I, V und VI, Personenkreis und Leistungen. Rechtlich sind Süchtige auch unter den im § 67 SGB XII benannten Personenkreis zu fassen, d.h., es sind „Personen, bei denen besondere Lebensverhältnisse mit sozialen Schwierigkeiten verbunden sind". Ihnen „sind Leistungen zur Überwindung dieser Schwierigkeiten zu erbringen, wenn sie aus eigener Kraft hierzu nicht fähig sind". Über § 40 SGB V kann bei Abhängigkeit „eine Entwöhnungsbehandlung als ambulante oder stationäre Therapie gewährt werden", während § 15 SGB VI die „Leistungen zur medizinischen Rehabilitation" regelt. Zentral ist die Definition von Sucht als Krankheit, gerade für die versicherungsrechtliche Seite, etwa damit Kostenträger verpflichtet werden können (vgl. Loviscach 2008, S. 386).

Zugleich sind aber monokausale Definitionen wie Sucht als Krankheit allesamt zu unterkomplex, um die Entwicklung von Suchtproblematiken und -mustern nachvollziehen zu können. Dahingegen haben sich in den vergangenen dreißig Jahren komplexere Modelle wie multifaktorielle Ansätze oder das Karrieremodell etabliert, die nicht nur aufzeigen, wie Konsummuster entstehen, sondern wie sie professionell begleitet bewältigt werden können (ebd.).

Der Jahresbericht der deutschen Suchthilfestatistik (vgl. Thaller et al. 2017) erfasste für das Jahr 2016 342 009 Betreuungen in ambulanten und 47 776 Behandlungen in stationären Einrichtungen. Folgende Süchte treten am häufigsten auf (ebd., S. 10 f.):

Tab. 9.1: Anteil der Suchterkrankungen in ambulanter und stationärer Behandlung nach Thaller et al. (vgl. ebd. 2017, S. 10 f.)

davon in Einrichtungen...	ambulant	stationär
Alkohol	49 %	69 %
Cannabis	18 %	9 %
Opioide	14 %	5 %
Stimulanzien	7 %	7 %
Pathologisches Glücksspielen	7 %	4 %
Sonstige	5 %	6 %

Insgesamt liegen die Aufgabenbereiche der Suchthilfe in der Prävention, Beratung und Behandlung bzw. Rehabilitation, d. h. der Begleitung, Unterstützung, Betreuung, Therapie, Kriseninvention und der Nachsorge. Die Angebote der Suchthilfe lassen sich folgenden sechs Bereichen zuordnen (vgl. Laging 2018, S. 112 f.), wobei auch hier das Spektrum von offenen bis hin zu stationären Angeboten zu finden ist:

- *Niedrigschwellige Angebote* bieten ein „in das Hilfesystem hineinführendes Angebot und Möglichkeiten für den Erstkontakt als Grundlage für weitere Hilfe" (ebd.). Dabei handelt es sich um eine „eigenständige, schadensminimierende, überlebenssichernde Hilfeform, die Unterstützung nicht an Abstinenz oder Abstinenzmotivation koppeln will" (ebd., S. 112). Hierzu gehören Angebote wie Konsumräume, Streetwork oder Kontaktläden, wovon es bundesweit ca. 300 Angebote gibt (vgl. ebd.).
- *Suchtberatungs- und Behandlungsstellen* beraten und betreuen Adressat_innen, die missbräuchliche oder abhängige Konsummuster aufweisen. Eine erste wichtige Aufgabe besteht hier darin, zunächst ein Problembewusstsein

bei den Adressat_innen zu erzeugen, so dass jene motiviert sind, sich mit ihrer Suchterkrankung auseinanderzusetzen und entsprechende weiterführende Hilfen anzunehmen. Hieran anknüpfend zählt auch das Erstellen von Hilfeplänen und die Vermittlung in weiterführende Angebote (etwa solche der sozialen, beruflichen und medizinischen Rehabilitation) zu den Aufgaben dieser Dienste. Zusätzlich bieten viele Suchtberatungsstellen spezielle Angebote für Angehörige an. Zudem sind sie mit weiteren Angeboten in der Suchtprävention tätig. Schließlich lassen sich mit der psychosozialen Begleitung Substituierter sowie dem Unterstützen von Selbsthilfegruppen weitere Aufgaben der Suchtberatungs- und Behandlungsstellen markieren (vgl. Drees 2017, S. 201; Laging 2018, S. 112). Bundesweit gibt es laut Laging ca. 1 300 Stellen mit ca. 500 000 Adressat_innen (vgl. ebd.).

- *Entgiftung und qualifizierter Entzug* stellen eine wesentliche Voraussetzung dar, um weitere Hilfen bei einer akuten Substanzabhängigkeit wirksam anbieten zu können. Merkmale des qualifizierten Entzugs sind eine medikamentöse Behandlung von Entzugserscheinungen und eine psychosoziale Begleitung. Derzeit gibt es in Deutschland hierfür ca. 7 500 Plätze, die sich auf über 300 Einrichtungen verteilen, vornehmlich Krankenhäuser (vgl. ebd.).
- *Ambulante und stationäre medizinische Rehabilitation* versucht über individuelle medizinische und psychosoziale Behandlungsformen eine (Re-)Integration der Adressat_innen in das Berufsleben zu bewirken. Diese Form der Rehabilitation findet in Deutschland in 720 anerkannte Einrichtungen statt, wobei jedes Jahr ca. 73 000 Maßnahmen durchgeführt werden. Sofern die Adressat_innen entsprechende Ansprüche erworben haben, werden die Kosten hierfür von der gesetzlichen Rentenversicherung getragen. Andernfalls findet die Abrechnung über die Sozialhilfe statt (vgl. ebd., S. 113; Sauermann 2017, S. 895).
- *Maßnahmen der Sozialen Rehabilitation* werden angeboten, um „mehrfachgeschädigten abhängigkeitskranken Menschen […] Hilfen zum Wohnen, zur Arbeit und zur Teilhabe am Leben in der Gemeinschaft“ (Laging 2018, S. 113) zur Verfügung zu stellen. Bundesweit existieren hierfür 268 stationäre Einrichtungen mit ca. 10 700 Plätzen, 112 teilstationäre sozialtherapeutische Einrichtungen mit ca. 1 200 Plätzen sowie 460 Angebote ambulanten Betreuten Wohnens mit ca. 12 000 Plätzen (vgl. ebd.).
- *Selbsthilfe* markiert schließlich eine weitere „wichtige Säule im Hilfesystem der Suchtkrankenhilfe. Selbsthilfe lebt von der Freiwilligkeit ihrer Mitglieder, der Leitung durch Betroffene und wirkt ohne Zuweisung oder Kontrolle und ergänzt so die professionellen Hilfen mit einem eigenständigen Profil. Zum einen gründen sich im Rahmen der Selbsthilfe in den Suchtberatungsstellen ‚Freundeskreise‘, zum anderen zählen der Kreuzbund, das Blaue Kreuz, die Anonymen Alkoholiker zu den bekanntesten überregionalen Selbsthilfeverbänden. Wohnortnahe Selbsthilfeangebote in den Kommunen

sind für abhängigkeitskranke Menschen heute Standard" (Laging 2018, S. 113). Bundesweit existieren ca. 8 700 Gruppen.

Fachliche Herausforderungen ergeben sich im Feld der Suchthilfe zum einen infolge einer vielerorts nach wie vor dominanten medizinisch-pathologisierenden Perspektive, wodurch sich andere alternative Behandlungs- und Bearbeitungsansätze mitunter weniger stark etablieren können. Zum anderen ist das Entwickeln angemessener Zugänge im Kontext der Suchtprävention und Suchthilfe auch dadurch erschwert, dass neue problematische Phänomene des Substanzkonsums und Mediengebrauchs, welche die Gesamtbevölkerung betreffen, einseitig als eine Problematik diskutiert werden, die ausschließlich bei Heranwachsenden besteht (vgl. Sting 2015, S. 1705). Mit dieser Problemverschiebung ist die Tendenz verbunden, „in der Erwachsenengesellschaft tabuisierte Problem- und Praxisbereiche wie Sucht und Rausch auf das Kindes- und Jugendalter zu projizieren" (ebd.).

Des Weiteren nehmen die Professionellen die Adressat_innen vor dem Hintergrund ihres Wissens um Abhängigkeitserkrankungen wahr. Dies führt dazu, dass deren Handlungen in einen Zusammenhang mit einem Konsum von Suchtstoffen gebracht und entlang dieser Perspektive interpretiert werden und damit die dominante medizinische Perspektive verstärken (vgl. Schmidt 2012, S. 212). Dem gegenüber steht die Soziale Arbeit „vor der besonderen Herausforderung, aufgrund ihres ganzheitlichen Ansatzes, der die Person und die Umgebung, die psychischen, physischen und somatischen Aspekte, die Biografie und die subjektiven Wahrnehmungen und Zuschreibungen einschließen, eine enorme Fülle und Komplexität von Informationen aufnehmen und strukturieren zu müssen" (Laging 2018, S. 161).

10 Behinderten- und Gesundheitshilfe

10.1 Aktuelle Ausrichtung der Behinderten- und Gesundheitshilfe

Anders als in der Kinder- und Jugendhilfe und in der noch im nächsten Kapitel darzustellenden Sozialen Altenhilfe werden die Leistungsempfänger im Handlungsfeld Behinderten- und Gesundheitshilfe nicht über ihr Lebensalter adressiert, sondern über Spezifikationen ihrer Lebenslage infolge von (potentiellen) Abweichungen ihrer gesundheitlichen Konstitution. Indem sie als ‚Behinderte', ‚Kranke' oder (noch) ‚Gesunde' klassifiziert werden erfolgt ihre Adressierung in diesem Handlungsfeld entlang der namensgebenden Demarkationslinie von Behinderung, Krankheit und Gesundheit. Im Zuschnitt dieses Handlungsfeldes werden sozialpädagogische Angebote sowohl in Diensten erbracht, welche der Sozialen Arbeit zuzuordnen sind, als auch in solchen, die außerhalb der Sozialen Arbeit z. B. in Kliniken, lokalisiert sind. Die beiden in diesem Handlungsfeld zusammengeschlossenen Arbeitsfelder Behindertenhilfe und Gesundheitshilfe ähneln sich zudem darin, dass sie sowohl individuelle Angebote für die Adressat_innen entwickeln als auch umweltbezogene Aspekte bearbeiten.

In den vergangenen Jahren haben sich das Verständnis sowohl von (Nicht-) Behinderung als auch Krankheit/Gesundheit in der Sozialen Arbeit auch durch die Positionen der Weltgesundheitsorganisation (WHO) verändert:

- Die „Internationale Klassifikation der Funktionsfähigkeit und Behinderung" der WHO (ICIDH 1 und ICIDH 2, International Classification of Functioning, Disability and Health) ist neben der UN-Konvention über die Rechte behinderter Menschen wesentlicher Motor für rechtliche und konzeptionelle Veränderungsprozesse in der behindertenbezogenen Sozialen Arbeit. Diese Klassifikation richtet den Fokus auf die Ermöglichung von Teilhabe an den verschiedenen Lebensbereichen und findet sich in veränderter Form auch im SGB IX wieder.
- Die Ottawa-Charta der WHO von 1986 hat zur Etablierung eines salutogenetischen Verständnisses von Gesundheit auch in sozialpädagogischen Handlungsfeldern beigetragen. Unter Salutogenese ist Gesundheit als Prozess zu verstehen, nicht als Zustand, und ist damit komplementär zum Pathogenese-Modell, welches Krankheit als Prozess umfasst.

Insgesamt lässt sich festhalten, dass diese neuen Definitionen die gesellschaftliche Wahrnehmung von Problemen verändern sollen. Probleme sollen nicht weiter als gesundheitlich-körperliche Differenzen zwischen Personen(-gruppen) individualisiert, an körperlichen Merkmalen verobjektiviert und schließlich in normal und abweichend hierarchisiert werden. Vielmehr tritt ein relationales, mehrdimensionales und insbesondere struktursensibles Verständnis von Behinderung und Gesundheit zutage, welches Behinderung und Gesundheit als Ergebnisse einer Wechselwirkung zwischen umweltbezogenen und individuellen Faktoren wahrnimmt. Besonders deutlich wird dieses neue Verständnis im derzeitig viel diskutierten Konzept der Inklusion, welches Benachteiligungen als strukturelle Hemmnisse und Mängel und nicht als individuelle Defizite markiert. Das Konzept legt zudem nahe, die Kategorie ‚Behinderung' analog zu anderen Ungleichheitskategorien wie Geschlecht bzw. Gender, Ethnie oder Klasse als Querschnittsaufgaben der Sozialen Arbeit zu denken und separierende Hilfen, die ebendiesen Kategorien folgen, aufzulösen. Diese Entwicklung hat auch Auswirkungen auf die fachliche Ausgestaltung sowohl der Behindertenhilfe (10.2) als auch der Gesundheitshilfe (10.3). Es bleibt zugleich abzuwarten, ob weiterhin von Behinderten- und Gesundheitshilfe als einem in sich heterogenen Handlungsfeld gesprochen werden kann oder aber zukünftig eher von zwei voneinander relativ unabhängigen Handlungsfeldern auszugehen ist.

10.2 Behindertenhilfe

Das Arbeitsfeld der Behindertenhilfe stellt nach der Kinder- und Jugendhilfe und der Altenhilfe den drittgrößten Arbeitsbereich für die freie Wohlfahrtspflege dar (vgl. BAGFW 2015). Disziplinär kommt es hierbei zu Überschneidungen zwischen Sozialer Arbeit und u.a. Sonder-, Heil- und Rehabilitationspädagogik, welche damit auch die Zusammensetzungen von multidisziplinären Teams prägen. Die Bundesarbeitsgemeinschaft der Freien Wohlfahrtspflege als größte Trägergemeinschaft für die Behindertenhilfe gab 2015 bekannt, dass 509 395 Menschen mit Behinderung sowie Menschen mit psychischer Erkrankung Angebote in 16 446 Einrichtungen und Diensten erhalten (vgl. ebd., S. 10 f.). In diesen Einrichtungen und Diensten sind 316 953 Beschäftigte tätig, wobei hier nicht weiter zwischen Berufsgruppen differenziert wird. Laut einer älteren Statistik der Bundesarbeitsgemeinschaft der Freien Wohlfahrtspflege aus dem Jahr 2012 teilen sich die Einrichtungsformen wie folgt auf: 39 % der Einrichtungen sind stationäre Einrichtungen, 27 % sind Tageseinrichtungen und 34 % stellen ambulante Dienste wie Beratungsstellen und Integrationsfachdienste dar (vgl. ebd., S. 34 f.). Dies deckt sich jedoch nicht mit den Beschäftigungszahlen: Während in den stationären Einrichtungen für Menschen mit einer psychischen Erkrankung oder einer Behinderung 49 % der Beschäftigten angestellt sind, verteilen sich die restlichen 51 % auf Tageseinrichtungen (36 %) und Beratungsstellen usf. (15 %) (ebd.).

Die Arbeits- und Tätigkeitsfelder der Behindertenhilfe lassen sich grob unterscheiden in erstens die Frühförderung von Kindern, zweitens offene Hilfen (u.a. Arbeits- und Freizeitassistenz, ambulante Pflegedienste), drittens wohnbezogene Hilfen (u.a. stationäre Versorgung bspw. in Wohnheimen oder -gruppen oder ambulantes betreutes Wohnen), wie wir sie im Fallbeispiel von Fedor Kusnezow kennengelernt haben, und viertens arbeitsbezogene Hilfen (u.a. Werkstätten für Menschen mit Behinderung und die Vermittlung auf den ersten Arbeitsmarkt) (vgl. Loeken/Windisch 2013).

Das gesetzlich definierte Ziel der hierfür zur Verfügung gestellten Leistungen ist die Selbstbestimmung und Teilhabe von Menschen mit Behinderungen oder von Behinderung bedrohten Menschen. So heißt es im „Neunten Sozialgesetzbuch Rehabilitation und Teilhabe von Menschen mit Behinderungen" (weiter SGB IX) in § 1 SGB IX „Selbstbestimmung und Teilhabe am Leben in der Gesellschaft":

> „Menschen mit Behinderungen oder von Behinderung bedrohte Menschen erhalten Leistungen nach diesem Buch und den für die Rehabilitationsträger geltenden Leistungsgesetzen, um ihre Selbstbestimmung und ihre volle, wirksame und gleichberechtigte Teilhabe am Leben in der Gesellschaft zu fördern, Benachteiligungen zu vermeiden oder ihnen entgegenzuwirken. Dabei wird den besonderen Bedürfnissen von Frauen und Kindern mit Behinderungen und von Behinderung bedrohter Frauen und Kinder sowie Menschen mit seelischen Behinderungen oder von einer solchen Behinderung bedrohter Menschen Rechnung getragen."

Der Begriff der Behinderung wird im SGB IX § 2 wie folgt definiert:

> „Menschen mit Behinderungen sind Menschen, die körperliche, seelische, geistige oder Sinnesbeeinträchtigungen haben, die sie in Wechselwirkung mit einstellungs- und umweltbedingten Barrieren an der gleichberechtigten Teilhabe an der Gesellschaft mit hoher Wahrscheinlichkeit länger als sechs Monate hindern können. Eine Beeinträchtigung nach Satz 1 liegt vor, wenn der Körper- und Gesundheitszustand von dem für das Lebensalter typischen Zustand abweicht. Menschen sind von Behinderung bedroht, wenn eine Beeinträchtigung nach Satz 1 zu erwarten ist."

Diese rechtliche Definition von Behinderung, die zum 1. Januar 2018 in Kraft trat, ist deshalb so bedeutsam, da ausschließlich über sie die Ableitung von sozialstaatlichen Leistungsansprüchen als auch Hilfeformen möglich ist. Anzumerken ist, dass im § 3 der Eingliederungshilfe-Verordnung der Begriff der ‚seelischen Beeinträchtigung' definiert ist, welcher auch Suchtkrankheiten umfasst. Insgesamt sollen die sozialpädagogischen Leistungen im Kontext der Behindertenhilfe auf Partizipation, soziale Integration und selbstbestimmte Lebensführung ausgerichtet sein. Auch aus diesem Grund haben, ähnlich wie in den Hilfen zur Erziehung und in der Wohnungslosenhilfe, auch hier ambulante und flexible, auf die individuellen Bedürfnisse zugeschnittene Angebote Vorrang vor stationären Angeboten. Stationäre Angebote, so der fachliche Konsens, tendieren dazu, die soziale Desintegration der Leistungsempfänger zu verstärken (vgl. Röh 2011; Loeken/Windisch 2013).

Exkurs: Behinderung und gesellschaftlicher Ausschluss

Wie Menschen mit Behinderung als solche konstruiert und auch räumlich von Menschen ohne Behinderung separiert werden, lässt sich exemplarisch an der Konstruktion von geistiger Behinderung veranschaulichen:

Foucault hat in „Wahnsinn und Gesellschaft: Eine Geschichte des Wahns im Zeitalter der Vernunft" (1961/1973) die soziale Konstruktion von Menschen mit einer geistigen Behinderung historisch analysiert. Foucault beschreibt darin die Mechanismen, in denen Menschen mit einer geistigen Behinderung zunächst als ‚anders' und nicht vernünftig entdeckt und psychisch auffällig klassifiziert, dann gesellschaftlich ausgegrenzt und schließlich diszipliniert und kontrolliert werden. Die Disziplinierung und Kontrolle geschieht an von der Mehrheitsgesellschaft abgesonderten Orten wie psychiatrischen Anstalten, die nicht nur als Gebäude meist nach außen hin abgeschlossen sind, sondern zudem oftmals auch in entlegenen Gegenden angesiedelt sind.

Dieser Befund ist allein architektonisch und territorial nach wie vor noch augenscheinlich: Entsprechende Orte sozialer Dienstleistungen wie Wohnheime für psychisch Erkrankte oder Behindertenwohnheime sind häufig noch in Stadtrandlage oder in ländlichen Regionen angesiedelt. Dies ist allein territorial eine wirksame Marginalisierung, mit der diese Personengruppen bis heute noch relativ abgeschieden von der Mehrheitsgesellschaft zu leben haben. Hieran knüpfen neuere Wohnkonzepte an, bei denen Wohnungen insbesondere infrastrukturell günstiger gelegen sind, womit eine soziale Integration der Bewohner_innen erleichtert wird.

Die sozialrechtliche Definition stellt nicht nur fest, wer behindert ist bzw. von Behinderung bedroht ist, sondern sie klassifiziert die körperlichen, geistigen bzw. psychischen Beeinträchtigungen in unterschiedliche Behinderungsgrade. Weiter heißt es im § 2 (2) SGB IX, dass diejenigen als *schwerbehindert* gelten, deren Behinderungsgrad bei wenigstens 50 % liegt. *Schwerbehinderten Menschen gleichgestellt* sind diejenigen, die einen Behinderungsgrad von 30 % bis 50 % zuerkannt bekommen haben. Mit diesen unterschiedlichen Behinderungsgraden sind wiederum verschiedene sozialstaatliche Leistungsansprüche verknüpft. Diese sind im Rahmen des § 4 SGB IX Leistungen zur Teilhabe wie folgt definiert:

„(1) Die Leistungen zur Teilhabe umfassen die notwendigen Sozialleistungen, um unabhängig von der Ursache der Behinderung

1. die Behinderung abzuwenden, zu beseitigen, zu mindern, ihre Verschlimmerung zu verhüten oder ihre Folgen zu mildern,
2. Einschränkungen der Erwerbsfähigkeit oder Pflegebedürftigkeit zu vermeiden, zu überwinden, zu mindern oder eine Verschlimmerung zu verhüten sowie den vorzeitigen Bezug anderer Sozialleistungen zu vermeiden oder laufende Sozialleistungen zu mindern,
3. die Teilhabe am Arbeitsleben entsprechend den Neigungen und Fähigkeiten dauerhaft zu sichern oder
4. die persönliche Entwicklung ganzheitlich zu fördern und die Teilhabe am Leben in der Gesellschaft sowie eine möglichst selbständige und selbstbestimmte Lebensführung zu ermöglichen oder zu erleichtern."

Im Jahr 2017 wurden laut des Statistischen Bundesamtes über 10 Mio. Menschen mit Behinderung in Deutschland registriert, wovon 7,8 Mio. als schwerbehindert gelten, was 9,4 % der Gesamtbevölkerung entspricht. 88 % dieser Behinderungen wurden durch Krankheit verursacht, während 3 % bereits von Geburt an oder in den ersten Lebensjahren auftreten. Bei 23 % der Schwerbehinderten ist der höchste Grad an Behinderung festgestellt worden (100 %), bei 33 % der Mindestgrad (50 %). Behinderungen treten insbesondere bei älteren Menschen ab 65 Jahren auf (4,4 Mio.), wogegen nur 2 % junge Menschen unter 18 Jahren behindert sind. Entsprechend sind ca. 3,2 Mio. Menschen im erwerbsfähigen Alter zwischen 18 und 65 Jahren behindert, wobei 45 % davon einer Beschäftigung nachgehen (vgl. Bundesagentur für Arbeit 2018).

Vor dem Hintergrund dieser Zahlen kann einerseits Behinderung im Lebenslauf als normal gelten, da immerhin jede_r achte Bürger_in von Behinderung betroffen ist. Andererseits ist es auch nachvollziehbar, weshalb sich die Behindertenhilfe so erheblich ausdifferenziert hat, schließlich umfassen die Leistungsgruppen die medizinische Rehabilitation, unterhaltssichernde Leistungen sowie Teilhabe am Arbeitsleben, an Bildung und soziale Teilhabe (§ 5 SGB IX). Diese Rehabilitations- und Unterstützungsleistungen fallen in „die gesetzliche Zuständigkeit der Sozialversicherungsträger (insbesondere Krankenversicherung, Rentenversicherung, Bundesagentur für Arbeit) sowie der Sozialhilfeträger (Kommunen, Landessozialämter). Die Leistungspflichten dieser Träger verteilen sich auf die vier Säulen ‚Prävention', ‚Kuration (Behandlung)', ‚Rehabilitation' und ‚Pflege'" (Röh 2011, S. 11). Damit zählen Einrichtungen für Menschen mit geistiger Behinderung, ambulante Angebote für Menschen mit einer körperlichen und/oder geistigen Behinderung und deren Familien oder Werkstätten für Menschen mit geistiger und körperlicher Behinderung ebenso zum Leistungsspektrum wie bspw. Beratungsangebote für Blinde oder Hörgeschädigte. Daraus ergeben sich notwendigerweise Überschneidungen sowohl mit dem Gesundheitsbereich (bspw. Sucht- und Behindertenhilfe) als auch mit dem Bereich der sozialen Altenarbeit (bspw. Alten- und Behindertenhilfe).

Als die zentrale Herausforderung des Feldes gilt die eingangs erwähnte Auseinandersetzung mit dem Behinderungskonzept unter dem Stichwort ‚Inklusion'. Die UN-Behindertenrechtskonvention (UN-BRK) bricht mit der Vorstellung, dass es sich bei einer Behinderung um eine individuelle Beeinträchtigung handelt, wie es das *medizinische Modell* von Behinderung vermittelt. Dieses Modell von Behinderung „betrachtet die individuelle körperliche, psychische oder kognitive Beeinträchtigung als Abweichung von einer Norm des vollumfänglichen ‚Funktionierens' und reagiert darauf mit Diagnose, Therapie und Förderung im Sinne der Minderung der individuellen Ursachen von Behinderung" (Amirpur 2016, S. 21). Als *menschenrechtliches Modell* von Behinderung ist die UN-Behindertenrechtskonvention stattdessen „auf die äußeren gesellschaftlichen Bedingungen gerichtet und die Zugangsbarrieren, die behinderte Menschen aussondern und diskriminieren" (ebd.). Darin unterscheidet sich das menschenrechtliche vom sozialen Modell von Behinderung, welches sich in Deutschland in den 1990er-Jahren durch die Behindertenbewegung gegen das medizinische Modell durchsetzen konnte. Das *soziale Modell* nimmt insofern eine Zwischenposition ein, als es zwischen Impairment (im Sinne einer faktischen Schädigung der Betroffenen) und Disability (im Sinne einer gesellschaftlich verursachten Behinderung) unterscheidet. Kritik erfährt das soziale Modell, weil es „die kausale Beziehung zwischen Impairment und Disability" (ebd., S. 22) im Verständnis einer sozialen Konstruktion nicht mitdenkt. Letztlich wird die Schädigung der Betroffenen darin dann doch als eine Defizitzuschreibung artikuliert, die eine Zuschreibung individueller Verantwortung oder die Stigmatisierung der Betroffenen als ‚abweichend' nach wie vor mit ermöglicht (vgl. ebd., S. 22). Jedoch fußt auch das Sozialgesetzbuch auf diesem sozialen Modell. Demzufolge finden wir mindestens drei konkurrierende Modelle (menschenrechtlich, medizinisch, sozial) von Behinderung in der aktuellen Diskussion.

Exkurs: Zur Differenz der Konzepte Inklusion und Integration

Zielvorstellung von *Integration* ist es, die „vorher ausgegrenzten oder in Sondereinrichtungen beschulten, betreuten oder arbeitenden Menschen mit Behinderung" (Röh 2011, S. 4) in die Mehrheitsgesellschaft zu integrieren. Damit, so die Kritik, werden die Normen der ‚normalen' Mehrheitsgesellschaft reproduziert und Menschen mit Behinderung genötigt, sich diesen anzupassen.

Im Zentrum von *Inklusion* steht stattdessen das Selbstbestimmungsrecht der Menschen mit und ohne Behinderung sowie die Schaffung inklusiver Strukturen. Damit ist eine Barrierefreiheit in allen Lebensbereichen gemeint, d. h. ein Zusammenleben in der Gesellschaft, der Arbeitswelt, im Bildungssystem und

Rechtssystem, damit alle Menschen gleichermaßen gleichberechtigt leben können. Für verschiedene Handlungsfelder liegt inzwischen ein jeweils adaptierter ‚Index für Inklusion' vor (vgl. Booth/Ainscow 2019), welcher pädagogische Einrichtungen für Barrieren und Ressourcen sensibilisieren soll, um Partizipation und ein Lernen für alle zu ermöglichen.

10.3 Gesundheitshilfe

Die eingangs erwähnte Ottawa-Charta der WHO hat zur Etablierung eines salutogenetischen Verständnisses von Gesundheit in sozialpädagogischen Arbeitsfeldern (Gesundheitshilfe) beigetragen, welches das zuvor vorherrschende Pathogenese-Modell ergänzt. Demnach stehen für eine gesundheitsbezogene Soziale Arbeit neben der Krankheitsbewältigung (Soziale Arbeit im Gesundheitswesen) auch gesundheitsbezogene Aspekte (Gesundheitsarbeit im Sozial- und Bildungswesen) im Vordergrund. Diese zwei Felder gesundheitsbezogener Sozialer Arbeit können wie folgt grob unterschieden werden:

- *Soziale Arbeit im Gesundheitswesen* trägt „überwiegend zur Krankheitsbewältigung bei und ist damit zumeist pathogenetisch ausgerichtet" (Krankheit als Prozess). Sie ist „überwiegend vermittelnd tätig" (Homfeldt/Gahleitner 2018, S. 46f.), wenn bspw. Übergänge von medizinischen zur beruflichen Rehabilitation begleitet werden. Aus einer sozialpädagogischen Perspektive wird ein lebenslagenbezogenes Verständnis von Krankheitsbewältigung präferiert. Der Bezug auf die Lebenslagen zielt darauf ab, „soziale und gesundheitliche Ungleichheit wie auch die subjektbezogene, u.a. biografische Dimension (z.B. Erkrankungen in früheren Lebensphasen) und das subjektive Gesundheitsurteil in das professionelle Handeln einzubinden" (ebd., S. 48).
- *Gesundheitsarbeit im Sozial- und Bildungswesen* umfasst Gesundheitsförderung und Gesundheitsprävention und ist salutogenetisch ausgerichtet (Gesundheit als Prozess). „Ihr geht es darum, die Chancen möglichst aller Menschen auf Gesundheit zu verbessern, ausgehend vom ungeborenen Leben bis hin zum hohen Alter" (ebd., S. 47). Gesundheitsarbeit ist in allen Handlungsfeldern des Sozial- und Bildungswesens möglich. Ein wichtiges Ziel hierbei ist es „sozial bedingte und mit ihr einhergehende gesundheitliche Benachteiligung zu verringern und gesellschaftliche Teilhabe zu stärken und damit die Chancen auf ein gesundes Aufwachsen und Leben zu vergrößern" (ebd.). Die gesamtgesellschaftliche Rahmenbedingung hierfür liefert das Gesetz zur Stärkung der Gesundheitsförderung und Prävention (Präventionsgesetz PrävG), welches 2015 in Kraft trat und das Fünfte Sozialgesetzbuch – Krankenversicherungen (SGB V) erheblich modifizierte.

Adressat_innen der Sozialen Arbeit im Gesundheitswesen sind insbesondere pflegebedürftige Personen. Zu ihnen gehören nicht nur, aber insbesondere auch alte Menschen (siehe hierzu auch Kapitel 11). Ihre Pflegebedürftigkeit wird in § 14 SGB XI wie folgt definiert:

> „Pflegebedürftig […] sind Personen, die gesundheitlich bedingte Beeinträchtigungen der Selbständigkeit oder der Fähigkeiten aufweisen und deshalb der Hilfe durch andere bedürfen. Es muss sich um Personen handeln, die körperliche, kognitive oder psychische Beeinträchtigungen oder gesundheitlich bedingte Belastungen oder Anforderungen nicht selbständig kompensieren oder bewältigen können. Die Pflegebedürftigkeit muss auf Dauer, voraussichtlich für mindestens sechs Monate, und mit mindestens der in § 15 festgelegten Schwere bestehen."

Dieser Personenkreis hat wiederum Anspruch auf verschiedene Pflegeleistungen, die in ambulanten, teilstationären und stationären Pflegeeinrichtungen erbracht werden, geregelt im § 71 SGB XI Pflegeeinrichtungen:

> „(1) Ambulante Pflegeeinrichtungen (Pflegedienste) […] sind selbständig wirtschaftende Einrichtungen, die unter ständiger Verantwortung einer ausgebildeten Pflegefachkraft Pflegebedürftige in ihrer Wohnung mit Leistungen der häuslichen Pflegehilfe im Sinne des § 36 versorgen.
> (2) Stationäre Pflegeeinrichtungen (Pflegeheime) […] sind selbständig wirtschaftende Einrichtungen, in denen Pflegebedürftige:
> 1. unter ständiger Verantwortung einer ausgebildeten Pflegefachkraft gepflegt werden,
> 2. ganztägig (vollstationär) oder tagsüber oder nachts (teilstationär) untergebracht und verpflegt werden können."

Insgesamt lässt sich sozialpädagogische gesundheitsbezogene Arbeit in vier Bereiche einteilen (vgl. Homfeldt 2012, S. 492):

- Gesundheitshilfe,
- Gesundheitsförderung,
- Gesundheitsprävention,
- kommunale Gesundheitsberichterstattung.

Sozialarbeiter_innen finden sich u.a. in folgenden Arbeits- und Tätigkeitsfeldern wieder (vgl. ebd.):

- in ambulante, teilstationäre wie stationäre Angebotsformen,
- in der Sozialpsychiatrie und in der psychosozialen Versorgung psychisch Kranker,

- im akutmedizinischen Krankenhaus und in Reha-Kliniken,
- in Gesundheitshäusern,
- im öffentlichen Gesundheitsdienst (ÖGD),
- in der AIDS-Hilfe,
- in Sozialstationen,
- in der Behindertenberatung,
- in der Frühförderung und in den Frühen Hilfen.

Das Statistische Gesundheitsamt weist für 2017 bei 5 579 000 Beschäftigten im Gesundheitsbereich 52 000 Beschäftigte aus, die der Berufsgruppe Erziehung, Sozialarbeit, Heilerziehungspflege (d. h. Berufen in der Sozialarbeit und Sozialpädagogik, in Heilerziehungspflege und Sonderpädagogik und in der Haus- und Familienpflege) zugehörig sind, wovon 31 000 in Teilzeit- oder geringfügigen Beschäftigungen anzusiedeln sind. Soziale Arbeit im Gesundheitswesen spielt demnach eine vergleichsweise marginale Rolle.[5]

Die im Sinne der Gesundheitshilfe im Gesundheitswesen arbeitenden Sozialarbeiter_innen beraten, begleiten und betreuen einzelne Adressat_innengruppen. Hierzu gehören insbesondere Beratungs- und Betreuungsstellen für HIV-Infizierte und Aidskranke, Krebskranke, Müttergenesung, und weitere Patient_innen-Gruppen. Des Weiteren existieren jedoch auch Beratungsstellen, die sich salutogenetisch bzw. präventiv auf Gesundheitsförderprogramme beziehen. 13 % der Gesamtbeschäftigten in der Gesundheitshilfe der Wohlfahrtsverbände waren im Jahr 2012 in Beratungsstellen, ambulanten Diensten und offenen Angeboten tätig (vgl. BAGFW 2012, S. 22). Sozialarbeiter_innen übernehmen dabei auch die Aufgabe, herauszufinden, „wie die Bürger die Zusammenhänge zwischen ihrer Gesundheit und dem Leben sehen und von dorther über Reflexion Experten in Bezug auf ihr eigenes Anliegen werden, um konkrete Aktionen beobachten und lenken zu können“ (Hünersdorf 1997, S. 63; siehe hierzu auch die empirische Studie von Hanses/Richter 2011).

Als eine spezifische Interventionsform hat sich dabei die klinische Sozialarbeit entwickelt, die „auf eine Autonomisierung der Lebensbewältigung von Einzelnen oder Gruppen von Menschen, die in ihrer Lebenslage von psychosozialer Desintegration bedroht oder beeinträchtigt sind“, abzielt (Hey 2000, S. 166). Klinische Sozialarbeit bemüht „sich um konstruktive Veränderungsimpulse für einzelne Menschen im Kontext ihrer Umfeld- und Lebensbedingungen“ und widmet „sich dabei insbesondere der Unterstützung einer ‚schwer erreichbaren‘ Klientel in Multiproblemsituationen“ (Homfeldt/Gahleitner 2018, S. 47).

---

5 Homfeldt (2012, S. 489) stellt wiederum fest, dass 2012 ungefähr 25 % aller Sozialarbeiter_innen in den o. g. Arbeits- und Tätigkeitsfeldern beschäftigt sind.

In der Sozialen Arbeit im Gesundheitswesen ist ebenfalls die Tendenz zur Vorrangigkeit ambulanter Leistungen feststellbar, die jedoch hier primär von pflegerischem Personal erbracht wird. Zugleich ist gerade bei der demographischen Zunahme von älteren Menschen die zunehmende Inanspruchnahme von stationären Pflegeangeboten kaum zu vermeiden. Soziale Arbeit spielt in Pflegeeinrichtungen derzeit eine untergeordnete Rolle, jedoch ist ihre Fachlichkeit innerhalb multiprofessioneller Teams zukünftig mehr gefragt, wenn es bspw. um ethische Aspekte wie die Ermöglichung einer selbstbestimmten Teilhabe geht.

Eine nach wie vor diffizile Herausforderung insbesondere für die Soziale Arbeit im Gesundheitswesen ist ihr der Medizin nachgeordnetes Kompetenzprofil. Da die Medizin die Profession im Gesundheitswesen ist, die mit Definitions- und Deutungsmacht ausgestattet ist und nach wie vor ein personenbezogenes Verständnis von Krankheitsbewältigung vertritt, ist es für alternative Deutungsangebote der Sozialen Arbeit (Stichwort Lebenslagenbezug) äußerst herausfordernd, hier auch in ihrer Expertise anerkannt zu werden (vgl. Homfeldt 2012).

Bereits mit dem Feld der Behindertenhilfe ist zudem eine weitere Herausforderung deutlich geworden – über Multiproblemlagen von Adressat_innen ergeben sich Schnittstellen zwischen verschiedenen Feldern innerhalb wie außerhalb der Sozialen Arbeit. So können Adressat_innen, wie bereits angemerkt, sowohl aus der Perspektive der Gesundheitswissenschaft (Public Health), der Behinderten- und Heilpädagogik, der Sozialen Arbeit sowie der Alternswissenschaft (Gerontologie) betrachtet werden. Dies erfordert zwangsläufig eine intensive sowohl multiprofessionelle als auch interdisziplinäre Zusammenarbeit.

Dabei agiert Soziale Arbeit mitunter systemimmanent, d.h. sie übernimmt unreflektiert Gesundheitsnormen, die nicht ihrem Menschenbild entspricht (vgl. Exkurs ‚Gesundheit als neoliberale Norm').

Exkurs: Gesundheit als neoliberale Norm

Auf den ersten Blick scheint der hier skizzierte Bezug auf Gesundheit positiv besetzt zu sein, jedoch gibt es auch hier im erziehungswissenschaftlichen Kontext erhebliche Kritik an der u.a. durch die WHO verbreiteten Auffassung von Gesundheit. Gesundheit primär in der Verantwortung des Individuums zu sehen wird als eine weitere neoliberale Selbststeuerungstechnologie problematisiert, da das Individuum sich entsprechend der gesellschaftlichen Norm gesund verhalten muss und nur noch vor die Wahl gestellt wird, wie es dies bewerkstelligt.

Birge Krondorfer (2015, S. 5) beschreibt diese Dynamik so: „Was ehemals der Diskurs über die Kranken war – die sogenannte ‚Renormalisierung', ist heute der Diskurs über die Gesunden – sprich, die präventive Normalisierung […]. Die Definition von Gesundheit seitens der Weltgesundheitsorganisation als ein Zustand des vollständigen körperlichen, geistigen und sozialen Wohlergehens und nicht nur des Fehlens von Krankheit oder Gebrechen wird allgemein als fortschrittlicher Gesundheitsbegriff verstanden. Allerdings geht sie hinterrücks mit Normierungsprozessen, Anpassungszwängen und einem technisch-sozialen Machbarkeitsglauben einher. Es wird einem Perfektionismus gefrönt, der krebsartig das Nichtreibungslose pathologisiert, was sich auch in einer Epidemie der Diagnosen ausdrückt und wogegen Maßnahmen des Kurierens, Immunisierens und Ausmerzens in Stellung gebracht werden. Gesundsein ist zur Norm geworden. Strukturell bedingte krankmachende Faktoren werden den Einzelnen zugeschrieben, die sich via Gesundheitssorge reparieren sollen."

Mit der immer weiter fortschreitenden Fokussierung auf *Verhaltensprävention,* d. h. einer Prävention durch das Individuum in Form von individueller Vorbeugung hinsichtlich seiner Verhaltensweisen und Lebensstile verliert die Soziale Arbeit die für sie zentrale Aufgabe aus dem Blick, kritisch zu überprüfen, inwiefern ökonomische, ökologische und soziale Verhältnisse die Gesundheit der Individuen erheblich strukturieren. Angesprochen ist damit die Notwendigkeit einer *Verhältnisprävention,* die die gesundheitsgerechte Gestaltung von Lebensbedingungen anvisieren würde, allerdings deutlich kostenintensiver ist (vgl. Homfeldt 2012, S. 496).

11 Soziale Altenhilfe

11.1 Aktuelle Ausrichtung der Sozialen Altenhilfe

Hinsichtlich des anstehenden demografischen Wandels ist das Handlungsfeld der Sozialen Altenhilfe das am stärksten expandierende. So verweist die Bundesarbeitsgemeinschaft der Freien Wohlfahrtspflege darauf, dass 2012 die Altenhilfe mit ihren fast 445 000 Mitarbeiter_innen – gegenüber 398 000 im Jahr 2008 – zu ihren größten Arbeitsbereichen zählt (vgl. BAGFW 2012, S. 30). Diese erhebliche Expansion hängt sowohl mit der zunehmenden Alterung der westlichen Gesellschaft zusammen, als auch mit der höheren Gesundheit der Älteren. Zugleich ist – wie das Fallportrait von Britta Schmitt zeigt – eine zunehmende Prekarisierung der Beschäftigten im Kontext dieses Handlungsfeldes erkennbar. So hat sich im Jahr 2012 die Quote der Teilzeitbeschäftigten von 62 % in 2008 auf gut 70 % aller Mitarbeiter_innen im Jahr 2012 erhöht (ebd.).

Auch in der Sozialen Altenhilfe lässt sich die gesamte Bandbreite an Angeboten unterschiedlicher Interventionsgrade finden. Daher sind die Arbeitsfelder der Sozialen Altenhilfe breit angelegt und können in offene, ambulante, teilstationäre und stationäre Angeboten differenziert werden (vgl. Schweppe 2012; Oppermann 2018). Die Zahlen für die stationären Angebote sind mit knapp einer halben Million Betreuten weiter rückläufig (2008: 47 %, 2012: 41 %), während die Beratungsstellen und ambulanten Angebote weiterhin expandieren (2008: 34 %, 2012: 51 %). Zugleich sind im stationären Bereich über 70 % der Beschäftigten angestellt (vgl. BAGFW 2012, S. 30 ff.). Cornelia Schweppe (2012) weist auf die Dominanz des medizinischen Paradigmas in der Sozialen Altenhilfe hin, welche sich auch in der Personalstruktur niederschlägt: Demnach ist insbesondere im ambulanten und stationären Bereich die am häufigsten vertretene Berufsgruppe die Krankenpflege, während Sozialarbeiter_innen hier kaum beschäftigt sind. Dies ist laut Schweppe auch einer eher unzureichenden Vorbereitung auf die Arbeit mit Alten in den Studiengängen geschuldet. Zugleich spielen in der Gerontologie erziehungswissenschaftliche und sozialpädagogische Fragen nur allmählich eine nennenswerte Rolle (ebd., S. 515 f.).

Wir kommen nun auf alte Menschen als Leistungsberechtigte zu sprechen: Im Sozialgesetzbuch „Zwölftes Buch Sozialhilfe" werden im § 41 die Leistungsberechtigten und im § 71 Abs. 1 SGB XII die Altenhilfe definiert:

> „(1) Alten Menschen soll außer den Leistungen nach den übrigen Bestimmungen dieses Buches Altenhilfe gewährt werden. Die Altenhilfe soll dazu beitragen, Schwierigkeiten, die durch das Alter entstehen, zu verhüten, zu überwinden oder zu mil-

dern und alten Menschen die Möglichkeit zu erhalten, selbstbestimmt am Leben in der Gemeinschaft teilzunehmen und ihre Fähigkeit zur Selbsthilfe zu stärken."

Ein zentrales gesellschaftliches und kulturelles Muster, um den Leistungsbereich rund um das ‚Alter' von dem um ‚Erwachsene' abzugrenzen, ist der Renteneintritt mit 67 Jahren (ab den Jahrgängen 1964), also der rechtliche Übergang nach Beendigung des Erwerbslebens in den Ruhestand. Zugleich hat sich eine neue Altersdifferenzierung innerhalb der Lebenslaufmodelle etabliert: Vor dem Hintergrund der quantitativ gesteigerten Lebenserwartung wird die Phase ‚Alter', u. a. von der WHO, in ein drittes Lebensalter (60 bis unter 80 Jahre) und viertes Lebensalter (80 Jahre und älter) unterteilt.

Abb. 11.1: Lebenslauf und die vier Lebensalter

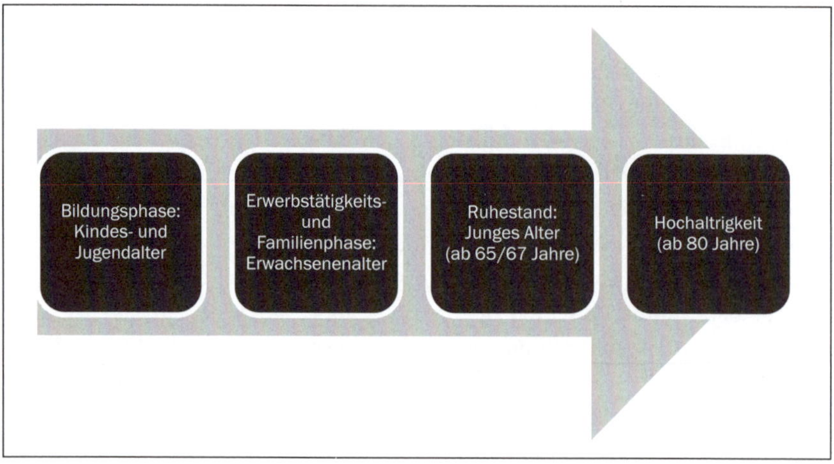

Jedoch ist diese statistische bzw. an der Lebenszeit des Individuums orientierte Definition aus mindestens zwei Gründen heraus brüchig geworden (vgl. Böhnisch 2018):

- Erstens orientiert sich diese Definition an der männlichen Normalbiografie, die durch das Erwerbsleben geprägt ist, und berücksichtigt nur unzureichend die vielfältigen Lebensformen und -entwürfe jenseits finanziell entlohnter Arbeitsbiografien.
- Zweitens geschieht heutzutage die Freistellung von Erwerbsarbeit oftmals auch vor oder nach dem gesetzlich festgelegten Rentenalter – zu heutigen ‚normalen' Berufsbiografien gehören frühere Beendigung der Erwerbstätigkeit oder Fortsetzung der Erwerbstätigkeit nach dem Renteneintritt.

Es ist naheliegend, dass im Kontext der altenbezogenen Sozialen Arbeit im dritten Lebensalter Möglichkeiten der Aktivierung wie etwa im Rahmen bürgerschaftlichen Engagements bzw. in der Freiwilligenarbeit wie Lesepatenschaften, Leihomas und -opas, der Essensausgabe in Tafeln oder Suppenküchen usw. im Vordergrund der fachlichen Diskussionen stehen. Zahlenmäßig nehmen im vierten Lebensalter hingegen formale und informelle Unterstützungsleistungen zu und es werden vermehrt Effekte von Hochaltrigkeit diskutiert (u.a. betreutes Wohnen, Pflegefälle, soziale Folgen von Vereinsamung). Diese Differenz spiegelt sich auch in der Bandbreite des Leistungspakets wider, welches über den § 71 SGB XII Altenhilfe geregt wird:

„(2) Als Leistungen der Altenhilfe kommen insbesondere in Betracht:

1. Leistungen zu einer Betätigung und zum gesellschaftlichen Engagement, wenn sie vom alten Menschen gewünscht wird,
2. Leistungen bei der Beschaffung und zur Erhaltung einer Wohnung, die den Bedürfnissen des alten Menschen entspricht,
3. Beratung und Unterstützung im Vor- und Umfeld von Pflege, insbesondere in allen Fragen des Angebots an Wohnformen bei Unterstützungs-, Betreuungs- oder Pflegebedarf sowie an Diensten, die Betreuung oder Pflege leisten,
4. Beratung und Unterstützung in allen Fragen der Inanspruchnahme altersgerechter Dienste,
5. Leistungen zum Besuch von Veranstaltungen oder Einrichtungen, die der Geselligkeit, der Unterhaltung, der Bildung oder den kulturellen Bedürfnissen alter Menschen dienen,
6. Leistungen, die alten Menschen die Verbindung mit nahe stehenden Personen ermöglichen.“

Exkurs: ‚Gutes‘ und ‚schlechtes‘ Alter

Die Differenzmarkierung ‚Alter‘ ist nicht nur beschreibend, sondern auch bewertend. Auch wenn von einer hohen Vielfalt des biografischen Erlebens von Älterwerden und Altsein ausgegangen werden muss, hierarchisiert diese Unterteilung in ein ‚gutes‘ drittes und ein ‚schlechtes‘ viertes Alter (vgl. van Dyk 2015). Daran werden bestimmte Aufgabenstellungen der Sozialen Arbeit gekoppelt:

Mit der Aktivierungslogik, gemäß der alte Menschen nicht nur aktiv sind, sondern dies auch sein sollen, ist gegenüber dem *dritten Lebensalter* ein spezifisches Produktivitätsmodell eingelassen (vgl. van Dyk/Lessenich 2009; Karl 2013; Denninger et al. 2014). Ältere, die bei guter Gesundheit sind, werden seitens der Politik dazu aufgefordert, neben informellen Sorgetätigkeiten im familialen Umfeld weitere gemeinwohlorientierte Arbeiten zu übernehmen (Ehrenamt bzw. bürgerschaftliches Engagement). Diese ‚produktiven Alten‘ werden seitens der Sozialen Arbeit unterstützt, indem sie diese motiviert, fortbildet und koordiniert (Freiwilligenbüros usf.) und auf diese Weise zu einer Pädagogisierung diese Lebensphase beiträgt.

Das *vierte Lebensalter* wird insbesondere medizinisch fokussiert und problematisiert. Mit dieser Perspektive der ‚nicht mehr produktiven Alten' ist verbunden, dass insbesondere medizinische, psychologische und pflegerische Fragestellungen in den Vordergrund rücken und weniger sozialpädagogische und bildungsorientierte.

Nachfolgend werden vor dem Hintergrund dieses über das § 71 SGB XII breit aufgestellten Leistungsspektrums sowohl die Felder der Offenen Altenarbeit (11.2) als auch ambulanter, teilstationärer und stationärer Altenhilfe (11.3) skizziert.

11.2 Offene Altenarbeit

Das Arbeitsfeld der Offenen Altenarbeit bezieht sich auf die Lebensspanne, die mit dem Berufsausstieg beginnt und führt bis ins hohe Alter. Zugleich aber richtet sie sich v.a. an Menschen, die mit wenig gesundheitlichen oder sonstigen Beeinträchtigungen leben (vgl. Oppermann 2018, S. 240) und folglich der dritten Altersphase zuzuordnen sind. Folgende Angebote finden sich in der Offenen Altenarbeit:

Abb. 11.2: Angebote der Offenen Altenarbeit (vgl. Schweppe 2012; Oppermann 2018)

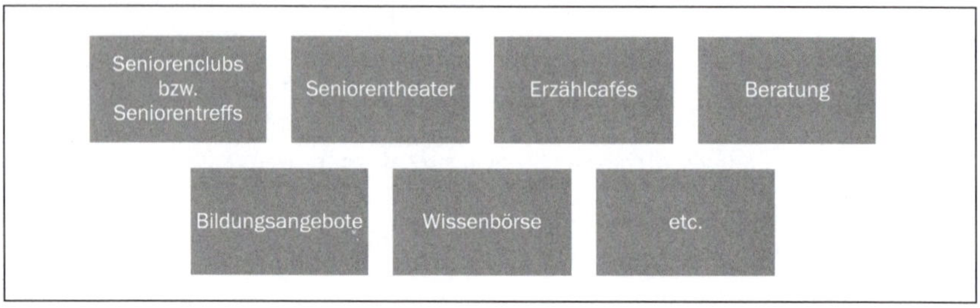

Die Angebote finden sich demnach in folgenden Spektren:

- Erstens im Spektrum zwischen Freizeit- und Bildungsangeboten: Der Freizeitbereich umfasst verschiedene Möglichkeiten der Begegnung. Unter den Bezeichnungen ‚Altenclub', ‚Altentagesstätte' oder ‚Seniorencafé' versammeln sich niedrigschwellige Angebote, die – wie auch im Fallportrait von

Britta Schmitt sichtbar wird – von älteren Menschen aufgesucht werden können. Sie haben das primäre Ziel, Kontakte unter älteren Menschen zu fördern. Diese Angebote werden teilweise durch Sozialarbeiter_innen, aber auch von älteren Menschen selbst im Sinne des bürgerschaftlichen Engagements geleitet (vgl. Oppermann 2018, S. 240). Die Bildungsangebote sind wiederum mehrheitlich im Schnittbereich von Sozialpädagogik und Erwachsenenbildung zu finden, sodass die genaue Abgrenzung von Altenbildungsmaßnahmen gegenüber anderen Angeboten der Offenen Altenarbeit nicht immer möglich ist (vgl. Schweppe 2012, S. 510). Auch formale Bildungsinstitutionen wie Fachhochschulen, Universitäten und Einrichtungen der Erwachsenenbildung haben inzwischen ein breites Spektrum an Kursen etabliert, wie bspw. die Möglichkeit der Gasthörerschaft an den Hochschulen sowie gesonderte Bildungsangebote an den Volkshochschulen.
- Ein zweiter, gesellschaftlich sehr relevanter Bereich ist die Aktivierung des bürgerschaftlichen Engagements von älteren Menschen, die im § 71 Abs. 2 Nr. 1 SGB XII als „Leistungen zu einer Betätigung und zum gesellschaftlichen Engagement" gefasst sind. Der Deutsche Freiwilligensurvey (FWS) (vgl. Simonson/Vogel/Tesch-Römer 2017) und die Generali Altersstudie (vgl. Generali Deutschland AG 2017) verweisen darauf, dass sich knapp unter der Hälfte der 65 bis 80-Jährigen ehrenamtlich engagieren, wobei jede vierte Person davon dieses Engagement erst mit dem Eintritt ins Rentenalter aufgenommen hat. Diese älteren Menschen werden in Freiwilligenbüros bzw. auf Freiwilligenbörsen über mögliche Bereiche gesellschaftlichen Engagements informiert. Bei den Freiwilligenagenturen selbst ist der Einsatz von Hauptamtlichen und Freiwilligen wiederum weitgehend gleich hoch, wobei der Generali Engagementatlas (vgl. 2015, S. 35) darauf verweist, dass die meisten Einrichtungen mit maximal einer Vollzeitstelle auskommen.
- Ein dritter Bereich sind Beratungen, die sich insbesondere auf die Leistungen beziehen, die obenstehend im § 71 SGB XII benannt sind – bspw. im Vor- und Umfeld von Pflege oder bezüglich einer Inanspruchnahme altersgerechter Dienste insgesamt. Diese Angebote werden sowohl von freien als auch öffentlichen Trägern angeboten und sind kostenfrei.

Bereits dieser Überblick zeigt, welcher Typus von älteren Menschen hier adressiert wird: Es sind zwar insgesamt sehr heterogene Leistungen, die dieses Arbeitsfeld der Sozialen Altenhilfe anbietet und damit auch eine heterogene Adressat_innengruppe anspricht (vgl. Schweppe 2012, S. 506), zugleich aber sind es mehrheitlich die ‚aktiven' und ‚produktiven Alten', die hiermit adressiert werden. Angesprochen werden die sogenannten junggebliebenen, rüstigen Rentner_innen oder ‚Silver Ager', die gut gebildet und materiell unabhängig sind und im Rahmen des demografischen Wandels möglichst lange gesellschaftlich produktiv gehalten werden sollen. Diese Unterscheidungen spiegeln sich auch in den zwei aktuell vorherrschenden Altersmodellen wider – dem ‚Kompetenzmodell' und dem ‚Defizitmodell' des Alters (vgl. van Dyk 2015), welche pointiert gesagt eine ‚Kosten-/Nutzenrechnung' aufstellen. Dreh- und Angelpunkt ist die Frage, ob und wie lange Ältere körperlich und geistig in der Lage sind, sich aktiv und produktiv am gesellschaftlichen Leben zu beteiligen. Der allmähliche oder abrupte Verlust an gesellschaftlicher Beteiligungsfähigkeit gerät nun nicht nur als individuelles, sondern auch als ein soziales Problem in den nachfolgenden Sektoren der ambulanten, teilstationären und stationären Altenhilfe in den Blick.

11.3 Ambulante, teilstationäre und stationäre Altenhilfe

In diesen Arbeitsfeldern der Altenhilfe ist der medizinisch-pflegerische Fokus deutlich präsenter als in der Offenen Altenarbeit. Dies wird bspw. im § 11 SGB XI Rechte und Pflichten der Pflegeeinrichtungen deutlich:

> „(1) Die Pflegeeinrichtungen pflegen, versorgen und betreuen die Pflegebedürftigen, die ihre Leistungen in Anspruch nehmen, entsprechend dem allgemein anerkannten Stand medizinisch-pflegerischer Erkenntnisse. Inhalt und Organisation der Leistungen haben eine humane und aktivierende Pflege unter Achtung der Menschenwürde zu gewährleisten."

Ambulante Altenhilfe

Die Sozialarbeiterin Britta Schmitt, die wir im dritten Fallportrait vorstellten, ist mit ihrer Stelle teils in der ambulanten und teils in der teilstationären Altenarbeit tätig. Die Angebote der ambulanten Altenhilfe sind in der Praxis unter den Bezeichnungen ‚Sozialstationen' und ‚ambulante Pflegedienste' zu finden, sie werden jedoch synonym verwendet. Damit sind v.a. Dienste der häuslichen Krankenpflege, der ambulanten Altenpflege sowie der Haus- und Familienpflege gemeint. Ihre Schwerpunkte liegen in den nachfolgenden Bereichen (vgl. Schweppe 2012, S. 511):

- Grundpflege (hierzu gehören Hilfen beim An- und Auskleiden und Waschen oder bei der Nahrungsaufnahme)
- Behandlungspflege (hierzu gehören das Anlegen von Verbänden, Mobilitätsübungen, Injektionen und Infusionen oder Blutdruckmessungen)
- Haushaltshilfe
- Vermittlungsangebote
- psychosoziale Betreuung

Diese Dienste werden durch weitere Hilfsdienste ergänzt:

- Essen auf Rädern
- Hausnotrufsysteme
- mobile soziale Hilfsdienste (z.B. im Haushalt und Garten, bei Transporten und im Kontext handwerklicher Dienste)

Hierfür sind in erster Linie die folgenden gesetzlichen Grundlagen maßgeblich: § 37 SGB V (Häusliche Krankenpflege), § 36 SGB XI (Pflegesachleistung), § 45b SGB XI (Entlastungsbetrag hinsichtlich zusätzlicher Betreuungs- und Entlastungsleistungen) sowie das Pflegestärkungsgesetz nach § 14 SGB XI, welches 2015 in Kraft trat und den Begriff der Pflegebedürftigkeit neu fasste. Über das erste Pflegestärkungsgesetz (PGS I) ist zudem v.a. die ambulante Pflege gestärkt worden.

Aus der Sozialen Arbeit werden hier inzwischen Varianten des Case-Managements praktiziert, so wie sie auch von Britta Schmitt als Fallmanagerin vollzogen werden. Als Fallmanagerin im ambulanten Bereich koordiniert sie die ambulanten Pflegedienste und die medizinische Versorgung ihrer Adressat_innen. Der Schwerpunkt liegt folglich in der Erstellung und Koordination eines bedarfsgerechten, oftmals komplexen und sensiblen Pflegearrangements bestehend aus professionellen Helfer_innen und Familienangehörigen (vgl. Oppermann 2018, S. 240).

Teilstationäre Altenhilfe

Die teilstationäre Altenhilfe fokussiert sich auf ältere Menschen, die zu Hause wohnen und temporär außerhalb ihrer Wohnung Hilfe in Anspruch nehmen. Rechtlich sind diese Leistungen in § 41 SGB XI (Tagespflege und Nachtpflege) wie folgt geregelt:

> „(1) Pflegebedürftige der Pflegegrade 2 bis 5 haben Anspruch auf teilstationäre Pflege in Einrichtungen der Tages- oder Nachtpflege, wenn häusliche Pflege nicht in ausreichendem Umfang sichergestellt werden kann oder wenn dies zur Ergänzung oder Stärkung der häuslichen Pflege erforderlich ist. Die teilstationäre Pflege umfasst auch die notwendige Beförderung des Pflegebedürftigen von der Wohnung zur Einrichtung der Tagespflege oder der Nachtpflege und zurück.“

Die Angebote der teilstationären Altenhilfe können mehrere Stunden pro Tag, einige Tage in der Woche oder einen anderweitig begrenzten Zeitraum umfassen. Zentral ist hierbei, dass die älteren Menschen in ihrer vertrauten Umgebung verbleiben können. Tagespflegeeinrichtungen werden bspw. von älteren Menschen aufgesucht, die zu Hause von Angehörigen oder anderen Personen gepflegt werden, dies aber nicht zu jeder Zeit gewährleistet werden kann (vgl. Schweppe 2012, S. 513). Diese Versorgungsform liegt folglich zwischen der o.g. ambulanten häuslichen Pflege und der vollstationären Pflege in bspw. Altenheimen.

Zu den Dienstleistungen der teilstationären Altenhilfe gehören in der Regel (vgl. Schweppe 2012, S. 513):

- Abhol- und Bringdienste
- die Versorgung mit Mahlzeiten
- pflegerische, therapeutische und rehabilitative Leistungen
- soziale Angebote und Kontakte mit Gleichaltrigen

Stationäre Altenhilfe

Die stationäre Altenhilfe bezieht sich auf pflegebedürftige Menschen, die nicht mehr in einem eigenen Haushalt leben können. Angebote in diesem Bereich stellen Formen der Kurzzeitpflege oder Dauerpflege dar und finden weitestgehend in Alten- und Pflegeheimen bzw. in Wohnstiften bzw. Seniorenresidenzen für gehobene Ansprüche statt. Das Kuratorium Deutsche Altershilfe definiert fünf ‚Generationen' von Alten- und Pflegeheimen, wovon bis heute die letzten drei noch existieren (vgl. Michell-Auli/Sowinski 2012, S. 11 f.):

- 3. Generation: Altenwohnhaus (in den 1980er- und 1990er-Jahren: Orientierung am Wohngruppenkonzept, allmählich mehr Einzelzimmer)
- 4. Generation: Stationäre Hausgemeinschaft (seit 1995: Loslösung von zentralen Versorgungseinheiten wie Großküche und Wäscherei, stattdessen Leben und Kochen in der Wohngruppe, fast nur Einzelzimmer)
- 5. Generation: Quartiershäuser, wie sie vom Kuratorium Deutsche Altershilfe initiiert wurden (seit 2011: Das Konzept basiert auf drei Prinzipien: Leben in Privatheit, Gemeinschaft und Öffentlichkeit)

Trotz des medizinischen Paradigmas der stationären Altenhilfe – welche durch den Strukturwandel zunehmend vorrangig (bis hin zu ausschließlich) von sehr alten Menschen genutzt wird – zeichnen sich in den neuen quartiersbezogenen Konzepten mit ihrer Öffnung und Adressat_innenorientierung neue Tätigkeitsbereiche für Sozialarbeiter_innen ab. Die neuen Konzepte bewegen sich hin zur „Orientierung an den Bedürfnissen der Bewohnerinnen statt an Organisationsrationalitäten", sie wollen „erweiterte Handlungsspielräume, Transparenz, Selbst- und Mitbestimmung" ermöglichen „statt Reglementierung und Bevormundung" (Oppermann 2018, S. 240). Dies ist vor dem Hintergrund der Lebenslagen hochaltriger Menschen umso mehr gefragt: So liegt bspw. der zentralen Handlungsmaxime des partizipativen Aushandelns immer auch die Idee eines aushandlungsfähigen Gegenübers zugrunde, was somit auch für schwerstpflegebedürftige Menschen etwa im stationären Bereich gilt. Dieses Menschenbild kann mit der pflegerischen Auffassung vom hilfsbedürftigen und verletzlichen Fürsorgeobjekt konkurrieren. Als instruktiv kann hier die Perspektive einer advokatorischen Ethik betrachtet werden, in der die Handlungsmaxime des partizipativen Aushandelns durch die einer stellvertretenden Fürsorge ersetzt wird (vgl. Brumlik 2004; vgl. Exkurs ‚Advokatorische Ethik als stellvertretende Fürsorge').

Exkurs: Advokatorische Ethik als stellvertretende Fürsorge
Wie lassen sich pädagogische Eingriffe insgesamt überhaupt ethisch legitimieren? Oder anders gefragt: Was genau erlaubt uns eigentlich, andere Menschen, die in unserer Gesellschaft als erziehungsbedürftig markiert werden (z. B. kleine Kinder, deviante – also von der Norm abweichende – Jugendliche oder in einem weiten Sinne eben auch pflegebedürftige Hochaltrige), zu erziehen oder Sorgeleistungen für sie zu erbringen?

Dieser grundlegenden Frage geht der Erziehungswissenschaftler Micha Brumlik nach. In seinem Konzept einer ‚advokatorischen Ethik' entwickelt er eine Denkfigur, die ein reflektiertes stellvertretendes Fürsorge-Tragen für Menschen ermöglicht, die sich in Erziehungs- oder Fürsorge-Kontexten der Sozialen Arbeit anvertrauen (vgl. Brumlik 2004). Brumlik unterscheidet hierbei zwischen Subjekten des Handelns, welche er als Personen bezeichnet, und Subjekten des Erleidens bzw. des Erfahrens der Handlungen anderer, welche er als Nicht-, Noch-nicht- oder Nicht-mehr-Personen bezeichnet. Brumlik spricht dabei all jenen Menschen ein Person-Sein ab, die

1. nicht dazu in der Lage sind, sich wahrzunehmen als räumlich und zeitlich kontinuierliche und abgrenzbare Wesen, mit einem Wissen um die eigene Vergangenheit und Zukunft;
2. nicht dazu in der Lage sind, ihre Wünsche und Bedürfnisse zu artikulieren und
3. nicht dazu in der Lage sind, für ihr eigenes Leben bzw. dass ihrer Mitmenschen überlegte, begründete Entscheidungen zu treffen (vgl. ebd., S. 235).

Während beispielsweise die Sozialarbeiter_innen dieser Definition zufolge selbst Verantwortung für sich übernehmen können und Personen im Sinne von mündigen Subjekten darstellen, ist anzunehmen, dass dies auf eine Vielzahl der Adressat_innen Sozialer Arbeit nur bedingt zutreffen mag. Um die Integrität dieser Nicht-, Noch-nicht- oder Nicht-mehr-Personen zu erhalten, ist es erforderlich, dass Sozialarbeiter_innen an Stelle ihrer Adressat_innen advokatorisch (d. h. anwaltschaftlich) handeln, Entscheidungen treffen und Fürsorge betreiben. Brumlik beschreibt dies so: „Im vormundschaftlichen, advokatorischen Handeln handeln wir, die wir Personen sind, anstelle anderer Menschen, die den Zustand, eine Person zu sein, d. h. sich selbstbewußt und verantwortlich verhalten zu können, noch nicht oder nicht mehr besitzen. *Pädagogisch* ist solch advokatorisches Handeln dann, wenn es um die Herstellung von Personalität bzw. Mündigkeit geht; *caritativ*, wenn keinerlei Chancen mehr bestehen, daß die hilfsbedürftigen Menschen jemals den Zustand der Personalität erreichen werden" (Brumlik 2004, S. 164). Diese Formen der stellvertretenden Fürsorge müssen sich immer wieder von einem bevormundenden Paternalismus abgrenzen, wie er etwa dem klassischen Klient_innen-Begriff zugeschrieben wird (vgl. Exkurs ‚Adressierung der Leistungsempfänger in der Sozialen Arbeit', S. 31 ff.). Anstatt einer allgemeinen verwaltungslogischen Versorgung der Klient_innen entlang der jeweils bestehenden Rechtsansprüche zu folgen, wie dies oftmals im Kontext des Klient_innen-Begriffs assoziiert wird, nimmt das Konzept der advokatorischen Ethik seinen Ausgang immer in der jeweiligen konkreten Situation und in der Individualität des jeweiligen hilfsbedürftigen Menschen. Um selbstlos und advokatorisch handeln zu können, muss sich die Person empathisch in die Situation des hilfsbedürftigen Menschen hineinversetzen. Vor allem muss sie gedanklich so tun, als müsste sie irgendwann in Zukunft Rechenschaft ablegen, warum sie in welcher Weise advokatorisch tätig geworden ist und stellvertretend Fürsorge betrieben hat.

Insgesamt liegt die Herausforderung für die Soziale Altenhilfe in ihrer zunehmenden Ausdifferenzierung vor dem Hintergrund des Strukturwandels: Wenn mit zunehmendem Pflegegrad der Körper als individueller kranker Körper medizinisiert wird und im Leistungspaket sozialpädagogische Tätigkeiten wie bspw. soziale Betreuung und Beratung neben den therapeutisch-pflegerischen Tätigkeiten komplementär benannt werden, kommt es unweigerlich zu einer Konkurrenzsituation zwischen diesen verschiedenen Logiken. Dies wird unter differenzsensiblen Aspekten noch weiter verstärkt: Das, was Anfang der 2000er-Jahre als kultursensible Altenhilfe bzw. Altenpflege thematisiert und heute zunehmend professionell verankert wurde, muss nun für den Bereich der stationären Altenhilfe auf der Basis von ‚Inklusion' reformiert werden.

12 Zusammenfassung: Konturierungen sozialpädagogischer Handlungsfelder

Die auf den ersten Blick als unübersichtlich erscheinende Heterogenität Sozialer Arbeit lässt sich ordnen – Soziale Arbeit ist in einzelne Handlungsfelder untergliedert. Die vier Handlungsfelder Kinder- und Jugendhilfe, Soziale Hilfen in besonderen Lebenslagen, Behinderten- und Gesundheitshilfe und Soziale Altenhilfe orientieren sich teilweise am Lebensalter bzw. an Lebensläufen und teilweise an Lebenslagen. Zugleich ist für alle Handlungsfelder typisch, dass sie handlungsfeldintern in verschiedene Interventionsgrade unterteilt sind, so dass die jeweiligen Dienstleistungsangebote damit von offenen über ambulante bis hin zu vollstationären Hilfeformen reichen.

Demzufolge differenzieren sich die Handlungsfelder aus nach Lebenslage/-alter des Personenkreises und nach der Angebotsstruktur der jeweiligen sozialen Dienstleistungen. Entlang der jeweiligen Aufgabenprofile der einzelnen Handlungsfelder lassen sich Schwerpunktesetzungen bezogen auf das Hilfe- und Bildungsprimat erkennen. Zugleich zeigen sich Tendenzen zu neuen Feldzuschnitten. Stichpunktartig sind diese Spezifika, Spezialisierungen und neuen Tendenzen innerhalb der vier Handlungsfelder in Tab. 12.1 (nächste Seite) dargestellt.

Neben diesen jeweiligen Ausdifferenzierungen und Schwerpunktsetzungen, die in den Handlungsfeldern zu beobachten sind, treten auch gesellschaftliche Muster auf, die die Handlungsfelder insgesamt beeinflussen:

- Erstens wird sich im Zuge des demografischen Wandels das Kräfteverhältnis zwischen den vier Handlungsfeldern zukünftig erheblich verschieben: Die Adressat_innengruppe, die die Kinder- und Jugendhilfe anspricht, wird sich verkleinern, während immer mehr ältere Menschen nicht nur von der Altenhilfe, sondern auch von der Behinderten- und Gesundheitshilfe adressiert werden. Exemplarisch lässt sich dieser Sachverhalt konkretisieren, wenn wir uns vergegenwärtigen, wie viele ältere Menschen von Behinderung betroffen sind und deshalb auch einen Anspruch auf Pflege haben. Diese Dynamik verändert folglich die Zuschnitte der Arbeits- und der Tätigkeitsfelder weiter.
- Zweitens erfordern neue Paradigmen die Neuausrichtung der gesamten Sozialen Arbeit. Dies zeigt sich am Beispiel Inklusion als einem Querschnittsthema der Handlungsfelder. Für manche Handlungsfelder erscheint diese Neuausrichtung naheliegender zu sein als für andere (z.B. im Bereich der Kinder- und Jugendhilfe und im Bereich der Behindertenhilfe gegenüber dem der Wohnungslosenhilfe oder Altenhilfe), jedoch sind alle Handlungs-

Tab. 12.1: Spezifika, Spezialisierungen und neue Tendenzen innerhalb der vier Handlungsfelder

Handlungsfeld	**Kinder- und Jugendhilfe**	**Soziale Hilfen in besonderen Lebenslagen**	**Behinderten- und Gesundheitshilfe**	**Soziale Altenhilfe**
Spezifika	Lebensalter	Lebenslage	Lebenslage	Lebensalter
Personenkreis	Junge Menschen und ihre Eltern	Sehr unterschiedliche Adressat_innengruppen in besonderen Lebenslagen (z. B. im Kontext Sucht, Migration und Wohnungslosigkeit)	Menschen mit Behinderung oder Krankheit; die gesamte Bevölkerung und insbesondere einzelne benachteiligte Bevölkerungsgruppen im Kontext von Krankheit und Gesundheitsförderung	Ältere Menschen nach dem 67. Lebensjahr
Angebotsstruktur	Soziale Dienstleistungen von Normalinstitutionen (z. B. Kindertageseinrichtungen) bis hin zu stationären Hilfeformen mit hohem Interventionsgrad	Soziale Dienstleistungen in Abstufungen von ambulanten Angeboten bis hin zu stationären Hilfeformen mit hohem Interventionsgrad	Soziale Dienstleistungen in Abstufungen von offenen und präventiven Angeboten ‚für alle' bis hin zu stationären Hilfeformen mit hohem Interventionsgrad	Soziale Dienstleistungen in Abstufungen von offenen Angeboten hin zu stationären Hilfeformen mit hohem Interventionsgrad
Aufgabenprofil	Institutionelle Begleitung des Aufwachsens von Kindern, Jugendlichen und jungen Erwachsenen neben der Schule	Unterstützung bei der Bewältigung besonderer Lebenslagen wie Sucht, Migration und Wohnungslosigkeit	Unterstützung von Krankheit und Behinderungen betroffener Menschen; Gesundheitsförderung	Institutionelle Begleitung von Älteren
Schwerpunktsetzung	Hilfe- und Bildungsprimat (Doppelfunktion – Bildung und Erziehung vs. Vermeidung von Kindeswohlgefährdung)	Hilfeprimat (Normalisierung von abweichenden Lebensführungsmustern und Wiedereingliederung in normalbiografische Lebensführungsmuster)	Hilfe- und Bildungsprimat (weitestgehend Hilfe vs. Bildung im Kontext von Gesundheit)	Hilfe- und Bildungsprimat (Aktivierung, Freizeit- und Bildungsangebote, Erweiterung der Handlungsspielräume, Einbindung in bürgerschaftliches Engagement vs. Hilfsbedürftigkeit, Pflege, stellvertretende Fürsorge)
Neue Tendenzen	Quantitativer Rückgang (demografischer Wandel); Neue Zuschnitte (z. B. in Richtung Kooperationen); Inklusion als Herausforderung für eine Kinder- und Jugendhilfe ‚für alle'	Zunehmende Ausdifferenzierung und zugleich neue Kooperationsformen aufgrund von Multiproblemlagen; Hilfeprimat verschiebt sich zugunsten eines Kontrollprimats	Quantitative Zunahme (mittelbarer Effekt des demografischen Wandels); Neue Kooperationen u. a. von Alten-, Gesundheits- und Behindertenhilfe; ggf. vollständige Neuordnung der Behindertenhilfe durch das programmatische Konzept der Inklusion	Quantitative Zunahme (demografischer Wandel); Neue Kooperationen u. a. von Alten-, Gesundheits- und Behindertenhilfe

felder von der Aufgabe einer inklusiven Öffnung betroffen. Sie muss in den jeweiligen Arbeits- und Tätigkeitsfeldern dann jeweils feldangemessen bearbeitet werden.

- Drittens tritt neben der zunehmenden Spezialisierung Sozialer Arbeit ein weiteres Phänomen auf – das der Interdisziplinarität auf der Ebene der Disziplinen, die auf die jeweiligen Adressat_innenkreise und Problemstellungen zugreifen, wie am Beispiel der Altenhilfe angesichts gerontologischer (d. h. alterswissenschaftlicher), medizinischer und sozialpädagogischer Perspektiven sichtbar wird. Dieses Phänomen spiegelt sich auf der Ebene der Professionen in Gestalt der multiprofessionellen Teams wieder, die in Tätigkeitsfeldern wie bspw. im Ganztagsunterricht oder in der Sucht- und Drogenhilfe zusammenarbeiten. Dieses Zusammenkommen von verschiedenen Disziplinen und Professionen ist immer auch von Deutungskonkurrenzen und somit von Machtgefällen geprägt. Diese neuen gesellschaftlichen Anforderungen werden zudem zu neuen Berufsprofilen führen, so wie wir sie Anfang der 2000er-Jahre mit der Einführung der akademischen Ausbildung von Früh-, später dann Kindheitspädagog_innen beobachten konnten.

Insgesamt lässt sich festhalten, dass die vier Handlungsfelder, so wie sie eingeführt wurden, zukünftig einerseits relativ stabil bleiben werden, insofern sie sich an Lebensalter und Problemlagen orientieren und sich entsprechend professionell weiter ausdifferenzieren. Andererseits werden sie sich aufgrund gesellschaftlicher Umbrüche erheblich verändern und sich an den dann jeweils gesellschaftlich vorherrschenden Rationalitäten, Normen und Deutungsmustern orientieren.[6] Konkret bedeutet dies, dass Lebensalter, Lebenslage und Interventionsgrade ermöglichen, Handlungsfelder nach ihrer theoretischen Ausrichtung zu unterscheiden bzw. zu ordnen. Dies wirft zugleich die Frage auf, weshalb diese Ordnungen so wirkmächtig sind. Eine erste Antwort darauf ist, dass Soziale Arbeit Teil der Ausdifferenzierung und Pluralisierung einer modernen, beständig komplexer werdenden Gesellschaft ist. Daher verändert sich einerseits ihr Aufgabenbereich insgesamt, indem dieser, wenn wir die Adressat_innenzahl betrachten, quantitativ wächst. Problemlagen sind nicht mehr nur randständig, sondern kommen zunehmend in der Mitte der Gesellschaft an. Andererseits aber ist diese Systematisierung in spezifische Adressat_innengruppen und lebensaltertypische Themen selbst schon Teil der Produktion moderner Gesellschaften.

6 Zugleich haben wir eine historisch vergleichende Perspektive, die die Entwicklungen in Ost- und Westdeutschland thematisiert, aus Platzgründen ausgelassen, auch wenn uns bewusst ist, dass sich über einen solchen Vergleich alternative Verstehensmöglichkeiten für bestimmte Entwicklungen innerhalb einzelner Handlungsfelder ergeben.

Reflexionsaufgaben

Die Tätigkeits- und Arbeitsfelder innerhalb der vier Handlungsfelder sind hochspezialisiert und es zeigen sich Tendenzen zu neuen Feldzuschnitten. Bitte wählen Sie ein Handlungsfeld aus, in welchem Sie sich spezialisieren möchten, und beantworten Sie folgende drei Fragen:

- Was sind die Spezifika dieses Handlungsfelds, bezogen auf die Frage nach Lebenslage/-alter, Dienstleistungsangebot und Personenkreis?
- Welche Spezialisierungen innerhalb der Arbeits- und Tätigkeitsfelder sind, bezogen auf das Hilfe- und Bildungsprimat, zu erkennen?
- Welche Tendenzen zu neuen Feldzuschnitten lassen sich in diesem Handlungsfeld ausmachen?

Teil III
Vertiefungen und Systematisierungen

13 Einführung in handlungsfeldübergreifende Vertiefungen und Systematisierungen

Nachdem im ersten Teil dieses Buches grundlegende Aspekte und Rahmungen ‚Zur Organisation Sozialer Arbeit in Handlungsfelder' dargestellt und im zweiten Teil ‚Aktuelle Handlungsfelder der Sozialen Arbeit' vorgestellt wurden, bieten wir im Folgenden dritten und letzten Teil drei ‚*Vertiefungen und Systematisierungen*' an. Statt wie in den bisherigen Kapiteln inhaltlich aufeinander aufzubauen, stehen die drei nachfolgenden Kapitel unabhängig voneinander und adressieren jeweils unterschiedliche Ebenen.

Erstens antworten drei differente Systematisierungsangebote auf die Frage ‚*Wie lassen sich die Handlungsfelder theoretisch ordnen?*' (Kapitel 14), indem der Praxiszusammenhang Sozialer Arbeit und seiner Handlungsfelder sortiert und differenziert in den Blick genommen werden als:

- Stationen im institutionalisierten Lebenslauf
- stufenförmige Interventionsgrade
- Zielbestimmung und Aufgabenfeld

Zweitens blicken wir vertiefend und sozusagen querliegend zu den einzelnen Handlungsfeldern auf die ‚*(sozial-)rechtliche und sozialstaatliche Verfasstheit Sozialer Arbeit*' (Kapitel 15). Hierbei werden in einem Verständnis von sozialpädagogischen Angeboten und Maßnahmen als soziale Dienstleistungen rechtliche, sozialstaatliche und organisationale Rahmenbedingungen entfaltet, welche den Praxiszusammenhang Sozialer Arbeit gestalten, absichern und organisieren. Unter anderem werden in diesem Zusammenhang historische Bezugspunkte aufgerufen, grundlegende Prinzipien erklärt sowie das sogenannte Dienstleistungsdreieck erläutert.

Drittens werden zwei weitere Vertiefungen fokussiert, die wir als ein ‚*„Dazwischen" der Handlungsfelder*' und als ‚*Hinterbühnen Sozialer Arbeit*' bezeichnen (Kapitel 16). Mit dem Begriff des ‚Dazwischen' werden für die Dienstleistungserbringung bedeutsame Kooperationen und Netzwerke markiert, welche den Praxiszusammenhang innerhalb und außerhalb der Sozialen Arbeit orientieren und stabilisieren. Als ‚Hinterbühnen' bezeichnen wir hingegen spezielle Arbeitsfelder, welche sich jeweils dadurch auszeichnen, dass sie die Soziale Arbeit maßgeblich strukturieren, indem sie machtvoll mit Aufgaben der Organisation, Reflexion, Qualitätssicherung und Weiterentwicklung betraut sind, derweil jedoch keinen direkten Kontakt zu den Adressat_innen pflegen. In diesem Zusammenhang stellen wir vor:

- Supervision und Praxis-, Organisations- und Personalberatung
- Aus-, Fort- und Weiterbildung
- Forschung und Evaluation
- Sozialplanung und Sozialberichterstattung

Gemein ist diesen unterschiedlich dimensionierten *‚Vertiefungen und Systematisierungen'*, dass sie dazu beitragen, bereits genannte Aspekte und Rahmungen aus den beiden vorangegangenen Teilen nochmals in größere Zusammenhänge zu stellen und damit zu vertiefen. Insgesamt zielt dieser dritte Teil darauf ab, den Praxiszusammenhang Soziale Arbeit mit seinen unterschiedlichen Handlungsfeldern in seiner Gesamtarchitektur besser nachvollziehen und verstehen zu können.

14 Wie lassen sich die Handlungsfelder theoretisch ordnen? Drei Systematisierungen

Im ersten Teil dieses Buchs haben wir gezeigt, auf welche Weise sich zusammenhängende, zuverlässig wiederkehrende Ensembles von Aufgaben, Akteur_innen, Institutionen und Angebotsformen identifizieren lassen, mittels dieser sich die Handlungsfelder unterscheiden. Jedes Handlungsfeld hat demnach, wie wir bereits in Kapitel 6 zusammengefasst haben, spezifische Muster, die sich wie folgt ordnen:

Abb. 14.1: Elemente von Handlungsfeldern

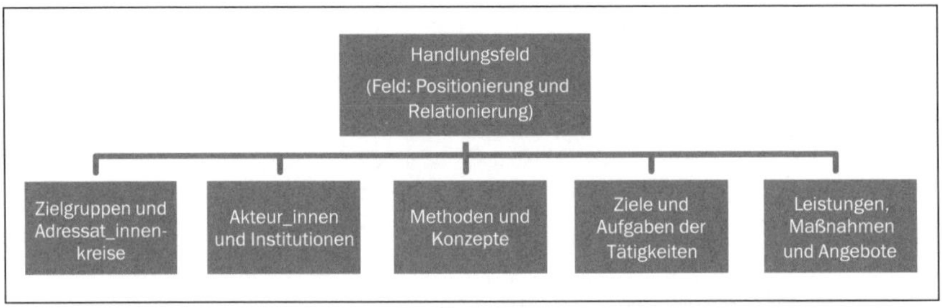

Über die feldbezogenen Begriffe der Positionierung und Relationierung einerseits und den der Handlung in Form von drei Handlungsformen (professionell, sozial und sozialpädagogisch) andererseits ist der Begriff des Handlungsfeldes theoretisiert konturiert und zu den in der Praxislandschaft vorzufindenden Begriffen Berufs- und Arbeits- und Tätigkeitsfeld ins Verhältnis gesetzt worden.

Nachfolgend stellen wir vertiefend drei verschiedene theoretische Ordnungen der Handlungsfelder vor:

- erstens Handlungsfelder als *Stationen im institutionalisierten Lebenslauf* (Unterkapitel 14.1),
- zweitens Handlungsfelder als *stufenförmige sozialpädagogische Interventionsgrade* (Unterkapitel 14.2) und
- drittens *Handlungsfelder als Kreuzungen von Lebensphasen einerseits und Zielen bzw. Aufgabenfeldern Sozialer Arbeit andererseits* (Unterkapitel 14.3).

Je nach Wahl der Perspektive können unterschiedliche Facetten des Praxiszusammenhangs analytisch beleuchtet und bestimmt werden, während andere hingegen aus dem Fokus geraten – bspw. geraten aus dem ersten Blickwinkel die lebensaltertypischen Herausforderungen der Adressat_innen mehr in den Mittelpunkt, mit der zweiten Perspektivierung hingegen eher der Eingriff in die Lebenswelt der Adressat_innen. Den Perspektiven ist gemein, dass sie als Orientierung- und Systematisierungsangebote zu verstehen sind, nicht aber als umfassende Abbilder, die dazu dienen, den Praxiszusammenhang in all seinen Facetten darzustellen.

14.1 Erste Systematisierung: Handlungsfelder als Stationen im institutionalisierten Lebenslauf

Auch im alltäglichen Sprachgebrauch ist es üblich, die Biografie und den Lebenslauf des Menschen grob in die vier bzw. fünf Lebensphasen Kindheit, Jugend, Erwachsenenheit und hohes und höchstes Alter zu unterteilen. Dabei spielt die Zusammenfassung von Einzelpersonen in die Alterskohorten ‚Kinder', ‚Jugendliche', ‚Erwachsene' oder ‚Ältere' auch für sozialpädagogische Kontexte eine zentrale Rolle:

- Erstens begründet sich darin, dass wir – einerlei, wie individuell das jeweilige Kind, die Jugendliche oder Ältere ist – wie selbstverständlich von lebensphasentypischen Themen oder Anforderungen sprechen, die diese individuellen Personen in einer Sozialgruppe vereint und gegenüber anderen abgrenzt. Durch dieses verallgemeinernde Konzept von Lebensphasen ist jede Person in der Lage, junge Individuen als Kinder oder ältere Personen als Ältere anzusprechen, also zu adressieren, ohne sie jeweils persönlich zu kennen oder gar ausbuchstabieren zu müssen, was bspw. unter ‚Kinder' definiert wird. Für diese verschiedenen Altersgruppen gibt es wiederum ein hoch ausdifferenziertes Bildungs- und Hilfesystem, welches sich entlang der Lebensalter ausrichtet. Die Einbindung des Individuums in diesen vorstrukturierten Verlauf, welcher mit lebensphasenspezifischen gesellschaftlichen Erwartungen und Anforderungen einhergeht (z. B. Schulbesuch, Familiengründung und Berufstätigkeit), lässt sich als institutionalisierter Lebenslauf bezeichnen (vgl. Kohli 1985).
- Zweitens ist für die Ordnung und Qualifizierung dieser Sozialgruppen das Verständnis von Generationen zentral. Es besagt, dass Personen gleichen Alters ähnliche Erfahrungen machen, die nicht nur anthropologisch bzw. psychologisch oder biologisch begründbar sind (z. B. Spracherwerb im Kindesalter und eventueller Sprachverlust im Greis_innenalter), sondern die v. a. historisch-kulturell gebunden sind. Am Beispiel Kindheit lässt sich dies

wie folgt konkretisieren: Es ist sehr wahrscheinlich, dass weltweit bei Personen unter acht Jahren von ‚Kindern' gesprochen wird, die dann auch eine Kindheit erleben; jedoch gestalten sich die Erfahrungen dieser Alterskohorte global sehr verschieden aus, sodass wir im Plural, von Kindheiten sprechen müssen. Die gemeinsam geteilten Erfahrungen in einem zeitlich ähnlichen Erfahrungsraum sind demnach ein zentrales Merkmal dafür, dass wir überhaupt von Generationen (wie bspw. Nachkriegsgeneration, Generation X, Wende-Generation) sprechen können.

- Drittens lässt sich diese historisch-kulturelle Gebundenheit bezogen auf die Handlungsfelder der Sozialen Arbeit präzisieren: Die Zuständigkeit der Sozialen Arbeit über die gesamte Lebensspanne des Menschen wurde bereits als Reaktion auf gesellschaftliche Modernisierungs- und Entgrenzungsprozesse identifiziert. Daraus resultiert auch die Heterogenität der sozialpädagogischen Handlungsfelder und der damit verbundenen Problem- und Aufgabenstellungen sowie sozialen Dienstleistungen und Hilfemaßnahmen (vgl. Chassé/von Wensierski 2008a; Thole/Hunold 2015).

Demnach präzisieren wir zunächst das Konzept der altersbezogenen Entwicklungsaufgaben, um im zweiten Schritt auf einen Zuschnitt von Handlungsfeld einzugehen, der sozialpädagogische Hilfe als gesellschaftliche Reaktion auf Entwicklungsaufgaben der Lebensphasen konzipiert.

14.1.1 Altersbezogene Entwicklungsaufgaben

Historisch betrachtet ist der Zusammenhang zwischen Lebenslauf und den daran geknüpften altersgemäßen, gesellschaftlich erwarteten Aufgaben kein genuin zeitgenössisches Konzept, jedoch findet eine systematische Auseinandersetzung erst Anfang des 20. Jahrhunderts statt. Exemplarisch hierfür sind die Arbeiten des Erziehungswissenschaftlers Robert J. Havighurst, der mit seinem Buch „Developmental tasks and education" (1948) einen lerntheoretischen Entwurf zu den Entwicklungsprozessen bzw. -stationen innerhalb des menschlichen Lebenslaufs vorlegt. Havighurst prägte darin den Begriff der ‚Entwicklungsaufgaben': Diese sind „in oder während der individuellen Lebensperiode [solche], deren erfolgreiches Erreichen zu Glücklichsein und Erfolg mit zukünftigen Aufgaben führt, wohingegen Versagen das Individuum unglücklich macht und zu gesellschaftlicher Mißbilligung und Schwierigkeiten mit zukünftigen Aufgaben führt" (Havighurst 1953, zit. nach Liepmann/Stiksrud 1985, S. 1 f.).

Seine Überlegungen haben maßgeblich sowohl die deutschsprachige Entwicklungs- als auch Sozialpsychologie seit den späten 1950er-Jahren beeinflusst. Bis heute werden diese Überlegungen in der Lebenslauf- und in der Bildungsgangforschung, in den Modellen zum Lebenslangen Lernen sowie in der sozialpädagogischen Jugendforschung aufgegriffen.

Dabei unterscheidet Havighurst zwischen folgenden sechs Altersgruppen, in denen jeweils spezifische Entwicklungsaufgaben anstehen (vgl. Havighurst 1953):

Abb. 14.2: Sechs Altersgruppen (in Anlehnung an Havighurst 1953)

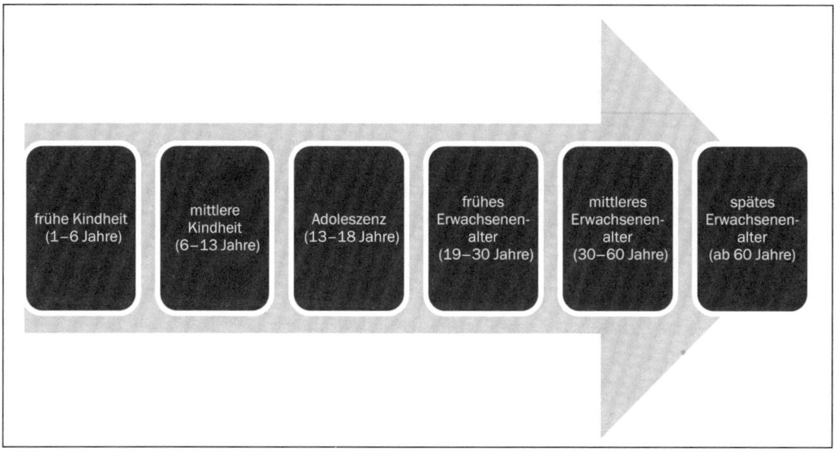

Für jede dieser Altersgruppen benennt Havighurst (vgl. ebd., zit. nach Trautmann 2004, S. 24 f.) einen Katalog an Entwicklungsaufgaben. Beispielsweise liegen für die Adoleszenz folgende Entwicklungsaufgaben an:

- neue und reifere Beziehungen zu Gleichaltrigen beiderlei Geschlechts aufbauen,
- die Übernahme einer männlichen oder weiblichen Geschlechterrolle,
- die Akzeptanz des eigenen körperlichen Erscheinungsbildes
- und die emotionale Unabhängigkeit von den Eltern und anderen Erwachsenen.

Diese standardisierten altersbezogenen Aufgaben sind auch für die Soziale Arbeit relevant. In einer vergleichbaren Logik fassen Thomas Rauschenbach und Stefan Borrmann (2012) zehn Themenfelder als „Herausforderungen des Jugendalters“ zusammen. Die Auseinandersetzung mit Jugendkulturen, Globalisierung, Freizeit, Medien, Sexualität, Geschlecht, Gesundheit, Religion, Politik und Armut sind Herausforderungen, „mit denen Heranwachsende im Jugendalter konfrontiert sind, zu denen Jugendliche heutzutage selbst ein Verhältnis entwickeln müssen und die so Jugend als eine typische Lebensphase kennzeichnen und prägen“ (ebd., S. 7).

Zentral ist, dass Entwicklungsaufgaben von der körperlich-psychischen Entwicklung des jeweiligen Individuums *und* zugleich von den jeweiligen kulturellen Kontexten abhängig sind. Mit dem Konzept der Entwicklungsaufgaben verbindet Havighurst den Anspruch, „zwischen den gesellschaftlichen Anforderungen und den individuellen Entwicklungsdynamiken der Heranwachsenden zu vermitteln, also die sich in Stufen entfaltende und in soziale Milieukontexte eingelassene Trias von physischer Reife, kulturellen Erfordernissen und personalen Zielsetzungen und Wertentscheidungen in eine entwicklungsoffene Balance [...] zu bringen" (Braun 2008, S. 109). Dabei geht er von optimalen Zeitfenstern und verschiedenen Realisierungsniveaus aus, die bei den jeweiligen Entwicklungsaufgaben vorzufinden sind, wobei er das Aufwachsen mit einem Lernen als Anpassungsleistung gleichsetzt (vgl. Trautmann 2004, S. 23). Zugleich lassen sich an Havighursts Modell zeittypische Einflüsse nachzeichnen: Die Tatsache, dass Havighursts Modell im späten Erwachsenalter der etwa 60-Jährigen aufhört bzw. nicht weiter ausdifferenziert wird, lässt sich als Ausdruck dessen lesen, dass auch die Skalierung des Modells wiederum von kulturell-historisch bedingten Normen und Rationalisierungen abhängt: Hochaltrigkeit spielte in den 1940er und 1950er-Jahren, als Havighurst sein Modell konzipierte, allenfalls eine untergeordnete Rolle, sie war noch kein nennenswertes gesellschaftspolitisches Thema. Heute stellt Hochaltrigkeit ein Alltagsphänomen dar. Sie markiert einen wissenschaftsdisziplinär umkämpften Gegenstand – so ist die Gerontologie als Wissenschaft des Alter(n)s noch extrem jung, aber auch für die Psychologie, Soziologie, Ökonomie, Recht, Medizin und eben nicht zuletzt auch für die Soziale Arbeit ist Hochaltrigkeit ein inzwischen interessantes Feld.

Exkurs: Modell von psychosozialer Entwicklung nach Erik H. Erikson

Erik H. Erikson (1966) legt in seinem Stufenmodell psychosozialer Entwicklung ein weiteres Entwicklungsmodell vor, welches insbesondere für die Sozialpädagogik des Jugendalters zentral wurde. Mit dem Konzept des psychosozialen Moratoriums beschrieb Erikson den Zusammenhang zwischen der biologisch-körperlichen Reifung und einer adoleszenten Identitätskrise als eine zentrale Entwicklungsaufgabe des Jugendalters (ebd.). Dieses psychosoziale Moratorium der Jugendphase ist brüchig geworden und gewährt nicht mehr den zuvor gesicherten Raum für die Identitätsbildung, um „dann in die berufliche und soziale Zukunft zu schauen, sondern die meisten müssen heute gleichzeitig Identität erlangen und soziale Probleme bewältigen [...] bevor sie überhaupt innerlich fertig sind" (Böhnisch 1998, S. 157 f.).

14.1.2 Handlungsfelder als gesellschaftliche Antwort auf Entwicklungsaufgaben

Das Modell der altersgestuften Entwicklungsaufgaben ist breit in der erziehungswissenschaftlichen Debatte aufgenommen worden. Exemplarisch lässt sich dies an der Lebensverlaufsforschung sehen, die u.a. Prozesse des lebenslangen und lebensumspannenden Lernens fokussiert und diese institutionell zuordnet (vgl. Hof/Rosenberg 2018). Im Zentrum stehen demnach die lebensaltertypischen Lernphasen des Menschen, die zu den verschiedenen (informellen, non-formalen und formalen) Bildungs- bzw. Lernorten in Beziehung gesetzt werden. Innerhalb dieses institutionalisierten Lebenslaufs werden auch Einrichtungen und Dienste sozialpädagogischer Handlungsfelder als non-formale Lernorte verstanden (Tab. 14.1).

Tab. 14.1: Lebenslaufperspektive auf den Bildungserwerb (nach Tippelt 2008 und 2018 sowie eigene Erweiterungen)

Lebensalter	**Lernphasen des Subjekts**	**Formale Lernorte, Bildungsinstitutionen**	**Non-formale Lernorte (Auswahl)**	**Informelle Lernorte (Auswahl)**
Kindheit	Motivierung	Schule	Kindergarten, Angebote der Familienbildung wie bspw. Krabbelgruppen	Familie, Eltern, Geschwister, Peers
Jugend	Grundbildung, Kompetenzen	Schule	Kinder- und Jugendarbeit, Hort, Sportverein usf.	Peers, Familie, Medien
Frühes Erwachsenenalter	Spezialisierung, Differenzierung	Berufliche Bildung, Hochschule	Museumspädagogische Vermittlungsangebote etc.	Selbstorganisiertes Lernen, Medien
Mittleres Erwachsenenalter	Umlernen, Neulernen, Weitergeben	Berufliche und allgemeine Fortbildung	Weiterbildung etc.	Familie, Freundeskreis, Medien
Frühes Alter	Freies Lernen, ergänzendes Nachlernen	Altenbildung I	Kursangebote, Senior_innentreff, Senior_innenclub	Partner_in, Medien
Hohes Alter	Kompensierendes Lernen	Altenbildung II	Senior_innentreff, Senior_innenclub	Familie, betreuende Einrichtungen, Medien

Dieser Fokus auf den bildungsbezogenen Lebensverlauf, der Angebote der Sozialen Arbeit unter non-formale *Lern*orte subsummiert, lässt sich verbreitern: Mit dem exemplarischen Verweis auf Rauschenbach und Borrmann (2012) ist bereits am Jugendalter illustriert worden, wie auch die Handlungsfelder der Sozialen Arbeit am Modell der *typischen* Lebensalterthemen anknüpfen und sich entlang dessen institutionell ausdifferenzieren. Größtenteils geschieht dies jedoch in einem dynamischen und durchlässigen Verständnis von Lebenslauf, wodurch die Gefahr umschifft werden kann, dem Ideal eines homogenen Lebensverlaufs zu unterliegen.

Für die Soziale Arbeit hat insbesondere Böhnisch die Spannungen innerhalb des Lebenslaufs analysiert, die diese Lebensalterthemen erzeugen. In seiner „Sozialpädagogik der Lebensalter" (2018) hat er diese Altersschichtung systematisch aufgenommen und darin das Konzept der *„Lebensbewältigung"* als zentrale Aufgabe ausgewiesen. Das Konzept „Lebensbewältigung meint [...] das Streben nach subjektiver Handlungsfähigkeit in Lebenssituationen, in denen das psychosoziale Gleichgewicht – im Zusammenspiel von Selbstwert, sozialer Anerkennung und Selbstwirksamkeit – gefährdet ist" (Böhnisch 2012b, S. 1).

Dabei ist das Lebensalter keine biologisch festgelegte Größe, wie es bspw. in Reifungstheorien entworfen wird. Vielmehr sind ‚Lebensalter' komplexer zu betrachten, als historisch gewordene und damit sozial konstruierte Bewältigungskonstellationen der Moderne. So definiert Böhnisch (2018): „Lebensalter [sind] als gesellschaftlich vorstrukturierte Lebensphasen zu betrachten, die biografisch gestaltet werden können, aber auch bewältigt werden müssen. Im postmodernen Zeitalter der Biografisierung der Lebensverhältnisse sind die Lebensalter nicht mehr nur Phasen, in die man hineinwächst oder die man durchläuft, sondern mit deren Aufforderungsstrukturen und Begrenzungen man sich auseinandersetzen muss, wenn man ‚auf seine Weise' – also biografisch – jung oder erwachsen sein und altern will/muss" (ebd., S. 51). In diesem Zusammenhang ist begriffssystematisch zwischen den Begriffen Lebenslauf und Biografie zu unterscheiden. Der Begriff des Lebenslaufs beschreibt gesellschaftlich bzw. kulturhistorisch miterzeugte Entwicklungsaufgaben, Bewältigungsanforderungen und lebensphasenbezogene Verhältnisse und ordnet diese stufenförmig-aufsteigend an. Der Begriff der Biografie fokussiert hingegen das subjektive Erleben, Empfinden und Bewerten von Individuen in ihrer persönlichen Auseinandersetzung mit den oben genannten Anforderungen, die der Lebenslauf an sie stellt und die in Form von Erfahrungsaufschichtungen erzählt und rekonstruiert werden können – hiermit beschäftigen sich die Methode der Biografiearbeit und die Biografieforschung.

Zentral an Böhnischs Überlegungen ist folglich die *Doppelanlage der biografischen Bewältigungsaufgaben:* Inhaltlich sind die Bewältigungsaufgaben von der biologisch-psychischen Verfasstheit des Menschen präformiert, in dem eben bspw. junge Menschen sich auch körperlich betrachtet zu Erwachsenen heranwachsen, also das, was als Adoleszenz definiert wird. Zugleich ist jedes Lebensalter gesellschaftlich vorstrukturiert, d. h. mit spezifischen sozialen Erwartungen verknüpft, die aktiv durch den Einzelnen gestaltet werden müssen. Damit ist:

- erstens „der gesellschaftliche Ort aufgeschlossen, an dem psychosoziale Probleme für den modernen Menschen entstehen können und darauf ausgerichtetes sozialpädagogisches Handeln (Hilfen zur Lebensbewältigung) angesiedelt ist" (Böhnisch 2012b, S. 1), und

- zweitens können mit dem subjektbezogenen „Bewältigungskonzept auch die Betroffenheiten und Befindlichkeiten der Klientinnen und Klienten erkannt und ihr darauf bezogenes Verhalten (Bewältigungsverhalten) verstanden werden" (ebd.).

Böhnisch beschreibt, dass sozialpädagogische Leistungen sich sowohl „auf Bewältigungsprobleme in kritischen Lebenssituationen" (Böhnisch 2018, S. 33) (sprich: auf die Angebote im aktuellen Handlungsfeld Soziale Hilfen in besonderen Lebenslagen) als auch auf die Angebote der Jugend- und Erwachsenenbildung (vornehmlich die Angebote im aktuellen Handlungsfeld Kinder- und Jugendhilfe) beziehen (vgl. ebd.). Sozialpädagogische Handlungsfelder sind demnach als eine gesellschaftliche Antwort auf die Bewältigungsaufgaben der Lebensalter zu verstehen, die sich entsprechend auch ausdifferenzieren müssen.

Tabellarisch lassen sich diese lebensaltertypischen Bewältigungsmuster und Bewältigungsdimensionen und die sozialpädagogischen Hilfen zur Lebensbewältigung wie folgt darstellen:

Tab. 14.2: Lebensphasentypische Bewältigungsanforderungen und sozialpädagogische Unterstützung nach Böhnisch (2018, eigene Zusammenstellung)

Lebensalter	Bewältigungsdimensionen und Bewältigungsmuster	Hilfen zur Lebensbewältigung durch Soziale Arbeit
Kindheit	• Kindheit zwischen Eigenleben und Erziehung • Kindheit findet in pädagogisch installierten Kinderräumen statt • Psychosoziale Entwicklungschancen sind zentraler mit der Umwelt verschmolzen als in anderen Altersphasen • Spannungsfelder: Abhängigkeit, Ausgesetzt-Sein und Bewältigung; zudem Erfahrung von Armut • Früher biographischer Zwang zu Selbstbehauptung und Aushandlung • Ökonomische und kulturelle Ressourcen stehen zugleich kaum zur Verfügung	• Arbeits- und Tätigkeitsfelder: Kindergarten, Kinder- und Jugendarbeit, Schule • Fokus: nicht nur, aber insbesondere sozial benachteiligte Kinder • Zentrale Rolle der erwachsenen Bezugspersonen für die Öffnung in den Sozialraum • Zurückhaltende sozialpädagogische Arbeit in offenen Kinderkulturen • (Sozialpädagogische) Aneignungsperspektive vor der (curricularen) Vermittlungsperspektive • Entfaltung und Bewältigung ermöglichen (u. a. im Kontext von Geschlecht) • Partnerschaften der Mitverantwortung anregen (Bildungs- und Erziehungspartnerschaft zwischen Eltern und Fachkräften)
Jugend	• Jugend als Experimentier- und Bewältigungsraum • Spannungsfelder: Etikettierung als Risikogruppe und Anerkennung als gesellschaftlicher Aktivposten; soziokulturelle Selbstständigkeit und ökonomische Abhängigkeit	• Arbeits- und Tätigkeitsfelder: Kinder- und Jugendarbeit, Schule, aufsuchende Arbeit (Streetwork) • Jugendliche Orientierungsmuster und Räume zur Verfügung stellen, um Bewältigungskompetenzen selbst und sozial zu lernen

Lebensalter	Bewältigungsdimensionen und Bewältigungsmuster	Hilfen zur Lebensbewältigung durch Soziale Arbeit
	• Bildungsanforderungen und Integrationsversprechen • Schonraum Jugend verschwindet und wird zum Belastungsraum • Hinzu kommt die neue Sozialisationsphase der jungen Erwachsenen	• Jugend als zweite Chance, d. h. die Relativierung bisheriger biografischer Erfahrung; Pädagog_innen als ‚andere Erwachsene', die in besonderer Beziehung zu Jugendlichen stehen • Soziale Integration als Balance von Offenheit und Halt • Migration, Geschlecht, Sexualität, Risikoverhalten und Beruf als sozialpädagogische Themenfelder des Jugendalters
Erwachsene	• Erwachsenenalter als Erwerbsalter • Spannungsfelder: Erwerbstätigkeit, Hausarbeit, Familienorganisation werden als Strukturprinzipien der Erwachsenenbiografie brüchig, neue Bewältigungsdimensionen sind die Erosion des Normalarbeitsverhältnisses, Zwang zum lebenslangen Lernen, ungewisse soziale Sicherheiten • Anstelle von Kontinuitätsbiografien Kettenbiografien • Gestaltbarkeit der Biografie: Berufliche und private Biografie laufen nicht ineinander über, sondern müssen vermittelt werden	• Arbeits- und Tätigkeitsfelder: Psychosoziale Beratung oder Krisenintervention • Soziale Integration in den klassischen Feldern sozialer Desintegration – Armut, Arbeitslosigkeit, Migration, Trennung, usw. • Unterstützung bei geschlechtstypische Bewältigungsmustern, schwierigen Familienkonstellation, Partnerschaft sowie Arbeitslosigkeit, Armut, Erfahrung von Gewalt, Abhängigkeit und Sucht
Alter	• Aktuelle Altersbilder: aktiv und bildungsinteressiert vs. passiv und hilfebedürftig • Spannungsfelder: sozialdemografische und individualbiografische Dynamik des Alters erfordert individuelle Bewältigungsmodi in der Suche nach Lebenssinn – u. a. Tätigsein und Freizeit ohne Erwerbsarbeit, Veränderung und Wiederaneignung von Sozialraum	• Arbeits- und Tätigkeitsfelder: Milieubildende Altenarbeit • u. a. Angebote als Anregungsmilieu für Kontaktaufnahmen und alternative Angebote für die eigene Zukunftsgestaltung, Angebote der Biografiegestaltung, Austausch des Defizitansatzes durch ein Kompetenzmodell und eine Biografisierungsperspektive • Balance von Aktivierung und produktivem Rückzug als Grundstruktur sozialpädagogischer Arbeit

Exkurs: Übergänge im Lebenslauf

Seit den 2000er-Jahren diskutiert die Soziale Arbeit breit die Begleitung und Gestaltung nicht nur von individuell-biografischen, sondern von institutionellen Übergängen (Transitionen), bspw. von Kindergarten in Schule (Fokus: Bildungskontinuität), von Schule in Beruf (Fokus: Übergangsmanagement) oder von stationärer Erziehungshilfe zu selbstständiger Lebensführung (Fokus: care leaver) (vgl. Böhnisch et al. 2013).

Das Hauptaugenmerk der Übergangsdebatten liegt hier darauf, dass mit den Übergängen nicht nur institutionelle oder formelle *Wechsel* (engl. *transfer*) vollzogen werden, sondern diese Wechsel als Übergänge (engl. *transition*) biografisch bedeutsam sind: Aus Kindergartenkindern werden Schüler_innen, aus

Schüler_innen Berufsangehörige und Lohnerwerbstätige usw. Übergänge sind aus dieser Perspektive als Momente der Transformation bzw. des Wandels des Subjektstatus zu bewerten, da sie einen formalen Statuswechsel (z. B. Schulabschluss) oder biografischen Statuswechsel (z. B. Aufnahme in die Erwachsenengesellschaft durch ein bspw. kirchliches Ritual wie der evangelischen Konfirmation; Eltern werden) bedeuten und häufig ritualisiert sind. Dieser Vollzug von Wandlungsprozessen als Grenz- und Übergangserfahrung ist in der modernen Gesellschaft zunehmend „individualisiert" (Turner 1989, S. 83) und muss in verschiedenen Kontexten durch die Individuen eigenständig hergestellt werden. Dies kann krisenhaft sein und daher pädagogische Unterstützung erfordern.

14.2 Zweite Systematisierung: Handlungsfelder und ihre stufenförmige Interventionsgrade

Faktoren wie der Zeitumfang, die Zeitdauer, die Lebenswelt- und Alltagsnähe, der Formalisierungsgrad der angebotenen sozialen Dienstleistungen und Hilfemaßnahmen sowie das Spektrum der darin zu bearbeitenden Probleme sind Maßstab dafür, wie intensiv das sozialpädagogische professionelle Handeln jeweils in die Lebensführung der Adressat_innen eingreift (vgl. Heiner 2012, S. 612 ff.). Dies lässt sich beispielhaft an der Differenzierung von offenen über ambulanten bis hin zu vollstationären Einrichtungen festmachen. Demnach können wir unterschiedliche Interventionsgrade in den Angeboten und Hilfemaßnahmen Sozialer Arbeit identifizieren, sodass es möglich ist, auf Problemlagen unterschiedlicher Intensivität, Komplexität und Härte zu reagieren.

Neuere sozialpädagogische Ansätze gehen handlungsfeldübergreifend dazu über, den höchsten Interventionsgrad nicht zum Beginn, sondern am Ende der Interventionskette zu verorten und zudem die zeitliche Dauer zu beschränken. Diese Veränderung von Interventionsketten lässt sich am Beispiel der Inobhutnahme von Kindern kurz schildern:

Bis Ende der 1980er-Jahre ist die Inobhutnahme von Kindern und Jugendlichen „als Einschließen, als sicheres Verwahren und nicht als sozialpädagogisches Hilfsangebot im Sinne von Krisenintervention verstanden worden. Als Erfolg galten möglichst geringe Entweichungsquoten" (Deutscher Bundestag 1989, S. 79). Die Inobhutnahme nach § 42 SGB VIII als sozialpädagogisches Hilfsangebot im Sinne einer Krisenintervention veränderte auch massiv die Grade und den zeitlichen Umfang der Intervention. Anstatt auf ein sicheres Verfahren plus Abbruch gegenüber der Familie zu setzen, basiert sie jetzt auf der Idee einer vorläufigen Unterbringung mit einer vermittelnden Clearing-Funktion. Dies ist Ausdruck der fachlichen Neuausrichtung, junge Menschen möglichst lange in ihrem sozialen Umfeld zu belassen und des fachlichen Anspruchs, die innerfamiliale Sozialisationsbedingungen zu stärken (vgl. Rudloff 2018).

Mit der Idee der stufenweisen Hilfeleistungen vom geringsten zum größten Eingriff soll folglich vermieden werden, dass zu früh eine Fremdunterbringung des jungen Menschen in einer Pflegefamilie oder in einem Heim erfolgt. Zugleich sind vollstationäre Unterbringungen auch wirtschaftlich wenig sinnvoll, da sie deutlich kostenintensiver sind als ambulante und teilstationäre Angebote. Zudem möchten wir noch einmal darauf verweisen, dass bei der Einschätzung und Bewertung der zu bearbeitenden Probleme nicht nur das subjektive Empfinden bzw. Problembewusstsein der einzelnen Adressat_innen, sondern ebenfalls die gesellschaftlich vorherrschenden Normalitätsvorstellungen und Problemdeutungsmuster maßgebend und damit handlungsleitend sind (vgl. Groenemeyer 2010b; Kessl 2013). Insbesondere vor diesem Hintergrund treten der Aushandlungscharakter und das Arbeitsbündnis als bedeutsame Charakteristika sozialpädagogisch strukturierter Handlungsformen hervor (vgl. Hamburger 2016, S. 175 ff.).

Nachfolgend stellen wir zwei Modelle vor, die zwar auf Lebensphasen basieren, jedoch darüber hinaus v. a. die Interventionsgrade anvisieren, mit der die Soziale Arbeit in den verschiedenen Handlungsfeldern operiert. Hierbei unterscheidet sich die Bezugsgröße der Interventionen: Thole (2012) setzt an der Lebenswelt der Adressat_innen an (vgl. Abschnitt 14.2.1), während Hamburger (2016) sich an der gesellschaftlichen Funktion dieser Interventionen orientiert (vgl. Abschnitt 14.2.2).

14.2.1 Interventionsgrad bezogen auf Lebenswelt der Adressat_innen

Thole (vgl. 2012, S. 26 f.) hat mit seinem Versuch einer Standortbestimmung der Sozialen Arbeit den Vorschlag gemacht, sozialpädagogische Handlungsfelder in Abhängigkeit zur Lebenswelt der Adressat_innen zu definieren. Von „einem sozialpädagogischen […] Handlungsfeld [ist dann] zu sprechen, wenn hier öffentlich organisierte, soziale, unterstützende beziehungsweise pädagogische Hilfen und Dienste zur sozialen Lebensbewältigung oder Bildung angeboten oder organisiert werden […]. Diesem Verständnis folgend initiiert die Sozialpädagogik Prozesse sozialer Hilfen, soziale Dienstleistungen und Bildungsprozesse. Unterstützungsleistungen können hierauf bezogen materielle Ersatzleistungen ebenso sein wie moralische Hilfen, allgemeine Lebensberatung ebenso wie spezielle Formen der Unterstützung, vorübergehende Betreuung, Unterbringung und Versorgung, Beratung und Bildung ebenso wie Sozialisationsaufgaben“ (ebd.). Diesem breiten Verständnis der Aufgabenbereiche Sozialer Arbeit folgend, lassen sich die Handlungsfelder „bezüglich ihres Einmischungsgrads nach lebenswelt‚unterstützenden', lebenswelt‚ergänzenden' und lebenswelt‚ersetzenden' sozialen Hilfen und Bildungsanreizen" unterscheiden (Thole 2012, S. 27).

Mit dem Begriff der ‚Lebenswelt' greift dieser Vorschlag ein zentrales theoretisches Konzept der Sozialen Arbeit, das der ‚Lebensweltorientierung' auf, welches maßgeblich von Hans Thiersch definiert wurde (vgl. Thiersch 2003; 2006). Die drei Begriffe ‚Unterstützung', ‚Ergänzung' und ‚Ersetzung' verweisen dabei auf den Interventionsgrad in den jeweiligen Feldern, d.h. inwieweit dort in die alltägliche Lebensführung der Adressat_innen eingegriffen wird.

Nach Hans Thiersch, Klaus Grunwald und Stefan Köngeter (vgl. 2012, S. 184ff.) lassen sich in der Rekonstruktion von ‚Lebenswelt' fünf Zugänge unterscheiden:

- Auf der Ebene der Beschreibung: „Der Mensch wird nicht abstrakt als Individuum verstanden, sondern in der Erfahrung einer Wirklichkeit, in der er sich immer schon vorfindet" (ebd., S. 184). Der Mensch muss die vielfältigen Aufgaben, die er in dieser Lebenswelt vorfindet, unter Anstrengung bewältigen und zugleich wird ihm unterstellt, dass er befähig ist, sich dieser Lebenswelt anzupassen und diese zu verändern. Es ist „ein Sich-Arrangieren im Überleben – jenseits von Stringenz, Prinzipien oder in sich konsistenten Begründungen" (ebd.). Folglich sind „Formen des defizitären, unzulänglichen und abweichenden Verhaltens [...] auch als Ergebnis einer Anstrengung, in den gegebenen Verhältnissen" (ebd.) zurecht zu kommen, zu bewerten. Auch wenn dies aus anderer Perspektive nicht optimal erscheint, sind diese Ergebnisse der Anstrengung zu respektieren.
- Auf der Ebene der Gliederung: „Lebenswelt ist [...] als erfahrene Wirklichkeit gegliedert in unterschiedliche Lebensräume oder Lebensfelder" (ebd.) wie bspw. Familie, Jugendgruppe oder Arbeitsstelle. Im Lebenslauf bewegen sich Menschen durch diese Lebensfelder, die nebeneinander oder nacheinander existieren. Dabei können diese sich miteinander steigern, ergänzen oder sich gegenseitig blockieren (vgl. ebd., S. 184f.).
- Auf der Ebene der Konstruktion: „Das Konzept der Lebenswelt ist [...] ein historisch und sozial konkretes Konzept. Erfahrene Wirklichkeit ist immer bestimmt durch gesellschaftliche Strukturen und Ressourcen. Lebenswelt – als Ort des Arrangements in Erfahrung – ist die Schnittstelle von Subjektivem und Objektivem, von Strukturen und Handlungsmustern" (ebd., S. 185).
- Auf der Ebene der Rekonstruktion: Auf dieser Ebene ist das „Konzept Lebenswelt normativ-kritisch. Die Ressourcen, Deutungen und Handlungsmuster von Menschen werden als in sich widersprüchlich erfahren" (ebd.). Es rekurriert schließlich auf das „Widerspiel von Respekt und Destruktion, in der Abwehr der Genügsamkeit von Verhältnissen" (ebd.). Auf diese Ebene bezogen geht das Konzept der Lebensweltorientierung mit dem Auftrag einher, die jeweiligen Verhältnissetzungen und Strukturen des Alltags der Adres-

sat_innen nicht als gegeben misszuverstehen, sondern jeweils individuell Möglichkeiten eines „gelingenderen Alltags“ (Thiersch 2006, S. 45) auszuloten.

- Auf Ebene der Lebensführung: Die Lebensführung im Zeichen von Entgrenzung und Widersprüchlichkeit ist dadurch gekennzeichnet, dass sich „Handlungs- und Deutungsmuster vielfach in der Lebenswelt neu profilieren“ müssen (Thiersch/Grunwald/Köngeter 2012, S. 185), indem sie diese vor sich und anderen inszenieren, aber auch zu verantworten haben. Dabei ist die eigene „Aufgabe der Lebensbewältigung“ kräftezehrend (ebd., S. 186) und die Ausrichtung der Inszenierung zwar offen, aber zugleich normativ.

Die Aufgabe der Sozialen Arbeit wird darin verortet, dass sie diese „Vermittlung von Widersprüchen, Offenheiten und notwendiger Verlässlichkeit und Perspektivität“ erfüllen muss (ebd.). An diesem komplexen Verständnis von Lebenswelt orientiert lassen sich sozialpädagogische Arbeits- und Tätigkeitsfelder nach ihrer Intensität der Interventionen in den jeweiligen Handlungsfeldern Kinder- und Jugendhilfe, Soziale Hilfe, Altenhilfe und Gesundheitshilfe als lebenswelt*ergänzend,* lebenswelt*unterstützend* und lebenswelt*ersetzend* beschreiben. Nachfolgend finden sich exemplarische Arbeits- und Tätigkeitsfelder, die entsprechend den Handlungsfeldern zugeordnet sind (vgl. Thole 2012, S. 28):

Tab. 14.3: Ordnung der sozialpädagogischen Arbeits- und Tätigkeitsfelder nach ihrer Intensität der Interventionen (vgl. Thole 2012, S. 28)

Intensität der Intervention/ Feldtypen	**Kinder- und Jugendhilfe**	**Soziale Hilfe**	**Altenhilfe**	**Gesundheitshilfe**
Lebenswelt-*ergänzend*	• Kindertageseinrichtungen • Kinder- und Jugendarbeit, insb. Jugendfreizeitarbeit und Jugendverbandsarbeit • Allgemeiner Sozialer Dienst	• Hilfen für Sozialhilfeempfänger • Schuldnerberatung • Unterstützung von Alleinstehenden, Nichtsesshaften und Obdachlosen • Hilfen zur Familienplanung • Betreuung von Flüchtlingen, Aussiedlern und Asylbewerbern • Resozialisierungsmaßnahmen und -hilfen • Betriebliche Soziale Arbeit/Arbeitslosenzentren	• Ambulante Pflegedienste • Altenclubs und Alten-Service-Center	• Sozialpsychiatrische Dienste • Betriebliche Gesundheitsdienste • Beratungsstellen und Gesundheitszentren • Selbsthilfegruppen
	...und arbeitsfeldübergreifende Projektansätze: Gemeinwesenarbeit/Stadtteilarbeit; Sozialraumbezogene Soziale Arbeit; Soziale Netzwerkprojekte; Sozialstationen; gemeindenahe, psychosoziale Zentren			

Intensität der Intervention/ Feldtypen	Kinder- und Jugendhilfe	Soziale Hilfe	Altenhilfe	Gesundheitshilfe
Lebenswelt-*unterstützend*	• Kinder- und Jugendarbeit inkl. Jugendsozialarbeit • Hilfen zur Erziehung, bspw. die Sozialpädagogische Familienhilfe • Allgemeiner Sozialer Dienst • Besonderer Sozialer Dienst • Jugendgerichtshilfe	• Unterkünfte für Obdachlose • Vormundschaft, Pflegschaft und Betreuung von Volljährigen • Bewährungs- und freie Haftentlassenenhilfe	• Tageseinrichtungen für ältere Menschen • Offene Altenhilfe/ Altenbildung	• Teilstationäre Rehabilitationsmaßnahmen • Berufsbildungswerke und Bildungszentren • Werkstätten für Behinderte/Arbeitsprojekte für psychisch Kranke und Drogenabhängige • Soziale Dienste in Krankenhäusern und Rehabilitationszentren
Lebenswelt-*ersetzend*	• Hilfen zur Erziehung, insb. die Formen der Fremdunterbringung • Mädchenzentren • Jugendgerichtshilfe	• Frauenzentren/ -häuser • Soziale Arbeit im Strafvollzug	• Altenzentren • Altenheime • Altenpflegeheime • Hospize	• Sozialtherapeutische und rehabilitative Einrichtungen • Kurhäuser

14.2.2 Interventionsgrade im Zuge der Erwerbsarbeitsorientierung

Franz Hamburger (2016) setzt mit seiner Ordnung nach Interventionsgraden nicht an der Lebenswelt, sondern an der gesellschaftlichen Funktion der Interventionen an. Diese liegt, ungeachtet der bereits umrissenen modernen Wandlungsprozesse, Entgrenzungstendenzen und Pluralisierung der Lebensformen in der „Erwerbsarbeitszentrierung“ (Chassé/von Wensierski 2008b, S. 10) der westlich-modernen Gesellschaft. Diese Zentrierung standardisiert den Menschen insoweit, als „dass das sozialversicherungspflichtige Arbeitnehmerverhältnis zur zentralen Voraussetzung einer [...] einigermaßen selbstbestimmten Lebensführung geworden ist“ (Hamburger 2016, S. 157). So ist zwar das Lebensalter u. a. die Ursache von Krisen, Problemen und Konflikten, jedoch resultieren Krisen, Probleme und Konflikte – v. a. im Erwachsenenstatus – zumeist daraus, dass Menschen aus den standardisiert vorausgesetzten Erwerbsarbeitsverhältnissen herausfallen bzw. die Abhängigkeit zu diesen Arbeitsverhältnissen Spannungen und Konflikte erzeugt (vgl. ebd., S. 156 f.). Ergänzend: Kinder und Jugendliche lassen sich nicht entsprechend bildungsbiografisch auf diese Erwerbsarbeitszentrierung ein und können zu sogenannten Dropouts in den Schulen werden. Demzufolge ist der Lebenslauf in der modernen Gesellschaft im Ablauf zwar individualisiert, zugleich aber standardisiert, indem er sich immer auf das Ziel der Erwerbsarbeit bezieht.

jemand, der aus einer sozialen Gruppe, in die er integriert war ausgebrochen ist, oder herausfällt.

Diese Spannungen werden auf sechs Ebenen bearbeitet, die Hamburger (2016, S. 156) als „biografische Ordnung der sozialpädagogischen Praxis" bezeichnet. Der Interventionsgrad nimmt dabei schrittweise zu:

Abb. 14.3: Sechs Ordnungsebenen der Handlungsfelder (in Anlehnung an Hamburger 2016, S. 156 ff.)

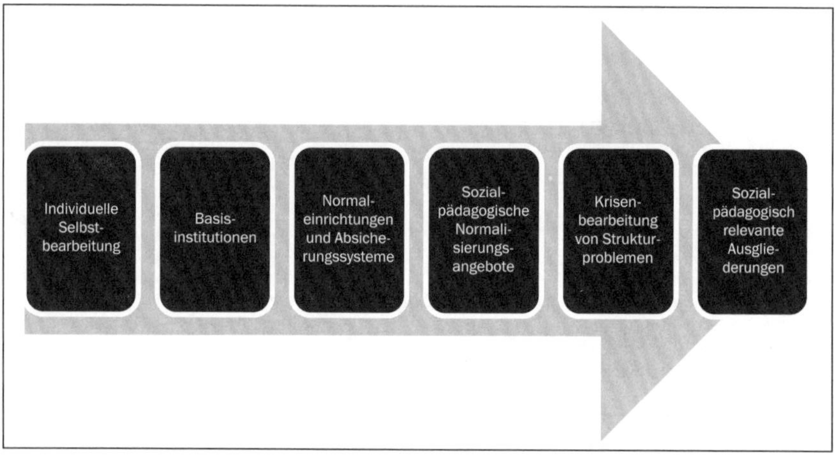

Erste Ebene: individuelle Selbstbearbeitung und -bewältigung

Auf der ersten Ebene sind diese Herausforderungen zunächst von den jeweiligen Akteur_innen selbst zu bearbeiten und zu bewältigen. Dabei ist die Orientierung am Lebensalter nach wie vor die zentrale Grundlage für Selbstdefinitionsmuster und soziale Zuordnungskategorien (vgl. ebd., S. 156 f.).

Zweite Ebene: Basisinstitutionen

Eine zweite ‚quasinatürliche' und gesellschaftlich als ‚normal' geltende Ebene stellen die sogenannten ‚Basisinstitutionen' dar, welche in den unterschiedlichen Lebensphasen mit Versorgungstätigkeiten, mit der Absicherung von Lebensrisiken, sowie mit der Begleitung bei der Bewältigung der jeweils relevant werdenden Entwicklungsaufgaben betraut sind (z. B. Familie, Schule, Erwerbsarbeit, Partner_innenschaft) (vgl. ebd., S. 157).

Dritte Ebene: Normaleinrichtungen und Absicherungssysteme

Auf einer dritten, immer noch gesellschaftlich als ‚normal' und damit gemeinhin akzeptierten Ebene unterstützen sozialpädagogische bzw. -politische Normaleinrichtungen und Absicherungssysteme die Reproduktionsleistungen der Basisinstitutionen (z. B. Kindertagesbetreuung, Jugendarbeit, Arbeitslosen-, Kranken-, Renten- und Pflegeversicherungen). Das Augenmerk liegt hierbei vorrangig – und über die Generationen bzw. einzelnen Lebensphasen hinweg – auf der gesellschaftlich relevanten Reproduktion der Arbeitskraft sowie auf einer Absicherung gegenüber den Grundrisiken, die mit der Lohnerwerbsarbeit verbunden sind (vgl. Hamburger 2016, S. 157 f.).

Vierte Ebene: Sozialpädagogische Normalisierungsangebote

In den Fällen, in denen Risiken nicht allein über die jeweils zuständigen Basisinstitutionen und die sie unterstützenden sozialpädagogischen bzw. -politischen Normaleinrichtungen und Absicherungssysteme aufgefangen werden können, greifen auf einer vierten Ebene nun sozialpädagogische „Normalisierungsangebote" (ebd.) (z.B. Erziehungsberatung, Sozialpädagogische Familienhilfe, Jugendsozialarbeit, Lebens-, Ehe- oder Verbraucherberatung). Bereits der Begriff ‚Normalisierung' zeigt an, dass die Angebote dieser Ebene nicht mehr in Gänze der gesellschaftlich konstruierten und damit fraglos akzeptierten Normalität entsprechen, sondern zum Teil eher darauf abzielen, in diese Normalität zurückzuführen. Die Angebote sozialpädagogischer Normalisierung sind im Wesentlichen durch Beratung und weitere eher niedrigschwellige Formen einer situativen Bearbeitung und Bewältigung von Problemlagen gekennzeichnet (vgl. ebd., S. 158).

Fünfte Ebene: Krisenbearbeitung von Strukturproblemen

Was geschieht mit Fällen, in denen die sozialpädagogischen Normalisierungsangebote nicht ausreichen, um Konflikt- und Problemkonstellationen erfolgreich zu bewältigen – etwa weil sich jene bereits „‚chronisch' verfestigen und insoweit als Strukturprobleme manifest werden" (ebd., S. 158)? Sie werden auf einer fünften Ebene an Instanzen weitervermittelt, die mit der sozialpädagogischen Krisenbearbeitung von Strukturproblemen beauftragt sind (z.B. Pflegefamilien, Heimerziehung, stationäre Altenhilfe). Oftmals überformen die zu bearbeitenden Strukturprobleme Alltag und Lebenswelt der Adressat_innen bereits über einen langen Zeitraum, sodass von prekären, benachteiligenden und überfordernden Lebensverhältnissen gesprochen werden kann. Häufig wird die sozialpädagogische Krisenbearbeitung von den Adressat_innen als Eingriff oder Zwang erlebt (vgl. ebd.).

Sechste Ebene: Sozialpädagogisch relevante Ausgliederungen

Der Interventionsgrad der Eingriffe und Hilfemaßnahmen, die in den jeweiligen Lebensphasen zum Einsatz gebracht werden, spitzt sich auf einer letzten Ebene in Instanzen und Institutionen sozialpädagogisch relevanter Ausgliederungen weiter zu. In ihnen wird die Grenze des sozialpädagogischen Praxiszusammenhangs teilweise überschritten, und zwar dadurch, dass die professionellen Handlungen auf dieser Ebene in Teilen eher von medizinisch-psychiatrischen Indikationen und strafrechtlichen Sanktionen als von sozialpädagogischen

Handlungen bestimmt werden. Letztere finden in der Regel subsidiär statt, wenngleich es oftmals sozialpädagogische Maßnahmen sind (wie z. B. die Inobhutnahme), die dazu führen, dass die Adressat_innen in die jeweiligen Instanzen und Institutionen ausgegliedert werden (z. B. in (Jugend-)Psychiatrie, (Jugend-)Strafvollzug). Das Scheitern aller vorangegangen Normalisierungs- und Unterstützungsangebote führt auf dieser Ebene dazu, dass die Adressat_innen stationär und zumeist unfreiwillig untergebracht und versorgt werden (vgl. Hamburger 2016, S. 158).

Die Verteilung der sozialpädagogischen Arbeits- und Tätigkeitsfelder nach Interventionsgrad lässt sich nach Hamburger wie folgt darstellen (vgl. ebd., S. 159):

Tab. 14.4: Systematisierung der sozialpädagogischen Handlungsfelder nach Lebensphase und Interventionsgrad (in Anlehnung an Hamburger 2016, S. 159, Tab. 1)

I	**Lebensphasen**	**Kindheit**	**Jugend**	**Erwachsenenstatus**	**Alter**
II	**Basisinstitutionen**	Familie	Schule Berufsausbildung	Erwerbsarbeit Familienarbeit	Familie Partner_innenschaft
III	**Sozialpädagogische bzw. sozialpolitische Normaleinrichtungen und Absicherungssysteme**	Kindertagesbetreuung Elternbildung	Jugendarbeit	Kranken- und Arbeitslosenversicherung	Renten- und Pflegeversicherung
IV	**Sozialpädagogische Normalisierungsangebote**	Erziehungsberatung Hort Hausaufgabenhilfe Sozialpädagogische Familienhilfe	Jugendwohnheime Schulsozialarbeit Jugendsozialarbeit	Kliniken Absicherungsmaßnahmen (z. B. Wohngeld) Lebens-, Ehe- oder Verbraucherberatung	Ambulante und Offene Altenarbeit
V	**Sozialpädagogische Krisenbearbeitung von Strukturproblemen**	Pflegefamilie Adoptionsvermittlung Tagesgruppen	Heimerziehung Jugendgerichtshilfe Drogenhilfe	Obdachlosen-/Wohnungslosenhilfe Drogenhilfe u. Suchtbehandlung Bewährungshilfe Schuldnerberatung	Stationäre Altenhilfe
VI	**Sozialpädagogisch relevante Ausgliederungen**	Inobhutnahme	Jugendpsychiatrie Jugendstrafvollzug	Psychiatrie Strafvollzug Ankerzentren für Asylbewerber_innen	Asyle Hospize Sterbebegleitung

14.2.3 Funktionen der sozialpädagogischen Interventionsgrade

Die von Thole (2012) und Hamburger (2016) angebotenen Systematisierungen bauen auf einer Steigerungslogik auf. Der Grad der Interventionen in den lebensphasenspezifischen Angeboten und Hilfemaßnahmen nimmt von Ebene zu Ebene zu. Im Modell von Hamburger (ebd.) verfolgt Soziale Arbeit das Ziel, dass Problembearbeitung und -bewältigung so weit wie möglich selbsttätig und eigenverantwortlich von den Adressat_innen selbst erbracht werden bzw. lediglich unterstützt durch möglichst nahe und niedrigschwellige Instanzen wie die lebensphasenspezifischen Basisinstitutionen erfolgen sollte, bevor dann sukzessive intensivere sozialpädagogische Interventionen dazu geholt werden. Übersetzt in sozialstaatliche Prinzipien und sozialpädagogische Konzepte bedeutet dies, dass zunächst von hinreichend vorhandenen Alltagskompetenzen der Adressat_innen ausgegangen wird, die stufenweise ergänzt und unterstützt werden. Orientiert an der Lebenswelt unterliegt das Modell von Thole (2012) einer vergleichbaren Ausrichtung.

Die Frage nach der Funktion dieser zunehmenden Interventionsgrade lässt sich kritisch beleuchten: Einerseits wird hierdurch dem sozialstaatlichen Subsidiaritätsprinzip Rechnung getragen. Dieses ist immer auch dem volkswirtschaftlichen Kalkül verpflichtet, welches ein Eingreifen bzw. Einspringen von höheren Ebenen und entfernteren Einrichtungen erst dann für zulässig erachtet, wenn selbsttätiges und eigenverantwortliches Handeln bzw. Unterstützungsleistungen aus dem sozialen Nahraum heraus nicht mehr ausreichend sind (vgl. von Kries 2017). Andererseits werden hierdurch auch Ansätze verfolgt, die den Vorrang der Selbsthilfe vor der Fremdhilfe befördern und auf Selbstbefähigung setzen, indem sie sich auf den fachlich begründeten Gedanken der „Hilfe zur Selbsthilfe“ (Thiel 2017) und/oder des „Empowerment“ (Dorschky 2017; Herriger 2014) beziehen. Insbesondere unter den aktuellen Vorzeichen eines aktivierenden Staates, der eingekleidet in eine ‚Fördern und Fordern‘-Semantik seine Bürger_innen ohnehin zur Eigenverantwortung aktivieren und erziehen möchte (vgl. Lessenich 2009; 2012; 2013), ist jedoch Vorsicht geboten. Logiken wie das Subsidiaritätsprinzip, die Selbsthilfe-Ansätze und auch die Strategien des Empowerments lassen sich in einem neoliberalen Denken in eine Zuweisung des Verantwortlichmachens jener Menschen umdeuten, die kaum über die notwendigen Ressourcen verfügen, um dieser Aufforderung hinreichend nachkommen zu können. Hamburger beschreibt diese Problematik so: „Die Gefahr dieser Logiken besteht dann darin, dass die jeweils erreichten Niveaus der Einschränkung von Lebenschancen durch verzögerte und kontrollierte Intervention verfestigt werden und das Prinzip der sozialen Gerechtigkeit – im Sinne der Umverteilung von Ressourcen und der Sicherung von Bedingungen des guten Lebens – nicht zum Zuge kommt“ (Hamburger 2016, S. 160).

Folglich kann der Verweis auf Subsidiarität, Selbsthilfe und Befähigung nicht nur eine produktive, an den Kompetenzen und Fähigkeiten der Adressat_innen orientierte Problembearbeitung darstellen. Vielmehr kann dieser Verweis auf die Eigenverantwortlichkeit der Adressat_innen auch zu einer Aufrechterhaltung und Verstetigung von Krisen und Problemlagen führen, sofern er nicht ergänzt wird von einer kritischen und sorgfältigen Betrachtung der Bedingungen, unter denen diese Eigenverantwortlichkeit jeweils gelebt werden muss.

Exkurs: *Capability Approach* nach Amartya Sen und Martha Nussbaum

Die Frage nach den Verwirklichungschancen sozialer Gerechtigkeit sowie nach einer Sicherung der Bedingungen des guten Lebens wird in den letzten fünfzehn Jahren verstärkt in Bezugnahme auf den sogenannten *Capability Approach* diskutiert (vgl. Ziegler/Schrödter/Oelkers 2012; Otto/Ziegler 2008). Kennzeichnend für diesen gerechtigkeitstheoretischen Ansatz ist, dass sowohl subjektive als auch strukturelle Verwirklichungschancen, also die *Befähigung des Subjekts in seinen Bedingungen* in den Blick genommen werden. Dem Ökonom Amartya Sen und der Philosophin Martha Nussbaum geht es in ihren jeweiligen Varianten dieses Ansatzes damit um eine relationale Verknüpfung von Infrastruktur, Befähigung und Berechtigung. Im Vordergrund steht hier demnach die Frage, über welche Güter und Ressourcen, aber auch über welche Freiheiten und Befähigungen ein Mensch verfügen muss, um „in allen wichtigen Lebensbereichen gedeihlich" (Nussbaum 1999/2016, S. 164) leben zu können. Unter den besagten subjektiven wie strukturellen Verwirklichungschancen versteht Sen die „umfassenden Fähigkeiten (‚Capabilities') von Menschen, ein Leben führen zu können, für das sie sich mit guten Gründen entscheiden konnten und das die Grundlagen der Selbstachtung nicht in Frage stellt" (Sen 2000, S. 29).

Für die Soziale Arbeit erwächst hieraus eine zweifache Aufgabe: Zum einen geht es darum, Adressat_innen zu befähigen und für eine Erweiterung ihrer subjektiven wie strukturellen Verwirklichungschancen einzutreten – was in besonderem Maße auch eine politische Vertretung ihrer Interessen umfasst (vgl. Schrödter 2007, S. 18). Dies setzt zum anderen eine grundlegende Befähigung im Sinne von Bildung, Informiertheit sowie Aufklärung über riskante und gefährdende Lebensführungsweisen voraus (z. B. im Kontext von Sucht, Kriminalität), denn oftmals müssen die Adressat_innen erst in die Lage gebracht werden, ‚mit guten Gründen' Entscheidungen bezüglich ihres persönlichen ‚guten Lebens' treffen zu können.

14.3 Dritte Systematisierung: Handlungsfelder als Zielbestimmung und Aufgabenfeld

Ähnlich wie Thole und Hamburger nimmt auch die Systematisierung von Heiner (vgl. 2010, S. 88ff.) ihren Ausgang im Lebenslaufmodell – d.h., die Adressat_innen werden auch hier nach unterschiedlichen Lebensphasen geordnet und zusammengefasst, indem Heiner zwischen den Lebensphasen Kindheit, Jugend, einer mittleren Lebensphase der Erwachsenheit (mit und ohne Kinder) sowie dem Alter unterscheidet. Anders als bei Thole und Hamburger werden die einzelnen Lebensphasen hier nicht mit unterschiedlichen Interventionsgraden Sozialer Arbeit ins Verhältnis gesetzt, sondern mit unterschiedlichen sozialpädagogischen Zielbestimmungen bzw. Aufgabenfeldern gefüllt.

Abb. 14.4: Differenzierung nach Aufgabenfeldern (in Anlehnung an Heiner 2010, S. 88f.)

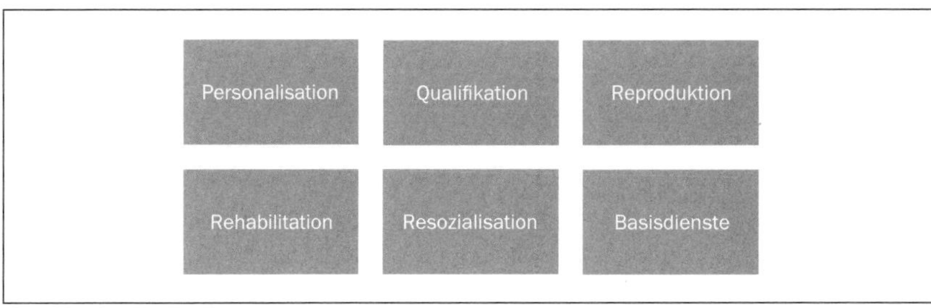

Die einzelnen Aufgabenfelder definieren sich wie folgt (ebd., S. 92):

- „*Personalisation* umfasst alle Bemühungen um die Persönlichkeitsentwicklung – insbesondere von Kindern und Jugendlichen, aber auch von Erwachsenen – durch die Vermittlung sozialer und kultureller Normen oder/und durch (Nach-)Sozialisation, Bildung und soziale Integration.
- *Qualifikation* zielt auf den Erwerb von beruflich relevanten Fähigkeiten (in Schule, Ausbildung, Weiterbildung), um den Eintritt in die Erwerbstätigkeit und den erfolgreichen Verbleib dort zu ermöglichen.
- *Reproduktion* umfasst den Bereich der Unterstützung und Förderung von Ehe, Familie und Partnerschaft, die familiale Erziehung und die eigenständige Haushaltsführung. Hierzu gehören auch die ökonomische Absicherung und die Wohnungssicherung bzw. die Verhinderung von Wohnungslosigkeit.
- *Rehabilitation und Pflege* dienen der maximal möglichen Wiederherstellung bzw. dem Erhalt der körperlichen und geistigen Gesundheit und Leistungsfähigkeit, der Betreuung und Pflege und dem Schutz von kranken, alten und behinderten Menschen.

- *Resozialisation* bezeichnet alle Aktivitäten zur Verhinderung oder zum Abbau massiver Verhaltensauffälligkeiten und zur Wiedereingliederung in die Gesellschaft, z. B. nach der Übertretung von Gesetzen, die gerichtliche Auflagen oder eine Verurteilung zur Folge hatten oder nach längerer Wohnungslosigkeit und dem Leben auf der Straße“ (Heiner 2010, S. 92).

Zusätzlich zu diesen fünf Aufgabenfeldern Sozialer Arbeit benennt Heiner mit dem Allgemeinen Sozialen Dienst der Kinder- und Jugendhilfe (ASD) und dem Sozialpsychiatrischen Dienst der Hilfen für psychisch Kranke (SpsD) zwei Basisdienste, welche oftmals die ersten zielgruppenspezifischen Anlaufstellen für die Adressat_innen sozialpädagogischer Hilfen und Interventionen sind. Sie haben v. a. die Aufgabe, die Adressat_innen auf der Grundlage einer ersten fachlichen Einschätzung an die jeweilig zuständigen Sozialen Dienste und Einrichtungen weiterzuvermitteln und somit die wohlfahrtsstaatlichen Leistungen in einer situations- und adressat_innenorientierten Weise zu koordinieren (vgl. ebd. und siehe hierzu vertiefend den Abschnitt 16.1.4).

Die Ziele der Sozialen Arbeit werden von Heiner (vgl. 2010, S. 91) in einzelnen Handlungs-, Arbeits- und Tätigkeitsfeldern systematisiert.[7] In den unterschiedlichen Feldern erfüllt das sozialpädagogische Handeln jeweils unterschiedliche Funktionen und verfolgt differente Zielsetzungen. Die nachfolgende Matrix (Tab. 14.5; nächste Seite) zeigt, welche Sozialen Dienste und Einrichtungen sich in den einzelnen Altersgruppen und Lebensphasen welchen Zielen und Aufgabenfeldern zuordnen lassen.

14.4 Zusammenfassung: Lebenslauf, Interventionsgrade und sozialpädagogische Aufgabenfelder als Ordnungskriterien

Bereits im ersten Teil haben wir dargestellt, dass sich die vier aktuellen Handlungsfelder der Sozialen Arbeit Kinder- und Jugendhilfe (I), Soziale Hilfen in besonderen Lebenslagen (II), Behinderten- und Gesundheitshilfe (III) und Soziale Altenhilfe (IV) über unterschiedliche Ordnungskriterien organisieren lassen:

- Sie sind teilweise am Lebenslauf des Menschen ausgerichtet (Lebenslaufmodell), indem die Angebote der Sozialen Arbeit an verschiedene Lebenspha-

7 Thole (vgl. 2012, S. 27) kritisiert, dass sich in den Zielen und Aufgabenfeldern dieser Systematik Tätigkeiten mit Aufgaben vermischen. Dennoch kann festgehalten werden, dass sie eine erste inhaltliche Orientierung bietet, um die verschiedenen Handlungs-, Arbeits- und Tätigkeitsfelder der Sozialen Arbeit in der Heterogenität der darin liegenden Ziele und Aufgaben darzustellen.

Tab. 14.5: Aufgabenfelder Sozialer Arbeit (in Anlehnung an Heiner 2010, S. 91)

<table>
<tr><th>Altersgruppe/ Lebensphase vs. Ziele und Aufgabenfelder</th><th>Kindheit</th><th>Jugend</th><th>mittlere Lebensphase/ Erwachsene mit minderjährigen Kindern</th><th>mittlere Lebensphase/ Erwachsene ohne minderjährige Kinder</th><th>Alter</th></tr>
<tr><td rowspan="3">Personalisation</td><td>Kinderkrippe
Kindergarten
Hort
Kinderheim</td><td>Jugendbildung
Jugendkulturarbeit
Jugendarbeit
Betreutes Jugendwohnen</td><td></td><td>Betreute Wohngruppe für psychisch Kranke</td><td>Bildungsangebote
Tagesstätten</td></tr>
<tr><td colspan="2">Tagesgruppe
Intensive sozialpädagogische Einzelfallbetreuung
Kinder- und Jugendpsychiatrie
Erziehungsheim</td><td></td><td></td><td></td></tr>
<tr><td colspan="3">Sozialpädagogische Familienhilfe</td><td></td><td></td></tr>
<tr><td rowspan="2">Qualifikation</td><td></td><td>Jugendberufshilfen
Berufsausbildung im Heim/ Internat</td><td colspan="2">Berufliche Integration
Arbeitslosenberatung</td><td></td></tr>
<tr><td colspan="2">Schulsozialarbeit</td><td></td><td></td><td></td></tr>
<tr><td rowspan="4">Reproduktion</td><td colspan="3">Erziehungsberatung</td><td></td><td></td></tr>
<tr><td></td><td></td><td colspan="3">Psychologische Beratung
Ehe-, Familien- und Lebensberatung</td></tr>
<tr><td></td><td></td><td colspan="2">Schwangerschaftskonfliktberatung
Familienbildung</td><td>Wohnungsanpassungsberatung</td></tr>
<tr><td></td><td colspan="4">Schuldnerberatung
Wohnungslosenhilfe</td></tr>
<tr><td rowspan="3">Rehabilitation</td><td>Frühförderung</td><td colspan="3">Sozialdienst im Krankenhaus</td><td></td></tr>
<tr><td colspan="2">Sonderschulbezogene Förderungsangebote</td><td></td><td></td><td></td></tr>
<tr><td></td><td colspan="4">Behindertenhilfe/Sozialpsychiatrie
Suchtberatung/Suchthilfe</td></tr>
<tr><td rowspan="2">Resozialisation</td><td>Erziehungsheim</td><td>Jugendgerichtshilfe
Bewährungshilfe für Heranwachsende</td><td colspan="2">Bewährungshilfe für Erwachsene</td><td></td></tr>
<tr><td></td><td colspan="4">Wohnungslosenhilfe</td></tr>
</table>

sen wie Kindheit, Jugend, Erwachsenheit und Alter und die damit verbundenen Entwicklungs- bzw. Bewältigungsaufgaben (vgl. Böhnisch 2018) anschließen (insb. Handlungsfeld I und IV).

- Sie beziehen sich teilweise auf spezifische Adressat_innengruppen und Problemdiagnosen, indem sie sich an Phänomenen wie bspw. Wohnungslosigkeit, Armut, Sucht oder Ungleichheits- bzw. Diskriminierungserfahrungen und durch die Zugehörigkeit zu einer Personengruppe (Geschlecht, Religion, Ethnie, Alter etc.) orientieren und darüber adressat_innenbezogene Angebote und Praxisfelder ausdifferenzieren (insb. Handlungsfeld II und III).
- Generell lassen sich Handlungsfelder aufgrund der Art und Dauer der Hilfeleistung und ihrem Unterstützungsgrad unterscheiden – also an der Intensität respektive am Interventionsgrad der sozialpädagogischen Leistungen. Für alle Handlungsfelder ist typisch, dass sie handlungsfeldintern in verschiedene Interventionsgraden ausdifferenziert sind (wie bspw. von offenen über ambulante bis hin zu vollstationären Einrichtungen). Diese greifen zunehmend in die Lebenswelt der Adressat_innen ein (Handlungsfeld I bis IV). Hierfür schlägt Werner Thole (2012) die Unterscheidungen ‚lebenswelt*ergänzend*', ‚lebenswelt*unterstützend*' und ‚lebenswelt*ersetzend*' vor (vgl. ebd., S. 27).

Im Zentrum dieses Kapitels standen drei theoretische Systematisierungen, welche die Handlungsfelder jeweils nach unterschiedlichen Kriterien ordnen. Alle drei Systematisierungen beziehen sich auf das Lebensalter der Adressat_innengruppen, schließen dieses aber an unterschiedliche Theorien und Konzepte an:

Das erste Systematisierungsangebot organisiert sich um den als typisch geltenden Lebenslauf, an den altersspezifische Entwicklungsaufgaben gerichtet sind, die einerseits von der körperlich-psychischen Entwicklung, aber andererseits auch abhängig von der jeweiligen Kultur sind. Insbesondere Böhnisch hat diese Spannungen, die diese Lebensalterthemen erzeugen, in seinem Konzept der biografischen Bewältigung modelliert. Aktuell schließt hier, u.a. auch aus den Diskussionen um das lebenslange und lebensumspannende Lernen gespeist, die Frage nach der angemessenen Begleitung und Gestaltung sowohl von biografischen als auch institutionellen Übergängen als einer zentralen Aufgabe Sozialer Arbeit an.

Das zweite Systematisierungsangebot ist, Handlungsfelder nach ihren unterschiedlichen Interventionsgraden zu unterscheiden: In den Systematisierungsangeboten von Thole, der an der Lebenswelt der Adressat_innen ansetzt, und Hamburger, der sich an der gesellschaftlichen Funktion von Interventionen orientiert, steht der Grad dieser Interventionen in den lebensphasenspezifischen Angeboten und Hilfemaßnahmen im Mittelpunkt. In beiden Modellen wird von einer aufsteigenden Interventionslogik ausgegangen. Die fachliche Ausrichtung orientiert sich daran, dass zunächst von hinreichend vorhandenen Alltagskompetenzen der Adressat_innen ausgegangen wird, die stufenweise ergänzt und unterstützt werden. Jedoch kann der Verweis auf die Eigenverantwortlichkeit der Adressat_innen auch Krisen und Problemlagen aufrechterhalten bzw. verstetigen, wenn Soziale Arbeit hier nicht zugleich auch kritisch die Rahmenbedingungen und Möglichkeiten eines eigenverantwortlichen Handelns der Adressat_innen im Blick behält.

Schließlich schlägt das dritte Systematisierungsangebot von Heiner vor, die Adressat_innen Sozialer Arbeit nach unterschiedlichen Lebensphasen zu ordnen, diese Personengruppen aber inhaltlich mit unterschiedlichen sozialpädagogischen Zielen bzw. Aufgabenfeldern ins Verhältnis zu setzen und in einzelne Handlungs-, Arbeits- und Tätigkeitsfelder zu systematisieren. Auch wenn sich Aufgabenfelder und Ziele hier ohne Trennschärfe miteinander vermischen bietet diese Perspektive eine erste *inhaltliche* Orientierung an, um die verschiedenen Handlungs-, Arbeits- und Tätigkeitsfelder der Sozialen Arbeit in der Heterogenität der darin liegenden Ziele und Aufgaben darzustellen.

Abb. 14.5: Ordnungskriterien für Handlungsfelder

Reflexionsaufgaben

Die drei Systematisierungsvorschläge legen spezifische Aufgaben für Sozialarbeiter_innen nahe, die innerhalb eines Handlungsfeldes arbeiten:

- Welche Funktionen bzw. Aufgaben übernehmen die Sozialarbeiter_innen, wenn Sie die verschiedenen Vorschläge beschreiben?
- Wie definieren Sie dabei die zentralen Begriffe Aufgabenfeld, Biografie, Entwicklungsaufgaben, Lebensbewältigung und Lebenswelt?
- Was sind jeweils Vor- und Nachteile der verschiedenen Systematisierungen?

15 Die sozialstaatliche, (sozial-)rechtliche und organisationale Verfasstheit Sozialer Arbeit

In Kapitel ‚Aufgaben und Ziele Sozialer Arbeit' (Kapitel 4) sind wir auf die verschiedenen Mandate der Sozialen Arbeit eingegangen. Aufgabe und Zielsetzung Sozialer Arbeit ist es, die fortlaufend notwendige Vermittlung zwischen Individuum und Gesellschaft zu realisieren. Die Soziale Arbeit und ihre Handlungsfelder sind dabei Teil eines sozialstaatlichen Dienstleistungssystems (vgl. Heiner 2010, S. 53). Dies bedeutet, dass die Art und Weise, wie das doppelte Mandat jeweils ausgefüllt wird, über die sozialstaatliche, (sozial-)rechtliche und organisationale Verfasstheit Sozialer Arbeit vorstrukturiert ist. Auf der Grundlage sozialstaatlicher Prinzipien und (sozial-)rechtlicher Vorschriften verfolgt Soziale Arbeit ihre Ziele und bearbeitet ihre Aufgaben (vgl. Hammerschmidt 2012). Dies vollzieht sich in entsprechend organisierten Sozialen Diensten und Einrichtungen.

Nachfolgend stellen wir zunächst das Verhältnis von Sozialstaat und Soziale Arbeit vor, welches sich über die zentralen Begriffe Wohlfahrts- und Sozialstaatlichkeit konkretisiert (15.1), um im Anschluss hieran sowohl die rechtliche (15.2) als auch die organisatorische Verfasstheit (15.3) Sozialer Arbeit darzustellen. Damit leiten wir die rechtlichen und organisationalen Rahmenbedingungen Sozialer Arbeit direkt ab von der sozialstaatlichen Verfassung der Bundesrepublik. Diesem Verständnis folgend wirken sozialstaatliche, sozialpolitische, rechtliche und organisationale Bedingungen nicht irgendwie von außen auf die Soziale Arbeit ein. Vielmehr wird die Soziale Arbeit selbst als eine wohlfahrtsstaatliche Akteurin begriffen, deren Existenz, Ausgestaltung und Weiterentwicklung immer schon mit diesem Bedingungsgefüge verwoben ist. Erst aus diesem Bedingungsgefüge heraus lässt sich Soziale Arbeit legitimieren und nur hieraus abgeleitet können Aufgaben und Ziele formuliert werden.

15.1 Sozialstaat und Soziale Arbeit

Die Bundesrepublik Deutschland hat sich die Verfassung eines demokratischen und sozialen Rechtsstaats gegeben. Dies ist abgesichert über die Grundgesetzartikel (GG) 20 (1) – „Die Bundesrepublik Deutschland ist ein demokratischer und sozialer Bundesstaat" – sowie ferner über die Artikel 28 und 79. Damit hat sie sich auf Bundes-, Landes- und auch auf kommunaler Ebene unverrückbar der Sozialstaatlichkeit verpflichtet, welche wiederum Soziale Arbeit erst möglich macht (vgl. Falterbaum 2017a; Schäfer 2015; Welti 2017).

15.1.1 Wohlfahrts- und Sozialstaatlichkeit und das Soziale

Die als Sozialstaatsprinzip bezeichnete Rechtsnorm des GG 20 stellt ein rein *formales* Prinzip ohne inhaltliche Kontur dar. In der Folge geht damit einher, dass es Bürger_innen nicht möglich ist, spezifische Leistungs- oder Teilhabeansprüche einzuklagen. In Verbindung mit dem im Artikel 1 des Grundgesetzes formulierten grundsätzlichen Schutz der Würde des Menschen, lässt sich jedoch die sozialstaatliche Aufgabe herleiten, für eine Sicherung der Existenz der Bürger_innen Sorge zu tragen: „Im Kern geht es darum, dass der Staat die Verantwortung dafür übernimmt, dass Lebenschancen und soziale Teilhabe aller Bürger und Bürgerinnen erhalten bleiben bzw. möglich werden, ohne ihnen aber die individuelle Verantwortung zu nehmen. Um dieses Ziel auch zu erreichen, sollen die dafür erforderlichen Ressourcen (Geldleistungen, Dienstleistungen, strukturelle Rahmung) zur Verfügung gestellt und so die ‚*Bearbeitung von Risiken*' und der ‚*Ausgleich sozialer Benachteiligungen*' gewährleistet werden" (Schäfer 2015, S. 1636, i. O. kursiv).

Auch das lediglich formal verfasste Sozialstaatsprinzip ist demnach ausreichend, um eine staatlich organisierte und verantwortete Wohlfahrt zu begründen. Diese wird mit Begriffen wie ‚Sozialstaat' und ‚Wohlfahrtsstaat' umschrieben, welche gemeinhin synonym gebraucht werden (vgl. Falterbaum 2017a, S. 849). Jedoch wird der Begriff Wohlfahrtsstaat mitunter auch „abwertend verwendet, um eine übertriebene staatliche Umverteilung ohne hinreichende Verantwortung des Einzelnen und die Überlastung des staatlichen Gemeinwesens (‚Versorgungsstaat') zu kennzeichnen" (ebd. 2017b, S. 989). Stephan Lessenich (2013) weist zudem daraufhin, dass der Begriff des Sozialstaats stärker die „‚technische' Infrastruktur sozialpolitischer Gesetze, Einrichtungen und Programme" (ebd., S. 22) betont, während mit dem Begriff des Wohlfahrtsstaats breiter angelegt auf die „gesellschaftliche Bedeutung und die sozialen Effekte staatlichen Handelns" hingewiesen werden kann (ebd.). „Der Begriff Wohlfahrtsstaat bezeichnet die verbindliche Regelung der sozialen Sicherheit durch Staat, Verbände, Betriebe sowie Verwandtschaftssysteme und familiäre Systeme. Die Funktion des Wohlfahrtsstaats ist es, gegen die – vom Individuum nicht zu vertretenden – Risiken und Problemlagen der modernen Industriegesellschaft zu schützen – also Alter, Invalidität, Krankheit, Arbeitslosigkeit und Pflege – und auf diese Weise über den Lebenslauf hinweg ein regelmäßiges Einkommen zu sichern" (Schmid 2015, S. 1868 f.).

Insgesamt unterliegt der soziale Rechtsstaat fortlaufend und auf allen Ebenen dem Versuch, „Freiheit und soziale Absicherung gleichgeordnet miteinander zu verbinden“ (Falterbaum 2017b, S. 989). Es geht also darum, gleichzeitig sowohl die individuelle Freiheit als auch die kollektive Vorsorge zu steigern. Hierzu sind drei zentrale Strukturprinzipien erforderlich (vgl. Kaufmann 1997, S. 27 f.), nämlich:

- eine wirtschaftliche Produktionsweise, welche Privateigentum gewährleistet, aber gleichzeitig staatlich reguliert wird;
- dass Güter bedarfsorientiert und dem ökonomischen System nachgeordnet verteilt und zugewiesen werden;
- dass für Familien sekundäre Integrationsleistungen im Sinne von Bildungs-, Gesundheits- und sozialen Dienstleistungen bereitgestellt werden.

Es lassen sich vier Interventionsformen unterscheiden, mit deren Hilfe der Sozialstaat versucht, diese drei Strukturprinzipien zu verwirklichen (vgl. Kaufmann 2002, S. 89–104; Heiner 2010, S. 59 ff.; Köppe/Starke/Leibfried 2015, S. 1595 f.):

Tab. 15.1: Interventionsformen des Sozialstaats (in Anlehnung an Heiner 2010, S. 60)

Interventionsformen	Wirkungsweise	Typische Maßnahmen	sozialpolitische Intention
1. rechtliche Interventionen	Veränderung der rechtlichen Bestimmungen; Ordnung und Schutz durch Rechtsverhältnisse	Schaffung sozialrechtlicher Ansprüche, Arbeitsschutz, Verbraucherschutz, Einrichtung von Beschwerdestellen, Ombudschaften und Rechtsbehelfen	Verbesserung des Rechtsstatus von als schwächer angesehenen Personen(gruppen)
2. ökonomische Interventionen	Umverteilung von Einkommen über Leistungen, Versicherungen, Abgaben und Freibeträgen	Transferzahlungen, Versicherungsleistungen und Steuererleichterungen z. B. Rentenversicherung, Familienleistungsausgleich, Arbeitslosengeld II (Hartz IV)	Verbesserung der ökonomischen Lage von Personen(gruppen) mit nicht ausreichendem Primäreinkommen
3. ökologische Interventionen	Einflussnahme auf die soziale Umwelt durch Planung und Errichtung von Einrichtungen und Dienstleistungen	Schaffung infrastruktureller Gelegenheiten, z. B. soziale Infrastruktur, Daseinsvorsorge, Soziale Dienste, Wohnungsbau, Sozialplanung	Verbesserung der Zugangschancen zu und der Qualität von lebenslagenrelevanten Umweltsegmenten
4. pädagogische Interventionen	Aktivitäten zur Förderung der Handlungskompetenzen und Lernprozesse von einzelnen Personen(-Gruppen)	z. B. Angebote und Leistungen der Bildung, Beratung, Rehabilitation	Erhöhung individueller Handlungsfähigkeit und Ermöglichung gesellschaftlicher Teilhabe

Mithilfe dieser Darstellung wird es möglich, „auch Eingriffe jenseits der großen Einkommenstransfersysteme – z.B. auch Interventionen durch Sozialpädagogen und Sozialarbeiter [...] – analytisch in den Blick zu nehmen und deren typische Effekte und Eigenlogiken zu fassen" (Köppe/Starke/Leibfried 2015, S. 1595f.). Über sie wird zum einen die funktionale und strukturelle Verbindung von Sozialstaatlichkeit und Sozialer Arbeit deutlich. Zum anderen zeigt sich darin auch der Umstand, dass sich Wohlfahrstaatlichkeit, abseits der originären Aufgabe des Sozialstaates, für die Existenzsicherung der Bürger_innen zu sorgen, zunehmend auch mit der Aufgabe konfrontiert sieht, soziale und kulturelle Teilhabe zu ermöglichen. Daher muss sich der Staat verstärkt auch mit Fragen von Bildung, Chancengleichheit und Bildungsgerechtigkeit auseinandersetzen (vgl. Falterbaum 2017b, S. 989). So gesehen bedeutet Sozial- bzw. Wohlfahrtsstaatlichkeit inzwischen nicht nur mehr Sicherung der Existenz, sondern vielmehr ein umfassendes, staatlich verantwortetes, organisiertes und gesteuertes Programm des Sozialen insgesamt. Das Soziale kann dabei verstanden werden als „ein politisches Programm und eine kulturelle Übereinkunft, die sich seit dem 19. Jahrhundert in spezifischer Weise entwickelt hat und ihren institutionalisierten Ausdruck in zweifacher Weise findet: Versicherung, Versorgung und Fürsorge erfolgen im Modell der sozialen Sicherung zum einen über Geldleistungen, zum anderen im Rahmen eines öffentlichen Dienstleistungssektors in den Bereichen Bildung, Gesundheit und Soziales. Gegenüber der standesgemäßen Festschreibung des sozialen Status in vor-modernen Gesellschaften wurde den Bürgerinnen und Bürgern damit zumindest teilweise eine selbstbestimmte Gestaltung ihres Lebenslaufs ermöglicht" (Kessl 2013, S. 2). Damit wird mit dem Begriff des ‚Sozialen' ein historisch-spezifisches Verhältnis von Akteur_innen und Institutionen bzw. letztlich dem Staat gefasst, welches in den Entgrenzungstendenzen und Bewältigungsanforderungen moderner Gesellschaften seinen Ausgang nimmt.

Der Sozialen Arbeit kommt im Rahmen dieses sozialstaatlichen Programms „die Funktion zu, die Teilnahmemöglichkeiten und die Teilnahmebereitschaft ihrer KlientInnen am gesellschaftlichen und sozialen Zusammenleben und am Produktionsprozess zu verbessern. Sie tut dies, indem sie die Entstehung und Wiederherstellung der Arbeits- und Leistungsfähigkeit ihrer KlientInnen unterstützt, deren soziale Integration und persönliche Entwicklung fördert und auf diese Weise ihrerseits zur sozialen Gerechtigkeit beiträgt. Sie initiiert und begleitet Prozesse der Erziehung, Sozialisation, Ausbildung und Qualifizierung, in denen diese Fähigkeiten entstehen und weiterentwickelt werden. Bei Ausfall einer Leistungsfähigkeit (z.B. der Arbeits- oder Erziehungsfähigkeit) kompensiert sie diesen Mangel durch besondere Hilfen und Förderangebote, bspw. in der Rehabilitation Kranker und Behinderter" (Heiner 2010, S. 53). Ermöglicht wird diese Funktionsbestimmung der Sozialen Arbeit erst durch die Sozialstaatlichkeit, letztere ist also konstitutiv für Soziale Arbeit.

Exkurs: Machtanalytische Perspektiven auf Soziale Arbeit

Analog zu den drei modernisierungstheoretischen Modellen, mit denen wir den gesellschaftlichen Modernisierungsprozess erläutert haben (vgl. Abschnitt 4.1.1), lässt sich mit der Machtanalytik Michel Foucaults (1926–1984) ein vierter Zugang beschreiben, welcher für die Entstehungsgeschichte und Systematisierung Sozialer Arbeit relevant ist. In der Art und Weise, wie dieser Zugang Machtverhältnisse und historische Bedingungen reflektiert, ist er im Stande, Akteur_innen auf allen Ebenen vom gesamten Staat bis zum einzelnen Individuum in seine Analyse miteinzubeziehen. Hierfür analysiert Foucault gesellschaftliche Praktiken und Konstruktionen ausgehend von ihrer Entstehung mit der Methode der Genealogie. Darunter versteht er das Entwirren von vielen zufälligen Entstehungsbedingungen, welche das historische Geworden-Sein einer gegenwärtigen Sache begründen (vgl. Foucault 1971/2005). Über eine solche genealogische Analyse lässt sich beispielsweise darstellen, dass die – für viele sozialpädagogische Angebote relevante – Lebensphase der Jugend keine natürlich existierende, anthropologische (d. h. im Menschsein grundsätzlich angelegte) Gegebenheit darstellt. Vielmehr machen genealogische Analysen darauf aufmerksam, dass ‚Jugend' ein Konzept darstellt, welches seine Existenz „spezifischen historisch-gesellschaftlichen Bedingungen des späten 19. und frühen 20. Jahrhunderts" (Anhorn 2010, S. 26) verdankt: Infolge eines gewaltigen Bevölkerungswachstums treten die Heranwachsenden der proletarischen Arbeiterklasse zunehmend im öffentlichen Raum der Städte in Erscheinung. Vor allem im Lichte einer nationalistisch sozialdarwinistischen bzw. rassenhygienischen Gesellschaftsdiagnose werden diese Heranwachsenden als Bedrohung wahrgenommen. Sie gelten als Teil einer minderwertigen Bevölkerungsgruppe, welche dem Fortschritt der Nation bremst. Sie werden kriminalisiert und als frühreif, gefährlich und gefährdet problematisiert (vgl. ebd.). Aus genealogischer Perspektive basiert „die Herausbildung der Jugendpflege und Ausdifferenzierung der Jugendfürsorge" (Thole 2012, S. 24) als einem bedeutsamen Herkunftsstrang Sozialer Arbeit auf ebendieser historisch-spezifischen Form einer Problematisierung von ‚Jugend'. Foucault selbst untersucht in seiner genealogischen Machtanalyse unter anderem den Wandel westlicher Regierungstätigkeit, indem er drei aufeinander aufbauende Machttypen identifiziert (vgl. Foucault 1978/2005; 1979/2006; 1978/2006):

1. *Souveränität:* d. h. die Macht eines Souveräns, der über ein Territorium und dessen Bewohner_innen herrscht.
2. *Disziplinarmacht:* d. h. die Macht eines disziplinarischen Verwaltungsstaates, der seine Bevölkerung unter anderem dadurch kontrolliert, dass er ihre Körper in Schulen, Fabriken und Besonderungsanstalten (wie Psychiatrien, Gefängnissen, Erziehungsheimen etc.) diszipliniert, anhand von statisti-

schen Messungen Buch über die Belange seiner Population führt und sein politisches Handeln daraufhin abstimmt (vgl. Foucault 1976/2008).

3. *Gouvernementalität:* d.h. Macht in Form einer politischen Ökonomie, bei der sich Techniken der Selbst- und Fremdführung miteinander verschränken – etwa, wenn der_die Einzelne sich an gesellschaftliche Konventionen und Normen orientiert, um nicht als abweichend aufzufallen.

Foucault zeigt in dieser Genealogie der Macht, wie sich im historischen Verlauf der Fokus verschiebt von einem Regieren über ein Territorium hin zu einem Regieren der Bevölkerung. Deren Produktivität wird über die Bündelung gesundheits-, familien-. bildungs- und sozialpolitischer Maßnahmen im Verständnis einer sogenannten *Biopolitik* nun zum Zielpunkt sämtlicher Regierungstätigkeit. Dabei lösen die einzelnen Machtypen einander nicht ab, sondern ergänzen sich zu einer zunehmend komplexer werdenden Regierungskunst (vgl. Foucault 1978/2005, S. 171).

Machtanalytisch lässt sich *Wohlfahrtsstaatlichkeit* und damit auch Soziale Arbeit in ihrer sozialstaatlichen Verfasstheit als Ausdruck machtvoller *Biopolitiken* verstehen. So wie Soziale Arbeit erzieht, kontrolliert, diszipliniert und normalisiert, aber auch wie sie Bildungs- und Hilfsangebote moduliert, wird sie zu einer wirkungsvollen Regierungsinstanz, welche sich sowohl gouvernementaler als auch disziplinartechnologischer Strategien bedient, um die Lebensführungsweisen ihrer Adressat_innen zu lenken, zu regulieren und zu optimieren.

So kann in machtanalytischen Studien beispielsweise gezeigt werden, wie sich in Beratungssettings Machtverhältnisse konstituieren, indem dort notwendigerweise jedes beliebige Problem der Ratsuchenden in ein Problem mangelnder Selbstführung transformiert wird (vgl. Duttweiler 2007). Ebenso wird am Beispiel des Umgangs mit Erwerbslosen deutlich, wie sich in wohlfahrtsstaatlichen Leistungen Formen von Selbst- und Fremdführung gouvernemental miteinander verschränken: Zwar werden die Erwerbslosen in den Job-Centern als ‚Kund_innen' adressiert, gleichzeitig werden ihnen aber die Leistungen gekürzt, wenn sie die offerierten Angebote nicht annehmen (vgl. Pieper 2007). Schließlich lässt sich beobachten, dass Kinder in Kindertageseinrichtungen fortlaufend in spielerischer und kreativer Beschäftigung gehalten werden. Hierdurch fällt es nicht nur leichter, Aufsicht über sie zu führen und das Gruppengeschehen zu kontrollieren, auch lernt das Kind sein Leben allzeit unter der Maßgabe von Aktivität und Produktivität zu führen (vgl. Farrenberg 2018). Insgesamt wird aus einer machtanalytischen Perspektive deutlich, dass in der Sozialen Arbeit zwar fortlaufend von einer Subjektorientierung die Rede ist, die sich an der (Ermöglichung von) Freiheit der Adressat_innen ausrichtet. Jedoch wird in diesem Zusammenhang nicht ausreichend reflektiert, dass sozialpädagogische Maßnahmen und Angebote oftmals selbst zu machtvollen Selbstführungsweisen ihrer Adressat_innen beitragen (vgl. Kessl 2005). Bezogen auf die Soziale Arbeit und ihre Handlungsfelder erlauben Foucaults Machtanalysen damit sowohl deren sozialstaatliche Rahmungen als auch die Wirkungsweise von sozialpolitischen und sozialpädagogischen Interventionen auf die einzelnen Subjekte, d. h. die Adressat_innen (und die Fachkräfte) kritisch in den Blick zu nehmen (vgl. Anhorn/Bettinger/Stehr 2007).

15.1.2 Sozialstaatlichkeit als Voraussetzung Sozialer Arbeit

Die Geburtsstunde der modernen Sozialen Arbeit in Deutschland ist in der Herausbildung des Sozialstaates zum Ende des 19. Jahrhunderts zu sehen. Erst als infolge der Hochzeit der Industrialisierung eine unkontrollierte flächendeckende Verarmung weiter Bevölkerungsteile um sich greift (Stichwort Pauperisierung), der Ruf nach Sozialreformen immer lauter wird und sich die Armenfrage mit der Arbeiterfrage zu einer politisch wirkmächtigen sozialen Frage verbindet, reagiert die Staatsmacht mit einer staatlichen Sozialpolitik (vgl. Hammerschmidt/Tennstedt 2012, S. 73; Gedrath/Schröer 2012).

Exkurs: Industrialisierung und die soziale Frage

Das Zeitalter der Industrialisierung revolutionierte die Arbeitswelt zunächst durch technisch neue Produktionsmöglichkeiten in Form von Maschinen und Fabriken, welche wiederum Neuerungen wie Massenproduktion und Arbeitsteilung ermöglichten. An die Stelle von traditionellem Handwerk und Landwirtschaft sowie von kleineren Manufakturbetrieben traten zunehmend größere Industrieanlagen und Fabriken, in denen Arbeit nun in Form besitzloser Lohnerwerbstätigkeit ausgeführt wurde. Insbesondere Karl Marx und Friedrich Engels machen darauf aufmerksam, dass diese neuen Produktionsverhältnisse Kapital und Arbeit voneinander abspalten, indem die Produktivkräfte (Besitz von Produktionsmitteln wie Maschinen und Firmen, Verfügung über menschliche und technische Arbeitskraft) einseitig auf Seiten der besitzenden Kapitalisten liegen, während die Arbeiterschaft[8] in einer als entfremdend zu bezeichnenden Weise ihre Arbeitskraft anbietet, ohne dabei länger Produzentin des von ihr erarbeitenden Produktes sein zu können (vgl. hierzu exemplarisch Marx 1844/2014; 1867/2016).

---

8 Um der historischen Wirklichkeit in den Anfängen der Industrialisierung Rechnung zu tragen wird an dieser Stelle bewusst auf die Verwendung einer gendersensiblen Schreibweise verzichtet.

Anders als der traditionelle Handwerker, der mit seiner Arbeit etwas produziert, das er nach der Fertigstellung als produktförmige Ware verkaufen kann, wird der Arbeiter in einen arbeitsteiligen Produktionsschritt eingespannt, bei dem er die Maschinen des Firmeneigentümers bedient und seine Arbeitskraft zur Verfügung stellt, wofür er zwar entlohnt, jedoch gleichzeitig vom Produkt seiner Schaffenskraft entfremdet wird. Über diese kapitalistische Produktionsweise der Industrialisierung (vgl. Abb. 15.1) wird die Bevölkerung in wenige, über Produktivkräfte verfügende Kapitalisten und in Massen besitzloser, lohnerwerbstätiger Arbeiter geteilt. Diese Ungleichheit wird spätestens dann zu Ungerechtigkeit, als eine zunehmende Verarmung der Arbeiterschaft bei gleichzeitiger Gewinnmaximierung auf Seiten der Besitzenden einsetzte. Verarmung und Entfremdung liefen nun immer stärker zusammen, so dass sich die Armenfrage und die Arbeiterfrage zur sozialen Frage schlechthin verbinden konnten. Die Herausbildung des modernen Sozialstaates im Verständnis staatlich organisierter Wohlfahrt lässt sich als Antwort auf diese soziale Frage lesen (vgl. Falterbaum 2017a; 2017b; Gedrath/Schröer 2012).

Abb. 15.1: Die kapitalistische Produktionsweise

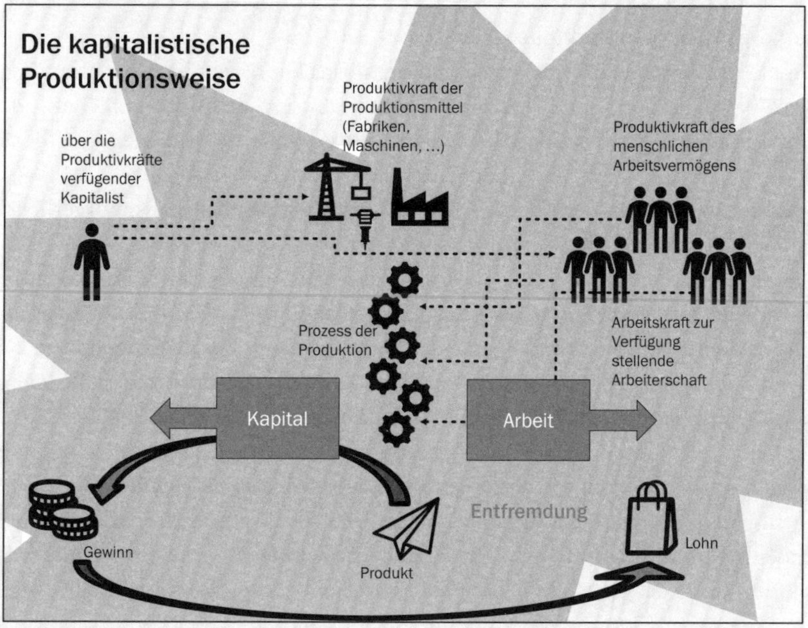

Zum einen hatten sich privatbürgerliche Initiativen, die in der Verelendung des Proletariats eine Gefahr für den gesellschaftlichen Zusammenhalt sahen, zu einer *Sozialreformbewegung* zusammengeschlossen. Auf der Basis empirischer

Studien zur Lage der Arbeiterklasse formulierte diese Bewegung zunehmend nachdrücklicher sozialpolitische Forderungen (vgl. Schmitt 2017, S. 350). Zum anderen setzte eine sich ebenfalls zunehmend mobilisierende *Arbeiterbewegung* die politisch Verantwortlichen unter Druck, sodass die Konzeption von Sozialstaatlichkeit auf nationalstaatlicher Ebene schließlich auch implementiert wird, um eine drohende Revolution der Arbeiterklasse abzuwenden (Stichwort Klassenkampf). Hierfür sind zwei Aspekte relevant – die Einführung von Sozialversicherungen und das Fürsorgeprinzip:

Sozialversicherungen

Der Grundstein der neuen Sozialstaatlichkeit ist die sukzessive Einführung von diversen Sozialversicherungen, welche die Arbeiterschaft über ein beitragsfinanziertes Umlageverfahren gegenüber den sozialen Risiken Krankheit (1883), Unfall (1884) und Invalidität und Alter (1889) absichert. 1927 wird die Sozialversicherung um eine Arbeitslosenversicherung und 1995 schließlich um eine Pflegeversicherung ergänzt. Mit der Versicherungspflicht für Lohnerwerbstätige und der paritätisch von Arbeitnehmer_innen wie Arbeitgeber_innen aufzubringenden Beitragsordnung lassen sich zwei weitere wesentliche Merkmale des Sozialversicherungsprinzips benennen (vgl. Dünn 2017, S. 855).

Fürsorge statt Armenpflege

Parallel zu dieser Etablierung staatlich organisierter Wohlfahrt im Gewand der Sozialversicherungen fand eine Professionalisierung und Verberuflichung der kommunalen Armen- und Gesundheitspflege statt. Sozialwissenschaftliches und medizinisches Wissen ermöglichten die bereits beschriebene wissenschaftsbasierte Sozialreform, welche in den Kommunen oft von privatbürgerlichen Initiativen gestützt wurde (vgl. Hammerschmidt/Tennstedt 2012, S. 77 f.). Aus einigen dieser Initiativen ging später der bis heute tätige Deutsche Verein für öffentliche und private Fürsorge (kurz: Deutscher Verein) hervor. Dabei ist es v. a. ein Verdienst der Frauenbewegung, dass sich aus dem sozialen Ehrenamt in den Elendsquartieren, Sozialarbeit zunächst als Ausbildungsberuf und später dann als akademischer Beruf entwickeln konnte (ebd., S. 79 f.; Schmitt 2017, S. 350 f.).

Die Professionalisierung der Armenpflege wurde von begrifflichen Neuerungen sowie Differenzierungen und Spezialisierungen hinsichtlich der Angebotsformen und Adressat_innenkreise begleitet. Der Begriff der Fürsorge löste Ende des 19. Jahrhunderts den Begriff der Armenpflege ab. Fürsorge stand dann bis zum Ende des Zweiten Weltkriegs für Unterstützungsleistungen und Angebote, die sich als Vorläufer der heutigen Handlungsfelder Sozialer Arbeit u. a. in Armenfürsorge, Krüppelfürsorge, Säuglingsfürsorge und Gesundheitsfürsorge ausdifferenziert hatten. Im Nachkriegsdeutschland schließlich wurde der Fürsorgebegriff dann weitestgehend abgelöst durch abermals differenziertere Begrifflichkeiten wie Sozialhilfe, Sozialarbeit, Sozialpädagogik und soziale Sicherung (vgl. Mulot 2017). Die Armenfürsorge und damit ein zentrales Hilfsangebot der heutigen Sozialen Arbeit zählt erst seit dem 20. Jahrhundert zu den sozialstaatlichen Leistungen (vgl. Köppe/Starke/Leibfried 2015, S. 1595). Indem Armut in dieser Zeit nicht mehr länger als ökonomische Gesetzmäßigkeit oder als individuell verursachte Schuldhaftigkeit betrachtet wurde, sondern als eine soziale Problemlage, fand auch ihre Bekämpfung zunehmend weniger in Form caritativer und altruistischer Hilfen oder in Form einer aufoktroyierten Arbeitserziehung statt. Vielmehr zeichnete sich ab, dass Armut und weitere soziale Problemlagen nicht nur politisch abwendbar sind, sondern zudem abgewendet werden müssen, um dem moralischen Anrecht der von Armut Betroffenen auf soziale Teilhabe im Sinne eines Naturrechts entsprechen zu können. Spätestens seit der Zeit der Weimarer Republik (1918–1933) kann schließlich auch von einer rechtlichen Konsolidierung der sozialstaatlich verfassten Sozialen Arbeit gesprochen werden (vgl. Gedrath/Schröer 2012, S. 863 ff.; Hammerschmidt 2012, S. 851; Schmitt 2017, S. 351).

15.2 Die (sozial-)rechtliche Verfasstheit Sozialer Arbeit

Zwar ging die Entstehung des Rechtsstaates in Deutschland zeitlich der Herausbildung des Sozialstaates voraus, jedoch hat eine Verrechtlichung Sozialer Arbeit erst im Zuge der modernen staatlichen Wohlfahrt und der damit einhergehenden kommunalen Leistungsverwaltung eingesetzt. So wurden bezeichnenderweise auch Hilfe und Kontrolle erst als unterschiedliche Mandate sichtbar, nachdem die (Sozial-)Leistungsverwaltung und Eingriffsverwaltung, die nach unterschiedlichen Rechtsnormen agierten, wesensmäßig voneinander unterschieden werden konnten. Zuvor gingen Hilfe und Kontrolle ineinander über, etwa wenn es darum ging, Notleidende auch mit Zwang in einem Armenhaus unterzubringen. Von einer umfassenden (sozial-)rechtlichen Verfasstheit Sozialer Arbeit lässt sich erst im Wohlfahrtsstaat der Weimarer Republik sprechen (vgl. Hammerschmidt 2012, S. 851; Gedrath/Schröer 2012, S. 863).

15.2.1 Sozialgesetzbuch

Die sozialpädagogischen Aufträge erfuhren seit dieser Zeit eine hohe Regelungsdichte, die es bis heute erschwert, sämtliche Rechtsgrundlagen Sozialer Arbeit umfassend zu überblicken bzw. systematisch darzustellen. Dabei stellen die von 1976 an sukzessive ausformulierten und weiterentwickelten Bücher des Sozialgesetzbuchs (SGB) einen Versuch dar, das historisch gewachsene Dickicht an sozialrechtlich relevanten Regeln, Verordnungen und Vorschriften zu systematisieren und zu ordnen.

Übersicht über die Inhaltsbereiche der Bücher des Sozialgesetzbuches

SGB I	Allgemeiner Teil und Überblick über die Sozialleistungen und den Kreis der Anspruchsberechtigten (1976)
SGB II	Grundsicherung für Arbeitsuchende (2003)
SGB III	Arbeitsförderung (1997)
SGB IV	Gesamte Vorschriften für die Sozialversicherung (1977)
SGB V	Gesetzliche Krankenversicherung (1988)
SGB VI	Gesetzliche Rentenversicherung (1989)
SGB VII	Gesetzliche Unfallversicherung (1996)
SGB VIII	Kinder- und Jugendhilfegesetz (1990/1991)
SGB IX	Rehabilitation und Teilhabe behinderter Menschen (2001)
SGB X	Verwaltungsverfahrensrecht, Schutz der Sozialdaten und Regelungen zur Zusammenarbeit der Leistungsträger (1981/1983)
SGB XI	Soziale Pflegeversicherung (1994)
SGB XII	Sozialhilfe (2003)

Bezogen auf die vier aktuellen Handlungsfelder lassen sich die sozialgesetzlichen Grundlagen wie folgt zuordnen

- Kinder- und Jugendhilfe: SGB VIII
- Soziale Hilfen in besonderen Lebenslagen: SGB II, SGB III, SGB XII
- Behinderten- und Gesundheitshilfe: SGB V, SGB IX, SGB XI
- Soziale Altenhilfe: SGB VI, SGB XI

Dennoch umfassen auch die Bücher des SGB keinen Gesamtüberblick über das heute geltende Sozialrecht (vgl. Busse 2017). Als Sozialrecht bezeichnet man „dasjenige Rechtsgebiet, in dem sich der sozialpolitisch gewollte Ausgleich von Einkommen und Chancen zwischen verschiedenen Bevölkerungsgruppen und auch innerhalb derselben mit dem Ziel vollzieht, soziale Gerechtigkeit herzustellen und soziale Sicherungen zu gewährleisten“ (Bieritz-Harder 2017, S. 847). Dass sich das Sozialrecht zuvorderst den historisch gewachsenen Leistungsstrukturen und den jeweils gegebenen sozialpolitischen Notwendigkeiten verpflichtet fühlt, führt dabei im Ergebnis „zu einer beispiellosen Komplexität und Undurchschaubarkeit“ (Falterbaum 2017a, S. 849).

Ungeachtet des nach wie vor bestehenden Wildwuchses an Regelungen und Vorschriften lässt sich festhalten, dass der Kern der (sozial-)rechtlichen Verfasstheit Sozialer Arbeit heute in den zwölf Büchern des SGB zu finden ist. Dabei rahmt § 1 SGB I Aufgaben des Sozialgesetzbuchs, welche Aufgaben und Ziele mit dem Sozialrecht verfolgt werden:

„(1) Das Recht des Sozialgesetzbuchs soll zur Verwirklichung sozialer Gerechtigkeit und sozialer Sicherheit Sozialleistungen einschließlich sozialer und erzieherischer Hilfen gestalten. Es soll dazu beitragen,

- ein menschenwürdiges Dasein zu sichern,
- gleiche Voraussetzungen für die freie Entfaltung der Persönlichkeit, insbesondere auch für junge Menschen, zu schaffen,
- die Familie zu schützen und zu fördern,
- den Erwerb des Lebensunterhalts durch eine frei gewählte Tätigkeit zu ermöglichen und
- besondere Belastungen des Lebens, auch durch Hilfe zur Selbsthilfe, abzuwenden oder auszugleichen.

(2) Das Recht des Sozialgesetzbuchs soll auch dazu beitragen, daß die zur Erfüllung der in Absatz 1 genannten Aufgaben erforderlichen sozialen Dienste und Einrichtungen rechtzeitig und ausreichend zur Verfügung stehen."

15.2.2 Drei Grundprinzipien: Fürsorge, Versicherung und Versorgung

Entlang der Entwicklungsgeschichte des deutschen Sozialrechts lassen sich traditionell drei Säulen sozialpolitischer Grundprinzipien identifizieren, mit denen das Ziel verfolgt wird, soziale Sicherheit zu gewährleisten – Fürsorge, Versicherung und Versorgung (vgl. Bieritz-Harder 2017; Fahlbusch 2017; Winkler 2017a; 2017b):

Abb. 15.2: Die drei Säulen der Grundprinzipien im deutschen Sozialrecht

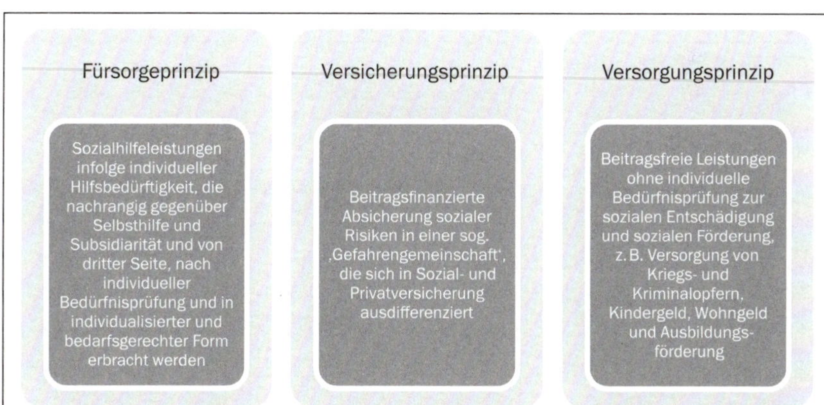

Zentral für die Soziale Arbeit ist die Definition des Fürsorgeprinzips: „Fürsorge ist die individuelle, auf konkrete Notlagen abgestellte Hilfe, die aus allgemeinen

Steuermitteln finanziert wird. Sie sichert nicht gegen genau definierte Risiken, sondern gegen das Scheitern der privaten Sicherung des Lebensunterhalts. Fürsorge wird grundsätzlich nach dem Subsidiaritätsprinzip geleistet, d.h. wenn der Betroffene sich nicht aus eigener Arbeit oder eigenem Vermögen unterhalten kann, keine anderen Sozialleistungsträger (wie Sozialversicherungen) zuständig sind und auch keine privatrechtlichen Unterhaltsansprüche (z.B. gegen Eltern) bestehen. Wer Fürsorgeleistungen in Anspruch nehmen will, muss sich deshalb einer Bedürftigkeitsprüfung mit entsprechenden Kontrollen unterziehen. Darüber hinaus soll – damit die Fürsorge keine attraktive Alternative zur Lohnarbeit darstellt – das Leistungsniveau der Fürsorge grundsätzlich unterhalb der niedrigsten Lohngruppen liegen (Abstandsprinzip) und Empfänger von Fürsorgezahlungen können zu Arbeitsleistungen herangezogen werden. Nach dem Fürsorgeprinzip sind beispielsweise die Sozialhilfe und die Jugendhilfe organisiert“ (Ortmann 2012, S. 767).

15.2.3 Erweiterung der drei Prinzipien

Das Sozialrecht hat sich inzwischen mehrfach weiter ausdifferenziert, sodass alternativ zu den drei Grundprinzipien mittlerweile auch von vier Funktionsbereichen der sozialen Vorsorge, der sozialen Förderung, der sozialen Entschädigung sowie der sozialen Hilfe gesprochen werden kann (vgl. Heiner 2010, S. 55f.).

Abb. 15.3: Die vier Funktionsbereiche des Sozialrechts (in Anlehnung an Heiner 2010, S. 55f.)

Soziale Vorsorge	beitragsfinanzierte Sozialversicherungen (SGB III, SGB V, SGB VI, SGB VII, SGB XI) gemäß dem Versicherungsprinzip
Soziale Förderung	Wohnungsförderung (WoGG), Bildungsförderung (BAFöG), Wiedereingliederung behinderter Menschen (SGB IX), Leistungen der Kinder- und Jugendhilfe (SGB VIII) gemäß dem Fürsorge- bzw. Versorgungsprinzip
Soziale Entschädigung	Schadensausgleich von Kriegsopfern o.Ä. gemäß dem Versorgungsprinzip
Soziale Hilfe	Absicherung des Existenzminimums und Überwindung sozialer Notlagen (SGB II, SGB XII) gemäß dem Fürsorgeprinzip

Zusammenfassend ist herauszustellen, dass sich die Ziele und Aufgaben Sozialer Arbeit ebenso wie die Palette an möglichen Hilfen und Interventionen, die sie als soziale Dienstleistungen erbringen kann und muss, entlang ihrer sozialstaatlichen und (sozial-)rechtlichen Verfasstheit bemessen und ausrichten: „Soziale Arbeit ist über weite Strecken und insbesondere in den Kernbereichen Verwaltungshandeln, also Vollzug von Recht. Das Recht erlaubt und begrenzt im selben Zug Eingriffe bei der Klientel, es erlaubt und begrenzt Geld-, Sach- und Dienstleistungen. Die Besonderheit des Rechts in der Sozialen Arbeit besteht in seiner engen Verquickung mit einschlägigen, also sozialpädagogischen, aber auch sozial- und erziehungswissenschaftlichen fachlichen Theorien, Konzepten, Modellen usw. als Handlungsgrundlage“ (Hammerschmidt 2012, S. 860).

Exkurs: Rechtsanwendungskompetenz
Vor diesem heterogenen Hintergrund sind für Sozialarbeiter_innen sowohl die Kenntnis über gesetzliche Grundlagen als auch eine „Rechtsanwendungskompetenz“ (Falterbaum 2009, S. 11) ausgesprochen wichtig, da dies die maßgeblichen Instrumente sind, die Personen zu Adressat_innen machen. Die „Rechtsanwendungskompetenz“ klärt Fragen wie „Darf ich hier Leistungen erbringen? Hat der Betroffene Anspruch auf Hilfe?“ und „Wer ist für dieses Anliegen zuständig?“ (ebd.) D. h. sozialrechtlich betrachtet handelt es sich in den einzelnen Handlungsfeldern Sozialer Arbeit je um einen spezifischen Kreis von Adressat_innen, verbunden mit je spezifischen Diagnosen, woraus sich dann jeweils ein sozialrechtlich kodifizierter Anspruch begründet.

15.3 Die Organisation Sozialer Arbeit: Institutionen und Akteur_innen

In den Aufgaben und Zielen Sozialer Arbeit, in ihren Mandaten sowie in ihrer sozialstaatlichen und (sozial-)rechtlichen Verfasstheit sind maßgebliche Komponenten zu sehen, welche die Organisation Sozialer Arbeit in den verschiedenen Handlungsfeldern steuern und strukturieren. Der über das Sozialstaatsprinzip und die Sozialgesetzgebung verfasste Auftrag der Fürsorge findet sich dabei in Form der sogenannten Sozialen Dienste organisiert (vgl. Ortmann 2012, S. 768 f.). „Soziale Dienste stellen das institutionalisierte Bedingungsgefüge Sozialer Arbeit im wohlfahrtsstaatlichen Arrangement dar. Professionelle sozialpädagogische Handlungsvollzüge werden immer in einem – wenn auch höchst differenten – organisationalen Kontext realisiert“ (Kessl/Otto 2011, S. 389). Unter Sozialen Diensten lassen sich damit also spezifische Organisations- und Verwaltungsformen der Sozialen Arbeit verstehen. „Zur Kategorie der sozialen Dienste zählen heterogene Leistungen wie Gesundheits- und Pflegedienste,

Erziehung und Bildungsdienste sowie Beratung und Betreuung. Soziale Dienste sind als zwischenmenschliche Form von Hilfeleistungen gekennzeichnet, die sich an immateriellen Problemen und den besonderen Lebensumständen des Einzelnen orientieren, von privaten oder staatlichen Institutionen und Einzelpersonen erbracht werden und darauf abzielen, die physische und psychische Lebens- und Erlebnisfähigkeit sowie die Sozialfähigkeit wiederherzustellen oder zu verbessern" (Hartmann 2011, S. 76). Die darin erbrachten Leistungen verfolgen allgemein gesprochen das Ziel, „soziale Probleme von Einzelnen, Gruppen und Gemeinwesen zu lösen und durch Prävention zu verhindern" (Weyrich 2017, S. 785). So wie sich die Sozialen Dienste verantwortlich für die koordinierte praktische Umsetzung des Sozialstaatsprinzips und der sozialrechtlich gefassten sozialen Dienstleistungen zeigen, lassen sie sich als Organisationen der Wohlfahrtserbringung beschreiben, die von Trägern der öffentlichen wie der freien Wohlfahrtspflege vorgehalten werden. Sie stellen damit einen Teil der kommunalen Daseinsvorsorge dar (ebd., S. 785 f.).

Exkurs: Soziale Dienstleistungen

Um den Begriff der sozialen Dienstleistung näher definieren zu können hat der Soziologe Thomas Klatetzki die analytische Begriffsabfolge der ‚sozialen personenbezogenen Dienstleistungsorganisation' entwickelt (vgl. Klatetzki 2008). Das ‚Soziale' beschreibt den sozialstaatlich und sozialrechtlich verfassten Anspruch der Dienstleistung, die damit einhergehende entsprechende öffentliche Finanzierung sowie den Charakter der Gemeinnützigkeit, der hiermit einhergeht. Der Begriff ‚personenbezogen' hebt darauf ab, dass die Dienstleistung „auf jeweils einzelne Individuen und deren Bedarfsdeckung bezogen" ist (ebd., S. 8). Dienstleistungstheoretisch geht damit einher, dass die Dienstleistungsempfänger als Ko-Produzent_innen dieser Dienstleistung aktiv deren Zustandekommen sowie deren Erfolg befördern (oder behindern). Innerhalb des Begriffs der Dienstleistung selbst lassen sich drei unterschiedliche Dienstleistungstypen verorten (Hasenfeld 1983 z. n. Klatetzki 2008, S. 9):

- „Dienstleistungen in Form des (Weiter-)Vermittelns von Klienten (‚people processing'). Bei diesen Dienstleistungen werden nicht persönliche Eigenschaften des Klienten verändert, sondern der Klient erhält einen neuen sozialen Status, der erwünschte Reaktionen und Handlungsweisen bei anderen Organisationen und Instanzen hervorruft. Ein Beispiel hierfür ist die Tätigkeit von Gerichten oder Arbeitsvermittlungen.
- Dienstleistungen, die darauf abzielen, den Zustand und/oder das Wohlergehen des Klienten zu erhalten, ohne dass es direkt um eine Veränderung der persönlichen Eigenschaften der Klienten geht (‚people sustaining'). Hierzu zählen z. B. Leistungen zur Prävention, Rehabilitation oder Pflege von Personen.

- Dienstleistungen zur direkten Veränderung der persönlichen Eigenschaften von Klienten, um deren Wohlergehen zu erhöhen (‚people changing'). Hierzu zählen z. B. alle pädagogischen oder therapeutischen Interventionen, wie sie in Schulen oder Krankenhäusern vorgenommen werden."

Die begriffliche Bezugnahme auf ‚Organisation' schließlich verdeutlicht, dass Dienstleistungen in modernen Gesellschaften in überindividuellen sozialen Systemen erbracht werden, welche rechtlich, im Fall von ‚sozialen personenbezogenen Dienstleistungsorganisationen' sozialrechtlich kodifiziert sind. Wenn von ‚sozialen Dienstleistungen' in diesem Buch die Rede ist, beziehen wir uns, wie im Kontext der Sozialen Arbeit insgesamt, auf diese Definition ‚sozialer personenbezogener Dienstleistungsorganisationen'.

Mit dem Begriff der Daseinsvorsorge wird wiederum die Bereitstellung öffentlicher wirtschaftlicher, sozialer und kultureller Dienstleistungen markiert, deren verlässliche Nutzung grundsätzlich allen Bürger_innen zur Verfügung stehen sollte. Hierzu zählen etwa die Versorgung mit Wasser und Elektrizität, die öffentliche Verkehrsinfrastruktur, die Abfallentsorgung, Gesundheitsversorgung, öffentliches Fernsehen und Rundfunk und eben auch die sozialen Dienstleistungen, wie sie sozialrechtlich gefasst in den Handlungsfeldern der Sozialen Arbeit erbracht werden. Der Begriff der Daseinsvorsorge grenzt zudem die moderne Leistungsverwaltung der öffentlichen Hand ab von klassischen Konzepten einer staatlichen Eingriffsverwaltung (vgl. Kramer 2017, S. 158).

15.3.1 Wohlfahrtspflege

Bevor wir auf die Verwaltungs- und Organisationsförmigkeit der Sozialen Dienste näher eingehen, ist eine einführende Darstellung in das derzeitige *wohlfahrtsstaatliche Arrangement* in Deutschland erforderlich. Bereits zur deutschen Kaiserzeit entwickelte sich auf der Basis lokaler Vereinskulturen ein zunehmend straffer, systematischer und überregional organisiertes Verbandswesen, welches als freie Wohlfahrtspflege die Fürsorge der öffentlichen Hand ergänzt (vgl. Weyrich 2017, S. 786).

Exkurs: Träger der freien Wohlfahrtspflege
Der Begriff ‚Freie Träger' bezeichnet „private, das heißt nicht-staatliche Organisationen (i. d. R. Vereine, Gesellschaften mit beschränkter Haftung oder Stiftungen bürgerlichen Rechts)" (Bauer/Dahme/Wohlfahrt 2012, S. 813). Unterschieden werden können hierbei privat-gemeinnützige bzw. frei-gemeinnützige

Nonprofit-Organisationen von privatwirtschaftlich agierenden und gewinnorientiert arbeitenden Organisationen. Die sechs größten der gemeinnützigen Freien Träger werden auch als Spitzenverbände der Freien Wohlfahrtspflege bezeichnet (vgl. Bauer/Dahme/Wohlfahrt 2012, S. 813). Hierzu gehören:

- Arbeiterwohlfahrt (AWO)
- Deutscher Caritasverband (DCV)
- Deutsches Rotes Kreuz (DRK)
- Der Paritätische Gesamtverband (Der Paritätische)
- Diakonie Deutschland (DW)- Evangelisches Werk für Diakonie und Entwicklung
- Zentrale Wohlfahrtsstelle der Juden in Deutschland (ZWST)

Sie arbeiten in der ‚Bundesarbeitsgemeinschaft der Freien Wohlfahrtspflege e. V. (BAG FW)' zusammen. „Bezogen auf die Trägerfunktion besagt der Begriff ‚frei', dass die Wohlfahrtspflege selbstbestimmt tätig sein kann und nicht zur Erfüllung von staatlichen Leistungen verpflichtet ist. Neben den Verbänden der Freien Wohlfahrtspflege sind wichtige frei-gemeinnützige Trägergruppen die Kirchen und sonstige Gemeinschaften sowie die Selbsthilfeorganisationen" (ebd.).

Bis heute wird die Dienstleistungserbringung in den Sozialen Diensten der freien und der öffentlichen Wohlfahrtspflege über das *Subsidiaritätsprinzip* koordiniert und gleichzeitig abgesichert: „Dieses der katholischen Soziallehre entlehnte [...] Ordnungsprinzip wurde in der Bundesrepublik auf Grund der Erfahrungen des Nationalsozialismus durch die Gesetzesnovellierungen der 1950er und 1960er-Jahre in vielen Einzelvorschriften verankert. Aus dem Subsidiaritätsgrundsatz leitet sich die Vorrangstellung Freier Träger ab: Dort, wo die Freien Träger Einrichtungen betreiben, soll der Öffentliche Träger keine eigenen Einrichtungen unterhalten, in fachlicher Hinsicht ihre Selbständigkeit akzeptieren und keine Beanstandungsrechte geltend machen" (Bauer/Dahme/Wohlfahrt 2012, S. 813).

In älteren Darstellungen des wohlfahrtsstaatlichen Arrangements wird lediglich das Verhältnis von Freien und Öffentlichen Trägern thematisiert. Jedoch führten weitreichende Transformationsprozesse seit den 1990er-Jahren dazu, dass aktuellere Konzeptionen von mindestens drei verschiedenen Sektoren sprechen, um die derzeitige Erbringung wohlfahrtsstaatlicher Dienstleistungen zu beschreiben und zu analysieren: dem Staat, dem Markt und einem dritten bzw. tertiären Sektor. Dabei ist die Verwendung des Begriffs ‚dritter Sektor' insgesamt uneinheitlich. Wurde er in der Dienstleistungstheorie ursprünglich verwendet, um den Dienstleistungssektor systematisch von einem ersten bzw. primären Sektor der wirtschaftlichen Nahrungsmittelproduktion und Rohstoffgewinnung und einem zweiten bzw. sekundären Sektor der industriellen Rohstoffverarbeitung abzugrenzen (vgl. Oechler 2015, S. 303), so ist in seiner aktuellen Verwendungsweise oftmals eine inhaltliche Zuspitzung auf Non-Profit-Organisationen bzw. Freie Träger zu beobachten.

Diesem engeren Verständnis des dritten Sektors schließen wir uns in den folgenden Ausführungen an, wenn wir die Transformation des wohlfahrtsstaatlichen Arrangements anhand von zwei Aspekten weiter veranschaulichen (vgl. hierzu exemplarisch Kessl 2013):

Neue Steuerung: Steigerung von Effizienz

Erstens wurden unter dem Stichwort ‚Neue Steuerung' bzw. ‚New Public Management' Organisationsstrukturen in den Sozialverwaltungen (bspw. der Jugendämter, der Gesundheitsämter und der Sozialämter) verändert und stärker an betriebswissenschaftliche Maximen angelehnt; dies meint etwa die Steigerung von Effizienz, die Etablierung von Qualitätsmanagementsystemen und eine insgesamt am Output orientierte Organisation der sozialen Dienstleistungserbringung. Hierbei ging es darum, Kosten zu reduzieren und Angebote auf ihre Wirksamkeit und Qualität hin zu überprüfen. Vielerorts führte dies zu Kürzungen auf Seiten der kommunalen Dienstleistungen; auch wurde die Bedürfnisprüfung vor der Vergabe einer stärkeren Kontrolle unterworfen (vgl. Weyrich 2017, S. 787 f.).

Neue Anbieter: Kommerzielle Dienstleistungen

Zweitens wurde die Vergabe der Leistungserbringung in den Handlungsfeldern der Sozialen Arbeit auf privatwirtschaftliche bzw. gewinnorientierte Träger jenseits der klassischen gemeinnützigen Non-Profit-Organisationen (NGOs) (wie etwa den Spitzenverbänden der Wohlfahrtspflege) ausgeweitet. In einem marktähnlichen Wettbewerb konkurrierten die örtlichen gemeinnützigen Träger der freien Wohlfahrtspflege bald mit neuen privatwirtschaftlich organisierten Dienstleistern, die sich um den Zuschlag für die Erbringung sozialer Dienstleistungen bei den öffentlichen Kostenträgern (bspw. dem Jugend- oder dem Sozialamt) bewarben. Über die sogenannte ‚Neue Steuerung' wurden damit Quasimärkte geschaffen, in denen zwar nach wie vor das Subsidiaritätsprinzip zwischen Öffentlichen und Freien Trägern wirkt, in denen jedoch über entsprechende sozialgesetzliche Neuregelungen gleichzeitig eine Öffnung der jeweils örtlich agierenden Freien Träger hin zu kommerziellen Dienstleistern erwirkt wurde. Unter neuen und in vielerlei Hinsicht verschärften Wettbewerbsbedingungen konkurrieren nun nicht mehr nur die einzelnen NGOs des gemeinnützig agierenden Dritten Sektors untereinander. Hinzu kommen zusätzlich sich neu etablierende Freie Träger, die v. a. nach marktgesetzlichen und betriebswirtschaftlichen Grundsätzen organisiert sind. Das Verhältnis von Staat und Drittem Sektor, welche das wohlfahrtsstaatliche Arrangement lange Zeit über kennzeichnete, findet sich um den Sektor des Marktes ergänzt, was massive Veränderungen für sämtliche der Beteiligten hervorruft (vgl. Weyrich 2017).

Das wohlfahrtsstaatliche Arrangement aus Öffentlicher und Freier Wohlfahrtspflege in den Sektoren Staat, Dritter Sektor und Markt organisiert sich aktuell sozusagen entlang der Prinzipien der Subsidiarität und des Wettbewerbs (siehe Abb. 15.4). Die Erbringung sozialer Dienstleistungen lässt sich damit derzeit als *Wohlfahrtsmix* beschreiben, welcher überwiegend von den Sektoren Staat, Markt und Dritter Sektor bereitgestellt wird. In einigen *Modellen pluralistischer Wohlfahrtsarrangements* wird zudem das Geflecht aus Familie und Nachbarschaft als weiterer Akteur bzw. als zusätzlicher Sektor benannt, um auch die nicht sozialstaatlich und sozialrechtlich verfasste, als privat bzw. informell bezeichenbare Komponente der Wohlfahrtsproduktion mit in die Analyse und Bewertung miteinbeziehen zu können. Beispielhaft hierfür lässt sich die Beschreibung geteilter Verantwortlichkeiten im Kontext der Kinder- und Jugendhilfe in den Ausführungen des 14. Kinder- und Jugendberichts anführen (vgl. BMFSFJ 2013, S. 67 ff.).

Abb. 15.4: Sektoren und Prinzipien im aktuellen wohlfahrtsstaatlichen Arrangement

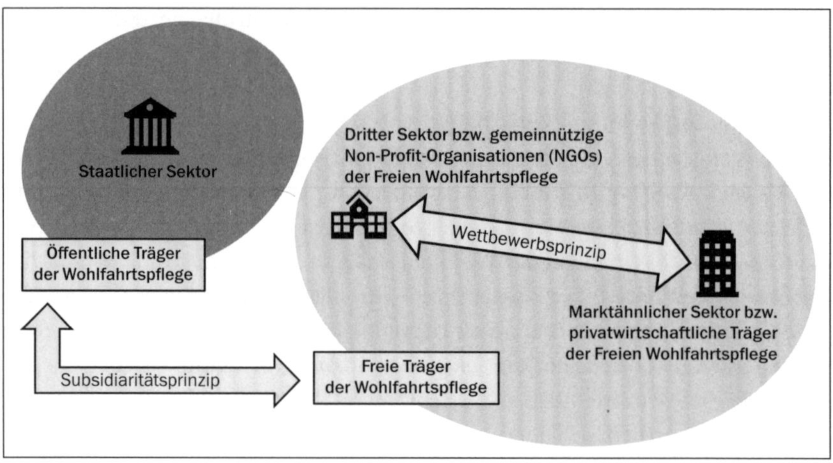

Welche konkreten Auswirkungen diese pluralistischen Wohlfahrtsarrangements haben, veranschaulichen wir in einem Fallbeispiel:

Fallbeispiel ‚Neue Anbieter und kommerzielle Dienstleistungen'

In einer deutschen Kleinstadt wurden Hilfen zur Erziehung als soziale Dienstleistungen der Kinder- und Jugendhilfe traditionell vom Caritasverband und der Diakonie angeboten – also von zwei Spitzenverbänden der freien Wohlfahrtspflege. Das Jugendamt selbst hingegen hat als örtlicher öffentlicher Jugendhilfeträger lediglich eine Stelle für Erziehungsberatung nach § 28 SGB VIII vorgehalten. Seit der Jahrtausendwende bieten drei kleinere, lediglich lokal operierende privatwirtschaftliche Anbieter nun ebenfalls soziale Dienstleistungen an, die zu den Hilfen zur Erziehung zählen. Das eingespielte Nebenher, welches die Dienstleistungserbringung zwischen Jugendamt, Diakonie und Caritasverband jahrzehntelang zuverlässig strukturierte, wurde durch die neuen Anbieter aufgebrochen. Die Erbringung einzelner Hilfen zur Erziehung, die sich bislang entlang eindeutig geregelter Zuständigkeiten vollzog, gestaltete sich nun von Fall zu Fall als eine Art Wettbewerb um den Fallzuschlag zwischen den lokalen Dienstleistungsanbietern.

Für die Adressat_innen bieten sich hierdurch – zumindest theoretisch – Wahlmöglichkeiten insbesondere hinsichtlich der Wohnortnähe und der weltanschaulichen Gesinnung der Anbieter. Faktisch jedoch sind es vornehmlich die Dienstleistungsanbieter selbst, die in Arbeitsgemeinschaften nach § 78 SGB VIII untereinander aushandeln, wer in welchen Tätigkeitsfeldern des Arbeitsfeldes Hilfen zur Erziehung soziale Dienstleistungen anbietet. Eine tatsächliche Wahlmöglichkeit besteht in der beschriebenen Kleinstadt daher für die Adressat_innen von Erziehungshilfen somit lediglich bezogen auf Erziehungsbeistandschaft (§ 30 SGB VIII), sozialpädagogische Familienhilfe (§ 31 SGB VIII) sowie intensive sozialpädagogische Einzelbetreuung (§ 35 SGB VIII).

Für die Dienstleistungsanbieter bedeutet die neue Situation v. a. ungewohnte Konkurrenz und einen erhöhten Abstimmungs- bzw. Aushandlungsbedarf. Das eigene Profil muss geschärft und die Qualität der Dienstleistung mehr als zuvor nachgewiesen werden. Um den Fallzuschlag zu erhalten spielt zudem eine Reduzierung der Kosten eine große Rolle. Die neuen Anbieter zeigen sich bei der Angebotsausgestaltung in der Praxis oftmals flexibler als die Vertreter der großen Spitzenverbände. Außerdem fokussieren sie nur wenige, ganz spezielle und finanziell lukrative Dienstleistungen an. Dienstleistungen hingegen, die wie stationäre Angebote mit größeren Investitionen verbunden sind oder nur sporadisch angefragt werden, verbleiben zumeist in der Hand der Anbieter der Spitzenverbände.

15.3.2 Dienstleistungsdreieck

Grundsätzlich ist die Erbringung sozialrechtlich verfasster sozialer Dienstleistungen in einem Dreiecksverhältnis organisiert. Die folgende Abbildung (15.5) macht darauf aufmerksam, dass, anders als bei Dienstleistungen auf dem freien Markt (bspw. der Buchung einer Taxifahrt), die Erbringung nicht nur zwischen Anbieter bzw. Leistungserbringer (in unserem Beispiel die Taxifahrerin) und Leistungsempfänger und Kostenträger (in unserem Beispiel der Fahrgast) stattfindet. Indem das Fürsorgeprinzip nach abgeschlossener Bedarfsprüfung eine sozialrechtlich geregelte und über allgemeine Steuermittel finanzierte Dienstleistungserbringung vorsieht (vgl. Ortmann 2012, S. 767), fallen Leistungsempfänger und Kostenträger hier auseinander – anders als bei der Bezahlung einer Taxifahrt durch den Fahrgast. Es entsteht das sogenannte Dienstleistungsdreieck (vgl. Abb. 15.5), welches aus dem öffentlichen Kostenträger, dem Leistungsempfänger und dem Leistungsträger besteht und in dieser Form sozialrechtlich verfasst ist. Mit positiver Überprüfung des *Leistungsanspruchs* geht der Sozialstaat in Form des jeweilig zuständigen öffentlichen Kostenträgers eine *Leistungsverpflichtung* gegenüber dem Leistungsempfänger ein *(Leistungszusageverhältnis).*

Abb. 15.5: Das sozialrechtlich verfasste Dienstleistungsdreieck (in Anlehnung an Hamburger 2016, S. 83 und Heiner 2010, S. 77)

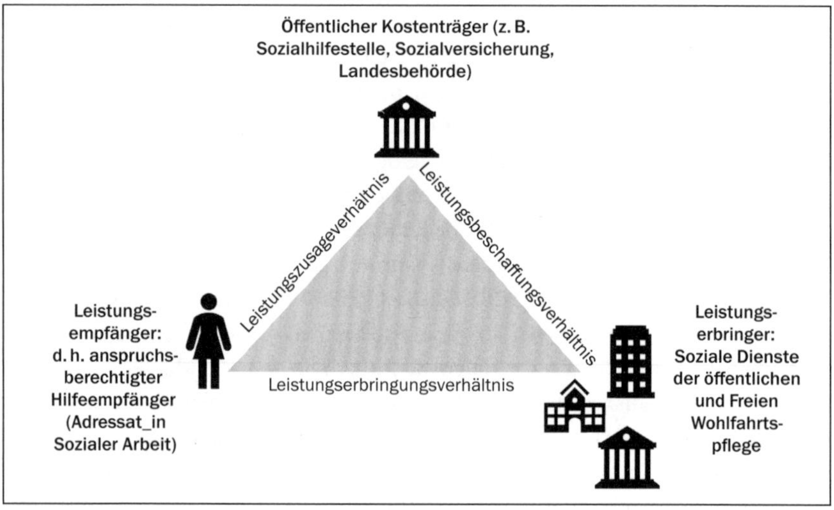

An einem konkreten Beispiel festgemacht: Der Anspruch einer Familie auf eine Sozialpädagogische Familienhilfe ist nach § 31 SGB VIII geregelt, wobei die Kostenübernahme über den örtlichen öffentlichen Jugendhilfeträger (i. d. R. das zuständige Jugendamt) organisiert wird. Gemäß dem Subsidiaritätsprinzip und dem Wettbewerbsprinzip kann die Sozialpädagogische Familienhilfe nun von den Sozialen Diensten der jeweilig örtlich agierenden Freien und Öffentlichen Trägern der Jugendhilfe eingesetzt werden.

Der öffentliche Kostenträger und der jeweilige Leistungserbringer kommen hierbei in einem *Leistungsbeschaffungsverhältnis* zusammen, bei dem wechselseitig *Kostenzusage* und *Leistungszusage* miteinander abgestimmt werden. Über das Leistungsbeschaffungsverhältnis findet zudem eine wechselseitige Kontrolle zwischen öffentlichem Kostenträger und dem Leistungserbringer statt, wodurch die Rechte der Leistungsempfänger strukturell gestärkt und abgesichert werden. Auf das Beispiel bezogen besteht dieses Leistungsbeschaffungsverhältnis dann zwischen

- dem die Leistung der Sozialpädagogischen Familienhilfe bewilligenden und Kosten tragenden Jugendamt und
- dem die Sozialpädagogische Familienhilfe einsetzenden und damit Leistung erbringenden Jugendhilfeträger.

Über eine wechselseitige *Leistungsverpflichtung* und *Kooperationsverpflichtung* gehen Leistungsempfänger und Leistungserbringer gleichzeitig ein *Leistungserbringungsverhältnis* ein. In unserem Beispiel betrifft diese wechselseitige Rückversicherung auf Leistung bzw. Kooperation den Leistung erbringenden Jugendhilfeträger und die Leistung empfangende Familie (vgl. Hamburger 2016, S. 82 ff.; Heiner 2010, S. 77 f.).

Jedoch existieren in der Sozialen Arbeit auch mitunter Bereiche, in denen eine Seite des Leistungsdreiecks wegfällt. Dies geschieht, „weil der Kostenträger zugleich Leistungserbringer ist. Wenn der Öffentliche Träger (der Allgemeine Soziale Dienst des Jugendamts) Einrichtungen (z. B. Heime) belegt bzw. Fachkräfte (z. B. der Sozialpädagogischen Familienhilfe) einsetzt, die in Organisationen beschäftigt sind, deren Träger die Stadt bzw. das Land ist, so fehlt die unabhängige Kontrolle" (Heiner 2010, S. 77 f.).

15.3.3 Organisationen der Sozialen Dienste

Die hier beschriebene Organisation der Erbringung sozialer Dienstleistungen in der spezifischen Gestalt des sozialrechtlich verfassten Dienstleistungsdreiecks und die gesamte Wohlfahrtserbringung in Gestalt des wohlfahrtsstaatlichen Arrangements stellen grundlegende Rahmungen für die Organisation der Sozialen Dienste dar. Im Folgenden werden die Sozialen Dienste als organisationale Verwaltungseinheiten Sozialer Arbeit oder – kurz gesprochen – als Organisationen beschrieben. Dies geschieht vor dem Hintergrund der besonderen Bedeutung dieser Organisationen für die Erbringung sozialer Dienstleistungen (vgl. Abb. 15.6): Sie sind „eine wesentliche Rahmenbedingung für fachliches Handeln [...]. Professionelles Handeln bedarf einerseits der Sicherung und Förderung durch Organisationen, gleichzeitig wird die Dienstleistungserbringung in der Sozialen Arbeit stark geprägt durch die formalen und informellen Seiten von Organisationen, durch Strukturen und Kulturen, durch Fragen der Mikropolitik, des Wandels in und von Organisationen sowie die vielfältigen Wechselwirkungen zwischen Organisation und Gesellschaft" (Grunwald 2015, S. 1139).

Abb. 15.6: Kontexte und Einheiten der sozialen Dienstleistungserbringung

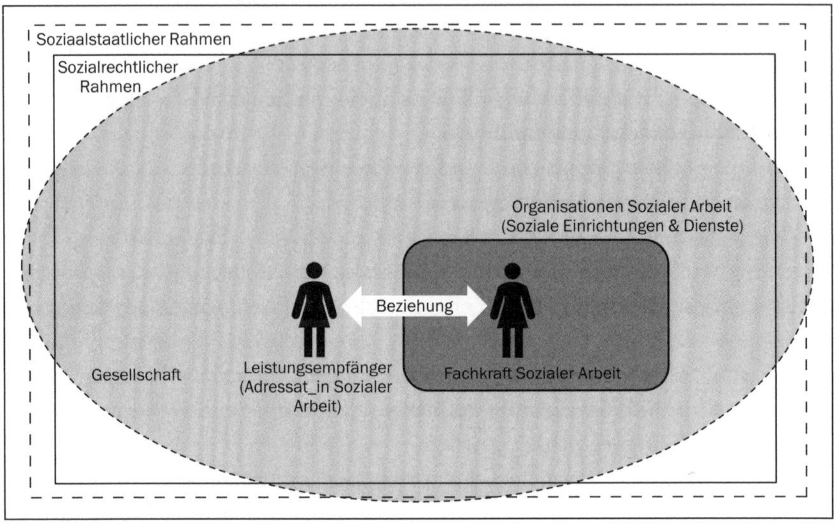

Strukturelemente von Organisationen

Für diese sozialpädagogischen Organisationen lassen sich analytisch v.a. sechs aufeinander beziehbare Merkmale festhalten (vgl. Hamburger 2016, S. 90f.; Burmeister 2017):

1. Die Zugehörigkeit zu einer Organisation wird über formale Mitgliedschaften geregelt, woraus sich Rechte und Pflichten für die Organisationsmitglieder ergeben;
2. Organisationen weisen eine klar definierte Ziel- und Zweckgerichtetheit aus, wodurch sie Strukturen zur Koordination und Erreichung der Ziele aufbauen;
3. Organisationen operieren in arbeitsteiligen Verfahren und Prozessen, in denen Mitglieder koordinierte Rollen und Positionen unabhängig ihrer persönlichen Intentionen einnehmen und ausfüllen;
4. Organisationen bauen Autoritäts- und Kontrollstrukturen zur Überwachung der koordinierten Tätigkeiten auf;
5. Organisationen verfügen über eine eindeutige Abgrenzung zur Umwelt der Organisation, die u.a. durch die formale Mitgliedschaft der Organisationsmitglieder und Regeln für den Umgang mit der Umwelt der Organisation kontinuierlich hergestellt wird (oftmals operieren diese Regeln als unterscheidbare Steuerungsprozesse von Input und Output);
6. Zumeist verfügen Organisationen über eine rechtliche Gestalt wie eine Körperschaft, eine gemeinnützige Gesellschaft mit beschränkter Haftung (gGmbH) oder ein eingetragener Verein (e.V.).

Diese Merkmale bieten den Abläufen und Prozessen in Organisationen zwar eine relativ verlässliche Struktur, dennoch macht v. a. die neuere Organisationssoziologie darauf aufmerksam, „dass Organisationen nicht oder nur in Ansätzen auf Dauer stabil, sondern vielmehr als dynamische Gebilde permanent in Bewegung sind" (Grunwald 2015, S. 1143).

Das Organisieren wiederum ist das „Gestalten von Strukturen, Prozessen und Beziehungen in sozialen Systemen" (Burmeister 2017, S. 615). Hierdurch werden der hierarchische Aufbau der Organisation (Strukturen), die zeitliche Abfolge von Arbeitsschritten und die damit verbundene Zusammenarbeit unterschiedlicher Einheiten und Mitglieder (Prozesse) sowie die Ausgestaltung der Kommunikation unter diesen (Beziehungen) auf ein gemeinsames Ziel hin abgestimmt und geordnet (ebd.).

Exkurs: Die Begriffe ‚Organisation' und ‚Institution'

Im alltagssprachlichen Gebrauch werden die beiden Begriffe Organisation und Institution oft synonym verwendet. Die beiden Bezeichnungen lassen sich jedoch differenzierter betrachten (vgl. auch Göhlich 2013):

Im Gegensatz zu Organisationen, deren Merkmale bereits beschrieben wurden, werden Institutionen nicht durch Entscheidungen geschaffen, verändert oder abgeschafft. Vielmehr entwickeln sie sich prozesshaft und bilden sich sozial unwillkürlich heraus. Zentral dabei ist, dass Institutionen sich sowohl durch die hohe Bedeutung, die ihnen gesellschaftlich zugesprochen wird, als auch durch ihre hohe Stabilität, so dass sich über sie gesellschaftliche Normen vermitteln, auszeichnen. Als kennzeichnend und stabilisierend erweist sich zudem ihre generalisierende Struktur, die es ermöglicht, dass soziale, sachliche und zeitliche Aspekte vereinheitlicht werden (vgl. Tacke 2017). Aus dieser Perspektive ist Familie eine Institution, aber keine Organisation, Schule wiederum sowohl eine Organisation als auch Institution, während ein Tierheim eine Organisation darstellt, aber nach den o. g. Kriterien keine Institution, da es gesellschaftlich nur eine untergeordnete Funktion hat.

Strukturelle Probleme des Organisierens

Nach Hamburger (vgl. 2016, S. 91) lassen sich drei ineinandergreifende Problemkreise benennen, die dem Wesen von sozialpädagogischen Organisationen inhärent sind:

- Über die funktionale Arbeitsteilung der Organisation werden die Adressat_innen sozialer Dienstleistungen und ihre Probleme und Lebenslagen zergliedert, so dass der soziale Problemzusammenhang geteilt wird. Hierdurch ergeben sich potenzielle Schnittstellen- und Übergangsprobleme in Form von Kommunikationsdefiziten, Uneindeutigkeiten von Zuständig-

keiten sowie dem Fehlen eines Gesamtüberblicks. Sinnbildlich hierfür präsentiert sich die Organisation im dramatischsten Fall sprichwörtlich als eine Akteurin, ‚bei der die rechte Hand nicht weiß, was die Linke tut'.
- Individuelle Probleme werden in Organisationen in institutionalisierte und koordinierte Abläufe, Arbeitsteilungen und Verfahren umgedeutet. Hierdurch wird die Problembearbeitung auf Dauer gestellt, wodurch sich die organisationale Rationalität verselbständigt und potenziell eine Entfremdung vom Ausgangsproblem eintritt.
- Um Probleme organisational bearbeiten zu können, müssen sie in einer standardisierten Form zu Fällen vereinheitlicht werden, sodass Abläufe, Arbeitsteilungen und Verfahren dann in institutionalisierter und koordinierter Art und Weise einsetzen können. Das aus Adressat_innensicht individuelle Problem wird also in einen standardisierten Fall übersetzt.

Diese Probleme des Organisierens basieren grundlegend darauf, dass die Individuen „das ‚Rohmaterial' der Organisation" sind und einen „Transformationsprozess" (Groenemeyer 2010a, S. 42) hin zu Adressat_innen der Organisation durchlaufen müssen. Diese Fallherstellung, die durchaus auch ko-konstruktiv sein kann, wird mittels kategorisierender Diagnosen hergestellt. Hierzu tragen auch schriftliche Instrumente wie bspw. Dokumentationen oder Aktennotizen bei. Sie stellen „eine besondere Objektivität und Legitimation" her (ebd., S. 43) und tragen dazu bei, die Fälle bearbeitbar zu halten.

Organisationskulturen

In Abhängigkeit zu den in den Merkmalen beschriebenen Organisationsstrukturen sowie als mögliche Antwort und Bearbeitungsweise der beschriebenen Problemkreise lassen sich mit Blick auf die jeweilige Organisation – bspw. ein lokal operierender Sozialer Dienst – verschiedene Organisationskulturen voneinander unterscheiden. Der Begriff der Organisationskultur bezeichnet „ein Sinn und Orientierung stiftendes, sozial konstruiertes, oft unbewusstes, selbstverständliches und kollektives Phänomen, welches das Handeln in einer Organisation prägt und bis zu einem gewissen Grad vereinheitlicht" (Grunwald 2015, S. 1143).

Exemplarisch hierfür lassen sich nach Hamburger (vgl. 2016, S. 92 f.) idealtypisch vier verschiedene Organisationskulturen anführen (Abb. 15.7).

In real existierenden Organisationen dürften sich die hier beschriebenen Charakteristika der verschiedenen Organisationskulturen jedoch eher in jeweils unterschiedlichen Zusammensetzungen und Intensitäten mischen, als dass sie empirisch in den hier skizzierten Reinformen vorkommen (vgl. ebd., S. 93).

Abb. 15.7: Idealtypen unterschiedlicher Organisationskulturen (in Anlehnung an Hamburger 2016, S. 92f.)

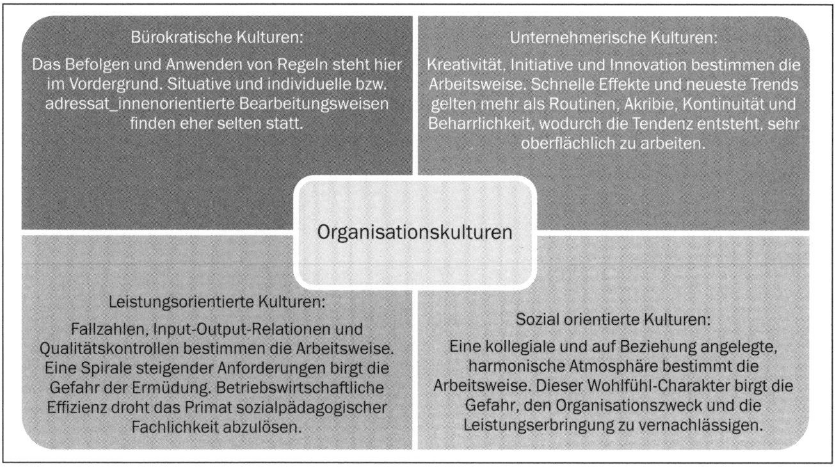

15.4 Zusammenfassung: Zur Verfasstheit der Sozialen Arbeit

Professionelles sozialpädagogisches Handeln findet nicht im ‚luftleeren Raum' statt. Damit ist nicht nur die Anbindung dieses Handelns an spezifische Handlungsfelder (z.B. Kinder- und Jugendhilfe oder Sozialen Altenhilfe) gemeint, sondern überdies auch die sozialstaatlichen, sozialrechtlichen und organisationalen Rahmenbedingungen, die diesem Handeln unweigerlich inhärent sind. Als genuine Aufgabe und Zielsetzung Sozialer Arbeit haben wir die fortlaufend notwendige Vermittlung zwischen Individuum und Gesellschaft bestimmt, die sich insbesondere im doppelten Mandat aus Hilfe und Kontrolle materialisiert. Dabei verfolgt Soziale Arbeit ihre Ziele und bearbeitet ihre Aufgaben auf der Grundlage sozialstaatlicher Prinzipien und (sozial-)rechtlicher Vorschriften. Über die im Grundgesetz festgeschriebene und in den Sozialgesetzbüchern ausdifferenzierte sozialstaatliche und (sozial-)rechtliche Rahmung findet sich die Soziale Arbeit aufgehoben in einem umfassenden wohlfahrtsstaatlichen Dienstleistungsprogramm. Ausgehend von der Existenzsicherung der Bürger_innen erstreckt sich dieses Programm mittlerweile auch auf Fragen von Bildung, Gerechtigkeit und gesellschaftlicher Teilhabe. Unabhängig der inhaltlichen und strukturellen Besonderheiten und Charakteristika einzelner Handlungsfelder lässt sich Soziale Arbeit damit als ‚soziale personenbezogene Dienstleistungsorganisation' beschreiben. Für die Adressat_innen bedeutet diese sozialstaatliche und -rechtliche Verfasstheit Sozialer Arbeit die zuverlässige Prüfung ihres Anspruchs auf die Gewährleistung von Hilfen im Verständnis von sozialen Dienstleistungen. Für die Professionellen ist damit der Rahmen abgesteckt, innerhalb dessen Angebote und Maßnahmen konzipiert, gestaltet und mit den Adressat_innen gemeinsam ausgehandelt werden können und müssen. Organisiert und erbracht werden die sozialen Dienstleistungen dabei in Einrichtungen, die als Soziale Dienste bezeichnet werden. Die Dienstleistungserbringung in den Handlungsfeldern der Sozialen Arbeit wird dabei mitunter erheblich durch den institutionellen und organisationalen Charakter der Sozialen Dienste strukturiert und bisweilen überformt, was eine kritische Reflexion der jeweiligen Organisationsstrukturen und -kulturen erforderlich werden lässt.

Reflexionsaufgaben

a. Fassen Sie die für Sie wesentlichen Inhalte dieses Kapitels kurz zusammen.
b. Gehen Sie hierbei insbesondere auf die Begriffe Dienstleistungsdreieck, Organisation, Soziale Dienste, Sozialgesetzbuch und Wohlfahrtsstaat ein und beschreiben Sie deren Verhältnis zueinander.

16 Das ‚Dazwischen' der Handlungsfelder und ‚Hinterbühnen' Sozialer Arbeit

Das Kapitel legt den Fokus auf die funktionalen und strukturellen Verbindungen zwischen den einzelnen Handlungsfeldern Sozialer Arbeit:

Erstens werden Kooperationen und Netzwerke innerhalb des sozialpädagogischen Praxiszusammenhangs ebenso wie mit weiteren Akteur_innen außerhalb der Sozialen Arbeit in ihrer Bedeutung und Funktionsweise dargestellt. Diese werden für die Dienstleistungserbringung insofern als bedeutsam erachtet, als sie Handlungsoptionen erweiternde Verbindungen stiften, die in einer Art ‚Dazwischen' der einzelnen Handlungsfelder situiert sind. Insbesondere werden der Allgemeine Soziale Dienst (ASD) und der Sozialpsychiatrische Dienst (SpsD) als wichtige Schaltstellen in diesem ‚Dazwischen' bestimmt. Dies konkretisieren wir am Handlungsfeld der Kinder- und Jugendhilfe.

Zweitens wird der Blick auf Arbeitsfelder gelenkt, welche nicht über den direkten Kontakt mit Adressat_innen und Adressat_innengruppen bestimmt werden, weshalb sich diese Arbeitsfelder als ‚Hinterbühnen' Sozialer Arbeit verstehen lassen. In der Systematisierung nach Hamburger vollzieht sich in ihnen kein „sozialpädagogisches Handeln im engeren Sinne" in Form von „unmittelbaren Interaktionen" mit den Adressat_innen (Hamburger 2016, S. 173). Stattdessen fokussieren diese Arbeitsfelder, etwa über Supervision und Praxis-, Organisations- und Personalberatung, über die Felder der Aus-, Fort- und Weiterbildung, über Forschung und Evaluation sowie über Sozialplanung und Sozialberichterstattung, die Organisation, Reflexion, Weiterentwicklung und Qualitätssicherung des Leistungssystems Soziale Arbeit selbst an, so dass hier von einem sozialpädagogischen Handeln ‚im weiteren Sinne' gesprochen werden kann (vgl. ebd.).

16.1 Das ‚Dazwischen': Kooperationen, Schaltstellen und Netzwerke

In der Sozialen Arbeit spielen Kooperationen und Netzwerke eine bedeutsame Rolle. Dies hängt grundsätzlich damit zusammen, dass sich in vielen Fällen und Hilfeverläufen mehrere verschiedene Hilfeformen, Interventionen und Angebote zu einem Bündel aus sozialen Dienstleistungen ergänzen und zusammenschließen. Die Bedeutung von Kooperationen und Netzwerken wurde in den 1990er-Jahren noch einmal besonders dadurch hervorgehoben, dass sich der Fokus sozialer Dienstleistungen – v.a. in den Feldern Jugendarbeit, Behindertenhilfe und Sozialpsychiatrie – von einer Ausrichtung auf einzelne Adressat_innen und spezifische Zielgruppen verschob, zugunsten einer Orientierung am jeweiligen lokalen Sozialraum der betreffenden Akteur_innen und Dienste (vgl. Budde/Früchtel 2017). Im Zuge dieser Sozialraumorientierung verdeutlicht sich auch die Notwendigkeit nach Vernetzung und Kooperation. Wir veranschaulichen diese Notwendigkeit anhand des folgenden Fallbeispiels und nehmen damit nochmals auf das Handlungsfeld der Kinder- und Jugendhilfe Bezug:

16.1.1 Fallbeispiel Tom Müller

Tom Müller ist neun Jahre alt und besucht die Grundschule, wobei es sich dabei um eine Offene Ganztagsschule handelt. Er lebt mit seiner jüngeren vierjährigen Halbschwester Yvette, seiner Mutter Gabi und ihrem Partner Robert Palm, dem Vater von Yvette, zusammen in einer kleinen Mietwohnung im Randgebiet einer deutschen Großstadt.

Vormittags findet der reguläre Schulunterricht statt und über Mittag wird Tom, so wie die anderen Grundschulkinder, die am Nachmittagsangebot teilnehmen, von zwei Sozialarbeiterinnen betreut. Diese Gruppe isst ihr Mittagessen im gegenüber der Schule liegenden Jugendzentrum. Manchmal machen sie in der Gruppe ihre Hausaufgaben oder spielen ein Brettspiel, bis das Nachmittagsangebot beginnt. Nachmittags nimmt Tom am Angebot des Offenen Ganztags teil – montags ist er bis 16 Uhr im Jugendzentrum, am liebsten ist er in der Werkstatt. Die anderen Tage verbringt er nachmittags in der Schule. Dort besucht er das Kreativ-Atelier, welches einige Künstler_innen anbieten, sowie die Fußballgruppe, die ein pensionierter Sportlehrer und aktiver Fußballtrainer in der nahegelegenen Turnhalle leiten. Außerdem probiert er sich beim ‚Ringen und Raufen' aus, ein Angebot, das ein Sozialarbeiter im Jugendzentrum macht. Die Aktivitäten machen ihm Spaß, wobei er immer mal wieder mit den Namen der Erwachsenen durcheinanderkommt – manchmal sind es neben den Lehrerinnen weitere bis zu fünf Personen, die sich um ihn kümmern. Mit der Zeit zeigt Tom aber weniger Engagement beim Fußballspiel und wirkt lustlos, kann aber das Angebot nicht wechseln, da sich seine Eltern mit der Entscheidung für ein Schuljahr gebunden haben. Seine Eltern vertrösten ihn auf das kommende Schuljahr. Tom äußert sich zudem verunsichert, ob er an den anderen Angeboten teilnehmen kann – der Detektivclub in der örtlichen Bibliothek interessiert ihn. Jedoch befürchtet er, sich dort vor den anderen zu blamieren, weil er Schwierigkeiten beim Lesen und Schreiben hat; zudem ist er bislang noch nicht in der Stadtteilbibliothek gewesen. Seine Angebote gehen immer bis 16 Uhr und er kommt unter der Woche erst am späten Nachmittag nach Hause. Abends ist er meist sehr erschöpft.

Der Lehrerin fällt über einen längeren Zeitraum auf, dass sich Tom im Unterricht zunehmend schlechter zu konzentrieren scheint, auch weil er müde wirkt. Zudem häufen sich Beschwerden von anderen Kindern, Tom sei sie körperlich angegangen oder habe ihnen gedroht. Daher bespricht sie sich zunächst sowohl mit den Kolleg_innen, an deren Nachmittagsangebot Tom teilnimmt, als auch mit der Schulsozialarbeiterin, die an der Schule angestellt ist. Jene tritt mit Tom in Kontakt und versucht, in Gesprächen auszuloten, was mit ihm los ist. Da sich die Problematik verschärft und weder die Schulsozialarbeiterin noch die Kolleg_innen, die das Nachmittagsangebot machen, richtig an Tom herankommen, wird ein Gespräch mit der Lehrerin, der Schulsozialarbeiterin, Gabi Müller und Tom vereinbart. Mehrfach muss der Termin verschoben werden, da Gabi Müller nicht erscheint. Zudem fehlt Tom immer häufiger unentschuldigt in der Schule. Die Schulsozialarbeiterin beschließt daraufhin, den Allgemeinen Sozialen Dienst (ASD) des örtlichen Jugendamtes zu kontaktieren. Zudem soll das nachmittägliche Angebot trotz bestehender Verträge verändert werden.

Der ASD wurde in etwa parallel hierzu auch von einer Nachbarin auf die Familie aufmerksam gemacht, nachdem sich Gabi Müller und Robert Palm mehrfach lautstark gestritten hatten und Yvette manchmal nachts nicht zu weinen aufhörte. Bei einem Hausbesuch bot sich der Sozialarbeiterin des ASD das Bild eines mit der Erziehung der Kinder und den regelmäßig anfallenden Tätigkeiten im Haushalt überforderten Paares. Ihr gelingt es, Gabi Müller davon zu überzeugen, dass eine sozialpädagogische Familienhilfe (SPFH) mehrmals in der Woche in die Wohnung kommt, um in Erziehungsfragen, aber auch bei der Alltagsorganisation zu unterstützen. Der SPFH gelingt es schnell, eine vertrauensvolle Beziehung zu Gabi Müller aufzubauen. Sie bekommt mit, dass Gabi Müller hin- und hergerissen ist, sich von Robert Palm zu trennen, da es in ihrer Partnerschaft – oft infolge erhöhten Alkoholkonsums – immer häufiger zu teilweise gewaltförmigen Auseinandersetzungen kommt. Die SPFH macht daraufhin in Abstimmung mit der zuständigen Sozialarbeiterin im ASD auf verschiedene Hilfsangebote aufmerksam. So bietet sie an, ebenso Kontakte zu einer Suchtberatung für Betroffene und Angehörige zu knüpfen wie zu einer Ehe-, Familien- und Lebensberatungsstelle. Für den Fall, dass angesichts einer drohenden Eskalation von häuslicher Gewalt eine Soforthilfe erforderlich werden sollte, informiert sie über die Interventionsmöglichkeiten eines entsprechend spezialisierten Sozialen Dienstes sowie der örtlichen Polizei. Außerdem nimmt sie Kontakt mit der Kindertageseinrichtung auf, welche Yvette derzeit vormittags besucht. Ziel ist es, die Betreuungszeiten dort auf die Nachmittage hin auszudehnen, um Yvette etwas aus dem Zentrum der familialen Streitigkeiten und Schwierigkeiten zu nehmen und Gabi Müller strukturell mehr Zeit für sich bzw. Zeit für sich und Tom zu ermöglichen.

Im Fallbeispiel von Tom Müller kristallisieren sich zahlreiche Formen von Kooperation und Vernetzung heraus. Verschiedene Akteur_innen und Dienste treten in Bezug auf unterschiedliche Hilfsangebote und Interventionen miteinander in Kontakt, teilweise gehören sie zur Sozialen Arbeit bzw. zur Kinder- und Jugendhilfe, teilweise nicht: Da ist die Grundschule in Kooperation mit der Kinder- und Jugendhilfe – in Gestalt der Arbeits- und Tätigkeitsfelder Offene Kinder- und Jugendarbeit, kulturelle Bildung und Jugendsportverein. Des Weiteren spielen auch noch die Schulsozialarbeit und der Allgemeine Soziale Dienst (ASD) eine wichtige Rolle. Im Verlauf werden zudem noch eine sozialpädagogische Familienhilfe (SPFH) sowie die Kindertageseinrichtung der jüngeren Schwester relevant. Schließlich zeichnet sich perspektivisch das Hinzuziehen weiterer Hilfsangebote in Gestalt einer Suchtberatung für Betroffene und Angehörige, einer Ehe-, Familien- und Lebensberatungsstelle sowie ggf. der Polizei für Soforthilfe ab.

Das Fallbeispiel zeigt, wie unterschiedliche Akteur_innen und Dienste im Bildungs- und Hilfesystem zusammenwirken. Auch in der Vorstellung der vier aktuellen Handlungsfelder Sozialer Arbeit wurde thematisiert, dass innerhalb von Arbeits- und Tätigkeitsfeldern intensive sowohl multiprofessionelle als auch interdisziplinäre Zusammenarbeit notwendig sind, um adäquate Angebote zur sozialen Unterstützung, Erziehung, Bildung oder zum Schutz leisten zu können. Eine solche Zusammenarbeit findet sich in äußerst vielfältigen Formen interdisziplinärer und multiprofessioneller Kooperationen und Netzwerke vor.

16.1.2 Fachlicher Orientierungsrahmen für Kooperationen

Nachfolgend werden exemplarisch anhand des Handlungsfelds Kinder- und Jugendhilfe zwei Kooperationsformen zwischen Arbeits- und Tätigkeitsfeldern skizziert. Zunächst lassen sich als gemeinsamer Orientierungsrahmen folgende vier Grundannahmen ausmachen, welche diese Kooperationsformen orientieren:

Sozialraumorientierung

In der Sozialraumorientierung „geht es nicht darum, mit spezialisiertem Methodenarsenal und pädagogischer Absicht Menschen zu verändern, sondern darum, Lebenswelten zu gestalten und Arrangements zu kreieren, die leistungsberechtigten Menschen helfen, auch in prekären Lebenssituationen zurechtzukommen. Dabei sind folgende Prinzipien von Bedeutung:

1. Ausgangspunkt der Arbeit sind Wille und Interessen der leistungsberechtigten Menschen in Abgrenzung zu wissenschaftlich definierten Bedarfen;
2. Aktivierende Arbeit hat Vorrang vor betreuender Tätigkeit;
3. bei der Gestaltung einer Hilfe spielen die Ressourcen der Betroffenen und sozialräumliche Ressourcen eine wesentliche Rolle;
4. Aktivitäten sind immer zielgruppen- und bereichsübergreifend angelegt;

5. sozialraumbezogene Vernetzung und Integration verschiedener Dienste und Abteilungen“ (Budde/Früchtel 2017, S. 846).

Subjektorientierung

Mit der Subjektorientierung verbindet sich der Anspruch, dass sämtliche Angebote und Maßnahmen vom Subjekt, d.h. von den Adressat_innen und ihren Bedürfnissen und Interessen, ausgehen (vgl. ex. Scherr 1997). Im Fallbeispiel nimmt Tom Müller an unterschiedlichen Orten verschiedene Angebote wahr, die von unterschiedlichen Personen(gruppen) wie bspw. professionelle Pädagog_innen, Laien angeboten werden. Mit der Fokussierung auf das Subjekt stellt sich die Frage, wie dieses die Differenz zwischen den jeweiligen Institutionen bearbeitet oder auflöst, da es sich zwischen diesen Institutionen bewegt und bildungsbiografisch die jeweiligen Impulse gewissermaßen ‚zusammensetzt‘.

Relativierung formaler Bildung

Der Stellenwert von formaler Bildung relativiert sich, indem auch non-formale und informelle Bildungsorte und -angebote in den Blick geraten (vgl. Exkurs ‚Informelle, non-formale und formale Bildung‘, S. 83ff.): Während formale Bildungsorte wie insbesondere Schule auf die curricular festgelegten Lerninhalte konzentriert und Teil des formalen Bildungssystems sind, stehen bei non-formalen Bildungsorten vorwiegend angeleitete (Freizeit-)Aktivitäten in Vordergrund, die nicht in Bildungszertifikate münden. Informelle Bildungsorte zeichnen sich durch eine größere Offenheit und Subjektorientierung aus: Was gelernt wird und wie etwas gelernt wird, entscheidet sich individuell und situativ entlang einer schwach vorstrukturierten Umgebung (vgl. Schulz 2018).

Am Fallbeispiel Tom Müller zeigt sich eine Herausforderung, nämlich an der Stelle, wo er mutmaßt, dass die bei ihm (noch) ausbleibende formale Lernanforderung – ‚gut‘ lesen und schreiben können – mit den Anforderungen des non-formalen Angebots des Detektivclubs korrespondiert und er deshalb keinen Zugang findet. Dieses Zusammenspiel der Lernformen ist ein zentraler Faktor bei der Reproduktion von Bildungsungleichheit, da sich Lernerfahrungen positiv als auch negativ verstärken und entsprechend kumulieren (vgl. Brake/Büchner 2012).

Sicherung von (Bildungs-)Kontinuität

Eine Effizienzlogik, die auf einer einseitigen Konzentration auf die pädagogische Wirksamkeit einzelner Organisationen, d.h. der Stadtteilbibliothek, Schule, Erlebnis- und Sportpädagogik oder Kinder- und Jugendarbeit und den dort stattfindenden Erfahrungsmöglichkeiten basiert, wird innerhalb dieses Diskussionszusammenhangs infrage gestellt. Um die Kontinuität von Bildung – aber im Grunde genommen von allen weiteren sozialen Unterstützungsprozessen – zu sichern, ist jedoch eine intensivere Kooperation und Vernetzung vorhandener Sozialisations- und Bildungsinstitutionen notwendig.

16.1.3 Kooperationen zwischen einzelnen Akteur_innen und Netzwerke

Am Beispiel des Handlungsfeldes der Kinder- und Jugendhilfe lassen sich die Kooperationen zwischen Arbeits- und Tätigkeitsfeldern grob in zwei Formen unterscheiden: Erstens Kooperationen zwischen einzelnen Akteur_innen, die im alltäglichen Nebeneinander institutioneller Betreuung und Bildung oder im institutionellen Lebenslauf angelegt sind, und zweitens Netzwerke, in denen sich verschiedene Organisationen und Professionen aufgrund spezifischer Ziele zusammenschließen.

Kooperationen zwischen einzelnen Akteur_innen

Wie im Fallbeispiel gezeigt, lassen sich im Kindes- und Jugendalter vielfältige interdisziplinäre Kooperationen insbesondere zwischen außerschulischen und schulischen Akteur_innen finden (vgl. Deinet/Icking 2010; Henschel et al. 2009):

Übergänge innerhalb des institutionellen Bildungsverlaufs: Aus der Perspektive von institutionellen Bildungsverläufen stehen insbesondere die Kontinuität von Bildungsprozessen und damit institutionell die Kooperation zwischen Kindertageseinrichtungen und Schule im Mittelpunkt. Dies ist der Vorstellung geschuldet, dass Bildung aus der Perspektive des Subjekts als kontinuierlicher und kumulativer Prozess konzipiert wird, zugleich aber, durch die soziale Lage der Heranwachsenden, Bildungschancen nicht gleichmäßig verteilt sind. Für Kindertageseinrichtungen und Grundschulen ergeben sich eine Kooperationsnotwendigkeit und gesetzliche Kooperationspflicht, wie u. a. § 22a SGB VIII dokumentiert. Dort heißt es: „Förderung in Tageseinrichtungen: 2) Die Träger der öffentlichen Jugendhilfe sollen sicherstellen, dass die Fachkräfte in ihren Einrichtungen zusammenarbeiten […] mit den Schulen, um den Kindern einen guten Übergang in die Schule zu sichern und um die Arbeit mit Schulkindern in Horten und altersgemischten Gruppen zu unterstützen." Diese Kooperationsnotwendigkeit und -pflicht wird auf Länderebene in den jeweiligen Gesetzen (die für die Schulen und für die Kindertageseinrichtungen) sowie in curricularen Rahmenpapieren weiter ausdifferenziert.

Kooperationen als alltägliche Betreuungsarrangements: Durch die Zunahme von öffentlicher Ganztagsbildung und -betreuung von Kindern und Jugendlichen steht auch – wie im Fallbeispiel Tom – das alltägliche Nacheinander von institutionell organisierter Betreuung und Bildung in der fachlichen Aufmerksamkeit. So kooperieren bspw. die Offene Kinder- und Jugendarbeit mit Schulen (entweder in den Räumen der Schule oder der Jugendarbeit) in nachmittäglichen Angeboten wie bspw. bei Projektarbeiten oder in Form regelmäßiger Beratungsangebote. Daneben entwickeln Schulen und Träger der Jugendarbeit gemeinsame Projekte, um das Spektrum an Erfahrungsmöglichkeiten zu erweitern. Diese verschiedenen Dienstleistungen finden sich rechtlich u.a. in §§ 11, 13 und 18 SGB VIII und den jeweiligen Landesschulgesetzen abgedeckt.

Netzwerk Bildungslandschaft

Für die Arbeits- und Tätigkeitsfelder der Sozialen Arbeit ist das Konzept der Bildungslandschaft (synonym: Bildungsnetzwerke bzw. Bildungsregion) vergleichsweise neu und wird wie folgt definiert:

Der Begriff *Bildungslandschaft* bezieht sich auf vernetzte Strukturen, die „formale, non-formale und informelle Bildungsorte und -gelegenheiten in einem geografisch begrenzten Raum kohärent miteinander verschränken, um den Kindern, Jugendlichen, Erwachsenen aber auch Familien und Gruppen vor Ort optimierte Lern- und Entwicklungschancen bieten zu können" (Kolleck/de Haan/Fischbach 2012, S. 138). „Während Zeit und Raum bereits konstitutive Elemente von Bildung darstellen, wird das Konzept der Bildungslandschaft um Dimensionen wie Kooperationen, Netzwerke, Zusammenarbeit, Gemeinsamkeit, Vielfältigkeit und Profession erweitert" (Kolleck 2015, S. 29). Dabei fungiert der Begriff der Landschaft als Metapher für die „Vielfalt und Bandbreite der Bildungsinstitutionen, Bildungsorte und Bildungsformen [...], die eine Bildungslandschaft umfassen sollte" (ebd., S. 30).

Wie bildungs- respektive steuerungspolitisch relevant dieses Konzept ist, zeigt sich beispielhaft in den Empfehlungen des Deutschen Vereins für öffentliche und private Fürsorge e.V. „zur Weiterentwicklung Kommunaler Bildungslandschaften" (2009):

> „Bildung ist ein wesentlicher Faktor bei der wirtschaftlichen und sozialen Entwicklung von Städten, Landkreisen und Gemeinden. Eine gut ausgebaute, konzeptionell aufeinander bezogene und verlässlich miteinander verknüpfte Bildungsinfrastruktur, die über die formalen Bildungsinstitutionen des Lernens hinaus (z.B. Kindertageseinrichtungen, Schule, Ausbildung, Universität etc.) auch die Familie, Cliquen, Jugendclubs, den Umgang mit neuen Medien, freiwilliges Engagement in Vereinen und Verbänden, Weiterbildungsangebote, Musikschulen, Bibliotheken, Jugendkunstschulen, Museen als Orte kultureller Bildung etc. einbezieht, kann zur gesellschaftlichen Teilhabe der Bürger/innen eines Gemeinwesens und zu mehr Chancengerechtigkeit beitragen. Denn Bildungsförderung kann nur dann für alle erfolgreich sein, wenn sie über die Schule hinaus den Blick auf die Vielfalt der non-formalen und informellen außerschulischen Bildungsorte öffnet und diese einbezieht" (Deutscher Verein für öffentliche und private Fürsorge e.V. 2009, S. 1).

Diese Bildungslandschaften lassen sich in drei verschiedenen Reichweiten unterscheiden (vgl. Kolleck 2015, S. 29):

- Regionale Bildungslandschaften sind umfassender konzipiert und beziehen sich auf Regionen wie Bundesländer.
- Kommunale Bildungslandschaften akzentuieren sich über die dezidierte Einbindung von Akteur_innen aus Politik und Verwaltung auch hinsichtlich der Entscheidungsprozesse.
- Lokale Bildungslandschaften sind räumlich stärker eingegrenzt bzw. auf genau definierte Gebietskörperschaften wie etwa auf Stadtbezirke bezogen.

Bildungslandschaften werden administrativ gestaltet und geplant. Dies meint jedoch mehr als das, was innerhalb von Schulentwicklungs- und Jugendhilfeplanung geschieht.

Mit dem Modell der Bildungslandschaft ist die Hoffnung nach der Steuerung und Optimierung von individuellen Bildungsprozessen in einer ganztägig organisierten Bildungslandschaft verbunden. Folglich wird die Bildungslandschaft selbst zur Bildungsinstitution: Sowohl für das Subjekt als auch für die Bildungsanbieter wird eine neue Überschaubarkeit und auch Plan- und Gestaltbarkeit von Bildung vermittelt, indem konkrete Handlungsmöglichkeiten nunmehr an verschiedenen, lokal bestimmbaren Orten innerhalb einer in sich geschlossenen Landschaft möglich sein sollen (vgl. Reutlinger 2011). Solch politisch-ökonomisch funktionalisierte Metaphern legen sowohl eine Art landschaftsarchitektonische Gestaltbarkeit und (kommunal)politische Steuerungsfähigkeit als auch eine prinzipielle Erreichbarkeit der Dienstleistungsinfrastruktur für alle Adressat_innen nahe.

Gerade für die Soziale Arbeit stellt sich jedoch die Aufgabe, dass sie – unabhängig von den Lebensphasen – im Blick behält, dass nicht alle Orte für alle Adressat_innen gleichermaßen zugänglich sind und jene diese Orte nicht alle gleich nutzen (können). Dies zeigte sich im Fall von Tom an der zunächst unsichtbaren Barriere, die ihm die Teilnahme am Detektivclub verwehrt. Weitere empirische Beispiele lassen sich sowohl darin sehen, dass der Unterricht in Schulen bis heute überwiegend auf Schüler_innen ausgerichtet ist, deren Familien der bürgerlichen Mitte zuzurechnen sind, als auch die derzeitigen Anstrengungen im Kontext von Inklusion vielerorts nur langsam und keinesfalls konfliktfrei von statten gehen. Wird der Blick auf andere Adressat_innengruppen erweitert, verändern sich zugleich auch die Barrieren, wenn bspw. die Adressat_innen älter und hochaltrig oder krank sind, wenn sie in sozial belasteten Familien leben oder körperlich, psychisch und/oder geistig eingeschränkt sind.

Darüber hinaus muss Soziale Arbeit berücksichtigen, dass nicht alle Orte gleichermaßen als bildungsrelevant anerkannt werden. Vielmehr finden sich jene hierarchisch zueinander positioniert. Jedoch ist es erst das konkrete Zusammenspiel zwischen den verschiedenen Bildungsorten, welches einen Mehrwert hinsichtlich einer Förderung von Bildungsprozessen verspricht. Konkret misst sich der Erfolg einer Bildungslandschaft auch daran, inwieweit bspw.

innerfamiliale Sozialisations- und Bildungsvorstellungen als gleichrangig anerkannt werden, auch und insbesondere dann, wenn sie sich nicht an der Vorstellung von ‚guter' bzw. ‚optimaler Bildung' orientieren.

Ein weiterer Kritikpunkt betrifft die programmatische Steuerungslogik, welche sich im Stande sieht, Bildungsprozesse der Adressat_innen zu planen, zu lenken und zu gestalten. Aus einer bildungstheoretischen Perspektive stellt dies ein fragwürdiges Unterfangen dar, angesichts dessen, dass ‚Bildung' grundsätzlich als unverfügbar gilt, als etwas Kontingentes, dass sich erst im Zusammenspiel aus „Eigenaktivität und Widerfahrnis" (Cloos/Tervooren 2013, S. 41) einstellt (vgl. Dietrich 2011, S. 103f.; Cloos/Tervooren 2013). ‚Bildung' lässt sich demnach nicht verorten und auch nicht wie eine architektonische Landschaft planen und steuern. Vielmehr stellt sie sich ein (oder auch nicht) als Effekt einer subjektiven Auseinandersetzung mit einer oftmals als unverständlich, irritierend oder krisenhaft erlebten Umwelt (vgl. Koller 2012).

16.1.4 Schaltstellen Sozialer Arbeit

Abseits der jeweils handlungsfeldspezifischen Kooperationsformen tauchte im Fallbeispiel Tom Müller eine handlungsfeldübergreifende Schaltstelle Sozialer Arbeit, der Allgemeine Soziale Dienst (ASD) auf. Dieser ist, gemeinsam mit dem Sozialpsychiatrischen Dienst (SpsD) für die Organisation des Hilfesystems von zentraler Bedeutung.

In der Systematisierung der Handlungsfelder nach Heiner (vgl. 2010) wurden diese beiden *Basisdienste* (ASD und SpsD) bereits im Unterkapitel 14.3 als eine besondere Form des organisierten Kooperierens und Netzwerkens benannt. Nicht nur sind diese Basisdienste erste *Anlaufstellen,* wenn das Wohl eines Kindes oder Jugendlichen gefährdet ist (ASD) oder wenn für das akute Auftreten gefährdender psychosozialer Auffälligkeiten bei Erwachsenen eine ambulant-aufsuchende Betreuung notwendig wird (SpsD). Sie sind zudem als wesentliche *Schaltstellen* zu verstehen, wenn es darum geht, Adressat_innen innerhalb des Hilfesystems weiterzuvermitteln und passende Hilfsangebote und erforderliche Interventionen für die Adressat_innen zu erschließen. In puncto Vernetzung und Kooperation kommt den Basisdiensten damit also eine zentrale, entscheidende Funktion zu.

Die Funktion der Basisdienste lässt sich nach Heiner (2010) im Bild einer Drehscheibe fassen: Der ASD „des Jugendamtes fungiert als Vermittlungs- und Koordinationsinstanz wohlfahrtsstaatlicher Leistungen für besonders belastete Familien und ihre Kinder, bezogen auf alle Lebensbereiche. Die direkte KlientInnenarbeit tritt angesichts dieser Drehscheibenfunktion gegenüber der indirekten KlientInnenarbeit, also der Arbeit mit anderen Organisationen für dieses Klientel, zurück. Der SpsD ist für psychisch Kranke in ähnlicher Weise eine zentrale Anlaufstelle, die in allen Lebenslagen weitere Leistungen erschließt" (Heiner 2010, S. 92f.).

16.2 Arbeitsfelder ohne Adressat_innen? ‚Hinterbühnen' Sozialer Arbeit

Bereits in der Beschreibung der Funktion der Basisdienste wird deutlich, dass Soziale Arbeit neben den Arbeitsformen, welche unmittelbar die Arbeit mit den Adressat_innen betreffen, auch Arbeitsformen umfasst, welche keinen direkten Kontakt mit den Adressat_innen aufweisen. Dies geschieht bspw. dann, wenn bei den Basisdiensten die Kooperation und Vernetzung mit weiteren Akteur_innen und Sozialen Diensten im Hilfesystem im Vordergrund steht – etwa die Organisation von runden Tischen und Arbeitsgemeinschaften der Dienstleistungsanbieter eines Stadtteils (vgl. Heiner 2010, S. 92f.; Hamburger 2016, S. 173).

Auch darüber hinausgehend kann Soziale Arbeit komplett ohne direkten Adressat_innenbezug stattfinden. Nachfolgend nehmen wir eine Auswahl dieser, von uns als ‚Hinterbühnen' bezeichneten Arbeitsfelder exemplarisch in den Blick, um ihren wichtigen Beitrag für den Fortbestand und die Weiterentwicklung von Sozialer Arbeit als Disziplin, Profession und Praxiszusammenhang zu beleuchten. Denn: Wenn von Sozialer Arbeit die Rede ist, werden Arbeitsfelder wie die sozialpädagogische Supervision und Praxis-, Organisations- und Personalberatung (16.2.1), die sozialpädagogische Aus-, Fort- und Weiterbildung (16.2.2), die sozialpädagogische Forschung und Evaluation (16.2.3) sowie die Sozialplanung und Sozialberichterstattung (16.2.4) oftmals übersehen. Doch gerade auf Hinterbühnen wie diesen werden wichtige Weichen gestellt und Entscheidungen darüber getroffen, wie das, was wir Soziale Arbeit nennen, als Disziplin, als Profession und als Praxiszusammenhang zukünftig gestaltet und ausformuliert werden wird.

16.2.1 Supervision und Praxis-, Organisations- und Personalberatung

Das sozialpädagogische Handeln auf dieser Hinterbühne setzt unmittelbar *vor Ort* an, am professionellen Handeln der Fachkräfte und Dienste sowie an den Strukturen, Abläufen und Kulturen von Teams und Organisationen. Sozialpädagogische Supervision und Praxis-, Organisations- und Personalberatung wirken als „‚Beratung der Berater' indirekt auf die Zusammenarbeit mit der Klientel" ein (Krauß 2012, S. 720). Auf dieser Hinterbühne werden systematisch Reflexionen von professionellem und organisationalem Handeln angeregt, organisationale Abläufe und Strukturen optimiert und angepasst sowie Personalstände in Einrichtungen und Diensten auf Bedarfslagen hin arrangiert und aktualisiert. Der jeweilige lokale Praxiszusammenhang wird sozusagen hinter den Kulissen dialogorientiert analysiert und weiterentwickelt.

Insbesondere bei der Supervision gerät das professionelle Handeln von einzelnen Mitarbeiter_innen, Teams und Organisationen in den Blick, mit dem Ziel, praxisnah und an akuten Situationen und Problemstellungen orientiert, Belastungen zu minimieren, konkrete Strategien und Lösungsansätze für lokale Probleme zu entwickeln und die Fachlichkeit und Professionalität der Akteur_innen zu steigern (vgl. Krauß 2012; Möller 2012). Weitaus weniger praxisnah und dafür sehr viel grundsätzlicher und generalistischer geschieht dies auch auf der Hinterbühne sozialpädagogischer Aus-, Fort- und Weiterbildung.

16.2.2 Aus-, Fort- und Weiterbildung

Diese Hinterbühne ist von größerer Praxisferne gekennzeichnet als die zuvor beschriebene. Sie zeigt sich inhaltlich wie strukturell als ein weit verzweigtes und heterogenes Feld, an dem eine Vielzahl unterschiedlicher Akteur_innen, Träger und Einrichtungen beteiligt ist. Dies hängt u. a. auch damit zusammen, dass in den einzelnen Handlungsfeldern Sozialer Arbeit neben Sozialarbeiter_innen, die entweder einen Bachelor- oder Masterabschluss in Sozialer Arbeit vorweisen können (oder aber vormals Sozialarbeit bzw. Sozialpädagogik auf Diplomniveau studiert haben), viele weitere verwandte und angrenzende Berufsgruppen auf unterschiedlich hohen Ausbildungs- bzw. Qualifikationsniveaus zusammenarbeiten:

Abb. 16.1: Berufspyramide mit den Qualifikationsniveaus von Berufstätigen in sozialpädagogischen Handlungsfeldern (eigene Darstellung basierend auf BMBF/KMK 2018; Küster/Schoneville 2012, S. 1049)

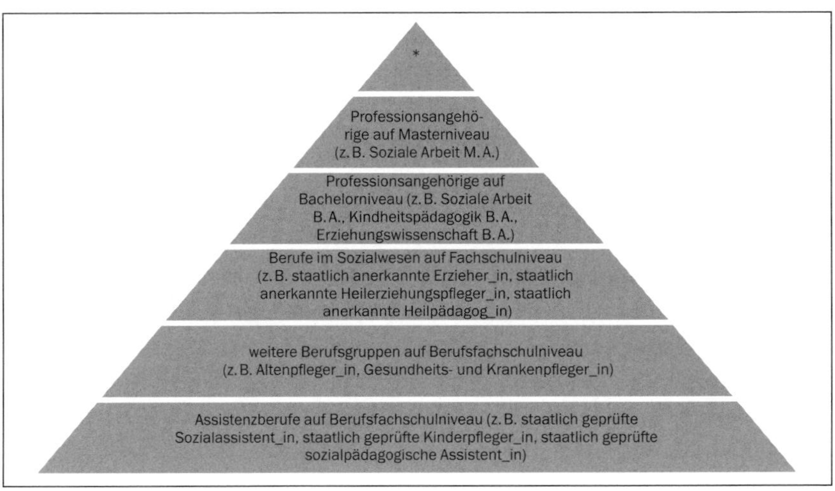

Wie die Abbildung zeigt, unterscheiden sich nicht nur die Qualifikationsniveaus der einzelnen Berufsgruppen. Auch inhaltlich ist die Ausbildungslandschaft heterogen, ebenso wie sich abgeleitet von den verschiedenen Qualifikationsniveaus so verschiedene Ausbildungsorte wie Berufsfachschulen, Fachschulen/Berufskollegs, Fachhochschulen und Universitäten für die Ausbildung der Fachkräfte verantwortlich zeigen (vgl. Küster/Schoneville 2012).

Ähnliches lässt sich auch für die Angebote der Fort- und Weiterbildung sagen: Die Fort- und Weiterbildungsmöglichkeiten variieren inhaltlich ebenso wie in ihrer Form und Struktur. Im Vergleich zum Bereich der Ausbildung ist hier die Vielfalt an teilweise hoch spezialisierten Angeboten ebenso wie an Weiterbildungsträgern und Einrichtungen sogar noch breiter und vielerorts sehr unübersichtlich (vgl. Schulze-Krüdener 2012).

Die hier angesprochene Heterogenität lässt sich als Spiegelbild dafür sehen, dass sich über Aus-, Weiter- und Fortbildung in durchaus machtvoller Weise mitgestalten und steuern lässt, welches Wissen, welche Konzepte und Ansätze sowie welche Weltanschauungen, Gesellschafts- und Menschenbilder von den (zukünftigen) Professionellen verinnerlicht und als zentral und wesentlich weitergetragen werden. Über diese Hinterbühne können staatliche und nichtstaatliche Akteur_innen, etwa Wohlfahrtsverbände und weitere Interessengruppen, auf unterschiedlichen Ebenen curricular bzw. thematisch mitbestimmen, welches Profil Sozialarbeiter_innen zukünftig verstärkt aufweisen werden und mit welchen Berufsgruppen und inhaltlichen Schwerpunkten Soziale Arbeit mehrheitlich vollzogen werden wird. Dies lässt sich derzeit beispielhaft ebenso an den vielen neuen kindheitspädagogischen Studiengängen beobachten, die in der letzten Dekade an den Hochschulen angeboten werden, wie auch an der Konkurrenz von eher klinisch-medizinisch bzw. klinisch-psychologisch ausgerichteten Studienprofilen gegenüber erziehungswissenschaftlich-humanistischen oder sozialwissenschaftlich-fürsorgetheoretischen Studienprofilen. Abseits inhaltlicher Profilbildungen wie diesen ist diese Hinterbühne zudem auch Austragungsort von Entlohnungs-, Anerkennungs- und Behauptungskämpfen der unterschiedlichen Berufsgruppen (vgl. Küster/Schoneville 2012).

16.2.3 Forschung und Evaluation

Eine weitere bedeutsame Hinterbühne Sozialer Arbeit lässt sich mit dem Arbeitsfeld sozialpädagogischer Forschung und Evaluation markieren. Evaluation, die als „Betrachtung und Bewertung von Ergebnissen und Folgen zielorientierten Handelns“ (Groenemeyer/Schmidt 2015, S. 410) verstanden werden kann, findet dabei im Verständnis einer Evaluationsforschung im allgemeineren Begriff der sozialpädagogischen Forschung ihren Platz. Diese lässt sich als „wissenschaftliche, d.h. methodisch kontrollierte, nachprüfbare und nachvollziehbare Erzeugung von Wissen über die soziale Wirklichkeit verstehen, die für Soziale Arbeit bedeutsam ist" (Schefold 2012, S. 1123).

Systematisch lassen sich querliegend zu den einzelnen beforschbaren Handlungsfeldern nachfolgende Forschungen unterscheiden (vgl. Sommerfeld 2015, S. 1578):

- *Organisationsforschung:* Im Fokus stehen hier die zuständigen Institutionen und Organisationen
- *Adressat_innenforschung:* Im Mittelpunkt stehen hier Adressat_innen in ihren Lebenswelten und Lebenslagen
- *Professionsforschung:* Professionelle und die Ausbildung von Professionalität stehen hier im Fokus

Auch diese Hinterbühne ist mit dem Praxiszusammenhang Sozialer Arbeit nur mittelbar verknüpft. Denn anders als die unter permanentem Handlungsdruck agierenden Fachkräfte der Praxis können sich Forschung und Evaluation zumindest zeitweise auf die Beobachtung dieser Praxis zurückziehen.

Das Arbeitsfeld sozialpädagogischer Forschung und Evaluation lässt sich dahingehend als machtvoll beschreiben, dass hier zunächst gesteuert wird, zu welchen Themen und Fragestellungen überhaupt Forschung stattfindet und in welche Richtung sich dementsprechend die Entwicklung von wissenschaftsbasierten Konzepten und Theorien entwickelt. So ist in den letzten Jahren ein Zuwachs an evidenzbasierten Forschungsprogrammen zu beobachten. Diese geben vor, Nachweise über die kausalen Wirkungen und Effekte bestimmter Angebotsformen und Methoden liefern zu können. Eine solche Wirkungsforschung ist innerhalb der Sozialen Arbeit sehr umstritten, u.a. da es kaum möglich scheint, die Komplexität sozialer Wirklichkeit zuverlässig in separierbare Wirkfaktoren umzurechnen (bzw. sämtliche Störvariablen umfassend herauszurechnen). Dennoch wird es angesichts des Drucks der öffentlichen Haushalte, Kosten einzusparen, für die Bewilligung von Hilfen immer wichtiger, vorzuweisen, dass eine Hilfsmaßnahme auch die gewünschten Effekte erzielt (vgl. Schefold 2012, S. 1134f.; Otto 2007). In Entsprechung hierzu ist auch der Bedarf an der Evaluation von Diensten und Hilfsangeboten gestiegen. Denn in Konkurrenz zu anderen Konzepten und Maßnahmen ist der Bedarf an einem wissenschaftlich zertifizierten Maßnahmen- bzw. Wirkungserfolg groß, wenn es um die Implementierung und Etablierung von bestimmten Programmen, Konzepten und Angeboten geht (vgl. vertiefend hierzu Groenemeyer/Schmidt 2015; Baumgartner/Sommerfeld 2012).

16.2.4 Sozialplanung und Sozialberichterstattung

Eine besondere Form empirischer Forschung ist die Sozialberichterstattung. Auf dieser Hinterbühne wird die zu einem bestimmten sozialen Themenkomplex verfügbare Expertise in Form von bspw. Gesundheits-, Familien- oder Kinder- und Jugendberichten systematisch zusammengeführt. So wird bspw. der Kinder- und Jugendbericht von einer wissenschaftlich arbeitenden Sachverständigenkommission verfasst und dann der Bundesregierung zur Stellungnahme vorgelegt. Die Sachverständigenkommission bündelt die Ergebnisse sämtlicher aktueller Studien, die sich mit den Bedingungen des Aufwachsens junger Menschen sowie den für sie angebotenen sozialen Dienstleistungen befassen. Insbesondere in Bereichen, in denen empirischen Daten fehlen, kann sie zudem zusätzliche Expertisen für den Kinder- und Jugendbericht in Auftrag geben. Auf der Basis der ausgewerteten Studienlage formuliert die Sachverständigenkommission dann den Bericht, in dem sie aktuelle Trends, Entwicklungen, Herausforderungen und Problemlagen systematisch darstellt und auf dieser Basis Empfehlungen für die Politik ausspricht.

Dies dient dazu, die Wohlfahrtserbringung in ihrer Qualität und Quantität bemessen und soziale Missstände und Wandlungsprozesse frühzeitig registrieren zu können. Im Fokus der Sozialberichterstattung stehen damit Zustand und Veränderungen von Lebensbedingungen und Lebensqualität der Bevölkerung (vgl. Markert/Wieseler 2015, S. 1388). Ihre Ergebnisse fließen in die politische Steuerung und in die *kommunale Sozialplanung* im Verständnis einer infrastrukturellen Handlungsebene mit ein (vgl. Merchel 2012, S. 743). Zur Differenzierung der Begriffe ‚Sozialberichterstattung' und ‚Sozialplanung' verweisen Andreas Markert und Silvia Wieseler darauf, dass „Sozialberichterstattung die Funktionen der Vermittlung zwischen Problemerkennung und Leistungsgestaltung, der Effektivierung und Versachlichung politischer Diskurse, der Vorbereitung sozialpolitischer und -planerischer Entscheidungen [übernimmt] und als Grundlage zentraler Steuerungsinstrumente [fungiert]. Konkrete Ressourcenentscheidungen und Maßnahmeplanungen werden demgegenüber im Kontext von Sozialplanungsprozessen getroffen – ebenso die Evaluation planungsinduzierter Maßnahmen. […] Eine so verstandene kommunale Sozialplanung stellt somit weniger die Erstellung fertiger Planungsberichte in den Mittelpunkt, sondern stärker das regelmäßige Initiieren von Aushandlungsprozessen bzw. Aspekte einer verstetigten und institutionalisierten Evaluation sozialer Praxis" (Markert/Wieseler 2015, S. 1393).

Das Arbeitsfeld der Sozialplanung und Sozialberichterstattung stellt sich damit ebenfalls machtvoll dar. Dies bezieht sich sowohl auf die sozialpolitischen Entscheidungs- und Steuerungsprozesse auf Bundes- bzw. Landesebene (Sozialberichterstattung), als auch auf die zukünftige Gestaltung und Steuerung der lokalen Wohlfahrtserbringung (Sozialplanung). Damit wird hier, ähnlich dem

Arbeitsfeld sozialpädagogischer Forschung und Evaluation, eher eine mittelbare Vogelperspektive eingenommen auf den konkreten Praxisvollzug Sozialer Arbeit vor Ort.

16.2.5 Aufgaben innerhalb des Hilfesystems Soziale Arbeit

Zur Systematisierung der verschiedenen Aufgaben, die auf den Hinterbühnen und Vorderbühnen des Hilfesystems Soziale Arbeit zu bewerkstelligen sind, schlägt Heiner vor (vgl. 2010), zwischen Sozialer Arbeit mit dem Klient_innensystem (d.h. adressat_innenbezogenen Angeboten und Diensten) und Sozialer Arbeit mit dem Leistungssystem (d.h. Angeboten und Diensten ohne direkten Adressat_innenbezug) zu unterscheiden. Damit geht sie von einer doppelten Aufgabenstellung Sozialer Arbeit aus: „Die Soziale Arbeit hat *zwei Adressatengruppen*, d.h. zwei Personengruppen, um die sie sich bemühen muss und die zu KooperationspartnerInnen werden sollen: die *(potentiellen) KlientInnen* Sozialer Arbeit und die *MitarbeiterInnen des Leistungssystems*, das den KlientInnen und der Fachkraft der Sozialen Arbeit helfen soll, die bestehenden Probleme zu lösen oder zumindest zu verringern. [...] Die *Ziele* der jeweiligen Zusammenarbeit beziehen sich entsprechend auf *zwei denkbare Problemfelder:* Schwierigkeiten der KlientInnen und/oder Mängel des Leistungssystems" (Heiner 2010, S. 121, im Original kursiv).

In dieser doppelten Aufgabenstellung wird erneut deutlich, dass es der Sozialen Arbeit nicht nur darum gehen kann, das Verhalten Einzelner (nämlich der Adressat_innen) zu verändern. Gleichbedeutend ist immer auch das Verändern von hinderlichen bzw. benachteiligenden Verhältnissen, was auch das Leistungssystem – ergo die Soziale Arbeit selbst – als veränderungsbedürftige Instanz miteinschließt. Die tabellarische Darstellung auf der nächsten Seite verdeutlicht, dass unterschiedliche Konstellationen möglich sind, in denen das Klient_innensystem und das Leistungssystem als Ressource für Veränderung oder Ziel von Veränderung fungieren.

Sowohl auf der Ebene einzelner Fälle als auch fallübergreifend erlaubt diese Perspektive eine systematische Reflexion dessen, was jeweils als Ressource *für* Veränderung und was als Ziel *von* Veränderung zu sehen ist: Nicht immer sind es die Adressat_innen, auf die sozialpädagogische Veränderungsbemühungen abzielen, und nicht immer stellt das Leistungssystem ausschließlich eine Ressource dar – hierauf macht nicht zuletzt auch die Notwendigkeit von Hinterbühnen wie die sozialpädagogische Supervision und Praxis-, Organisations- und Personalberatung, die sozialpädagogische Aus-, Fort- und Weiterbildung, die sozialpädagogische Forschung und Evaluation sowie die Sozialplanung und Sozialberichterstattung aufmerksam.

Tab. 16.1: Aufgaben des Hilfesystems Soziale Arbeit nach Heiner (vgl. 2010, S. 125)

Ressourcensysteme vs. Zielsysteme	Klient_innensystem	Leistungssystem
Klient_innensystem *Ziel:* Sicherung und Optimierung der Lebenslage der Adressat_innen bezogen auf ihre Lebensweise und ihre Lebensbedingungen	**Aufgabentyp 1: direkte Klient_innenarbeit** Fallbezogene Arbeit an der Veränderung des Klient_innensystems in Kooperation mit dem Klient_innensystem (z. B. Beratung, Erziehung, Betreuung, Begleitung)	**Aufgabentyp 2: indirekte Klient_innenarbeit** Fallbezogene Arbeit an der Veränderung des Klient_innensystems in Kooperation mit dem Leistungssystem (z. B. Vermittlung von Dienstleistungen, Sicherung der Finanzierung, Abbau von Zugangshindernissen)
Leistungssystem *Ziel:* Sicherung und Optimierung der Leistungen des Sozial- und Gesellschaftssystems bezogen auf interne Leistungen der eigenen Organisation und externe Leistungen anderer Organisationen	**Aufgabentyp 3: indirekte Organisationsarbeit** Fallübergreifende und fallbezogene Arbeit an der Veränderung des Leistungssystems in Kooperation mit dem Klient_innensystem (z. B. Unterstützung von Selbsthilfegruppen, Begleitung von Adressat_innen bei der Durchsetzung ihrer Interessen und Rechte)	**Aufgabentyp 4: direkte Organisationsarbeit** Fallübergreifende und fallbezogene Arbeit an der Veränderung des Leistungssystems in Kooperation mit dem Leistungssystem (z. B. *intern:* Fallkonferenzen, Teamsupervision und Organisationsentwicklung; *extern:* fachpolitische Lobbyarbeit, Evaluation und Forschung, Aus-, Fort- und Weiterbildung)

16.3 Zusammenfassung: Soziale Arbeit in Kooperationen und die Macht der ‚Hinterbühnen'

Zwischen den einzelnen Handlungsfeldern Sozialer Arbeit und den dort jeweils anzutreffenden Ensembles aus Akteur_innen, Diensten, Aufgaben und Zielsetzungen bestehen mitunter bedeutsame Verbindungen in Form von Kooperationen und Netzwerken. Häufig lassen sich erst über diese, adäquate Leistungserbringungen her- und sicherstellen. Bei der sozialpädagogischen Fallbearbeitung arbeiten somit oftmals unterschiedliche Dienste und Akteur_innen zusammen.

Dies bezieht sich sowohl auf Kooperationen und Netzwerkstrukturen innerhalb der Sozialen Arbeit als auch auf solche zu externen Partner_innen, die in Gestalt von Schule, Polizei, Medizin, Rechtspflege usw. ebenfalls eine bedeutsame Funktion innerhalb des Hilfesystems einnehmen.

Als zentrale Schalt- und Anlaufstellen fungieren hierbei die überwiegend fallvermittelnd agierenden Dienste ASD und SpsD. Eine analytisch-systematische Inaugenscheinnahme des Hilfesystems offenbart dabei, dass Adressat_innen und Soziale Dienste quasi gleichermaßen als Ressource *für* wie auch als Ziel *von* sozialpädagogischen Veränderungsbemühungen betrachtet werden können und müssen. So gesehen lassen sich einzelfallabhängig unterschiedliche Aufgabentypen innerhalb des Hilfesystems und seiner Handlungsfelder identifizieren. Klassische Handlungsfelder Sozialer Arbeit (vgl. Teil II: Aktuelle Handlungsfelder der Sozialen Arbeit) zeichnen sich dabei durch eine konkrete und unmittelbare Bezugnahme auf die Adressat_innen aus, indem sie für jene Hilfemaßnahmen im Verständnis von sozialen Dienstleistungen erbringen.

Abseits dieser klassischen Felder existieren jedoch zahlreiche weitere, die allenfalls einen mittelbaren Adressat_innenbezug aufweisen. Auch wenn sie innerhalb des Praxiszusammenhangs Soziale Arbeit lediglich als ‚Hinterbühnen' fungieren, kommt gerade ihnen für die Planung, Gestaltung und Weiterentwicklung von Disziplin, Profession und Praxiszusammenhang eine ausgesprochen machtvolle und bedeutsame Funktion und Position zu. In Arbeitsfeldern wie der sozialpädagogischen Supervision und Praxis-, Organisations- und Personalberatung, der sozialpädagogischen Aus-, Fort- und Weiterbildung, der sozialpädagogischen Forschung und Evaluation sowie der Sozialplanung und Sozialberichterstattung wird maßgeblich der Rahmen dafür mitabgesteckt, in welcher Gestalt, Struktur und Form und mit welchen Aufgaben, Mitteln und Zielen sich Soziale Arbeit verwirklichen kann und soll. Dies wirkt sowohl nach außen in die Gesellschaft als auch nach innen in die Soziale Arbeit.

Reflexionsaufgaben

Handlungsfeldinterne und -übergreifende Kooperationen und Netzwerke sind inzwischen ein Standard Sozialer Arbeit und sie werden zukünftig zunehmen.

- Arbeiten Sie anhand des Fallbeispiels Tom Müller heraus, warum die Erbringung von Sozialen Dienstleistungen im Hilfesystem oftmals auf Kooperationen und Netzwerke angewiesen ist bzw. dadurch erheblich unterstützt wird. Stellen Sie an diesem Beispiel dar, welche Schwierigkeiten sich im Kontext von Kooperationen und Netzwerkstrukturen ergeben können.
- Im Fallbeispiel spielt auch der ASD eine wichtige Rolle: Was sind zwei zentrale Differenzen in der Funktion und Position der Schaltstellen ASD bzw. SpsD im Vergleich zu den ‚klassischen' Akteur_innen des Handlungsfelds Kinder- und Jugendhilfe?

Auf der Hinterbühne werden systematisch Reflexionen von professionellem und organisationalem Handeln angeregt, organisationale Abläufe und Strukturen optimiert und angepasst sowie Personalstände in Einrichtungen und Diensten auf Bedarfslagen hin arrangiert und aktualisiert.

- Welche Funktionen haben Forschung und Sozialberichterstattung? Stellen Sie bitte zudem kurz den Zusammenhang zur adressat_innenbezogenen Arbeit in den Handlungsfeldern dar.
- Mit welcher machtvollen und bedeutsamen Funktion und Position sind die jeweiligen Hinterbühnen ausgestattet und wie können diese sich auswirken?

17 Schlussbetrachtung: Die Dynamisierung sozialpädagogischer Handlungsfelder

Zu Beginn des Lehrbuchs haben wir herausgearbeitet, dass der Begriff ‚Soziale Arbeit' angesichts der vielgestaltigen und dynamischen Landschaft, die er als Praxiszusammenhang benennt, zunächst wie ein Containerbegriff erscheinen muss. Dieser Eindruck erhärtet sich umso mehr, wenn wir die einzelnen Aufgaben, Ziele und Funktionen sowie die Angebote, Maßnahmen und Leistungen vergleichen, die der Sozialen Arbeit zugerechnet werden. Zugleich deutete sich bei den vier Fallportraits bereits an, was wir an der Sortierung in vier aktuelle Handlungsfelder exemplarisch vorgestellt haben: Es können zusammenhängende, zuverlässig wiederkehrende Ensembles von Aufgaben, Akteur_innen, Institutionen und Angebotsformen identifiziert werden, anhand deren sich unterschiedliche, voneinander unterscheidbare Handlungsfelder der Sozialen Arbeit markieren lassen.

Dabei ermöglicht uns ein relationales Verständnis des Begriffs ‚Handlungs-Feld', den vielgestaltigen und dynamischen Praxiszusammenhang Sozialer Arbeit zu ordnen und zu systematisieren: Das Handeln in den einzelnen Feldern lässt sich feldübergreifend als professionell, sozial und sozialpädagogisch beschreiben. Im Begriff des Handlungsfeldes stehen Akteur_in (Handlung) und Struktur (Feld) relational zueinander und entfalten hierüber das Potential einer Reflexions- und Analyseperspektive: Diese Perspektive ermöglicht es, systematisch Verhalten und Verhältnisse in ihrem Geworden-Sein, mit ihren Ressourcen und Potentialen wie auch Grenzen und Restriktionen jeweils wechselseitig aufeinander zu beziehen. Dies geschieht dergestalt, dass die relationale Bedingtheit von professionellen, sozialen und sozialpädagogischen (Aus-)Handlungen prozessual in spezifisch situierten Feldern entschlüsselt und produktiv bearbeitet werden kann. Instruktiv hierfür ist zum einen die jeweilige situative (sprich: fallspezifische), ‚klassische', direkte und aushandlungsorientierte Arbeit mit den Adressat_innen. Zum anderen verspricht auch die differenzierte Analyse der ‚indirekten' Arbeit – die der Kooperation und Vernetzung mit weiteren Akteur_innen – fachliche Anregungen. Im Besonderen ermöglicht eine solche Analyse, die mit der Kooperation und Vernetzung einhergehenden Effizienzgewinne und die Steigerung von Bearbeitungsmöglichkeiten gegenüber den ebenfalls hieraus resultierenden Autonomieeinbußen und Abhängigkeiten abzuwägen bzw. auszubalancieren. Zudem verspricht der Blick auf die verschiedenen ‚Hinterbühnen' innerhalb des Hilfesystems, die zu einer Reflexion und

Weiterentwicklung der sozialen personenbezogenen Dienstleistungsorganisation anregen, gewinnbringende Impulse hinsichtlich des jeweiligen Handelns in den verschiedenen Feldern.

In den vier aktuellen Handlungsfeldern Kinder- und Jugendhilfe, Soziale Hilfen in besonderen Lebenslagen, Behinderten- und Gesundheitshilfe und Soziale Altenhilfe moderiert Soziale Arbeit moderne gesellschaftliche Entgrenzungen, indem sie die Individuen bei der Bewältigung der jeweiligen Anforderungen, die aus den unterschiedlichen Lebensaltern und Lebenslagen resultieren, zu unterstützten versucht. Dabei orientieren sich die Handlungsfelder an Ordnungselementen wie verschiedenen Interventionsgraden, Lebensalter und -lagen, spezifische Adressat_innengruppen oder Problemdiagnosen. Folglich ermöglichen diese Ordnungselemente, Handlungsfelder nach ihrer theoretischen Ausrichtung zu unterscheiden. Dies wirft zugleich die Frage auf, weshalb diese Ordnungen so wirkmächtig sind. Eine erste Antwort darauf ist, dass Soziale Arbeit Teil der Ausdifferenzierung und Pluralisierung einer modernen, beständig komplexer werdenden Gesellschaft ist. Einerseits verändert sich daher ihr Aufgabenbereich, indem dieser, wenn wir die Adressat_innenzahl betrachten, quantitativ wächst. Problemlagen sind nicht mehr nur randständig, sondern kommen zunehmend in der Mitte der Gesellschaft an. Entsprechend wachsen auch die Beschäftigtenzahlen innerhalb der Sozialen Arbeit, sodass auch ihre volkswirtschaftliche Bedeutung zunimmt. Infolge gesellschaftlicher Differenzierungsprozesse und der unabschließbaren Klärung dessen, wofür genau bzw. ab wann und bis wohin Soziale Arbeit zuständig ist, generiert sich Soziale Arbeit fortwährend neu in einer spannungsreichen Gleichzeitigkeit von Spezialisierung und Allzuständigkeit. Andererseits ist ihre handlungsfeldbezogene Systematisierung in spezifische Adressat_innengruppen und lebensaltertypische Themen selbst schon eine Produktion der modernen Gesellschaft.

Insgesamt lassen sich Transformationen der Felder und Diskurse nachzeichnen – wir haben abschließend darauf hingewiesen, dass die vier Handlungsfelder einerseits zukünftig weiterhin relativ stabil bleiben und sich an Lebensalter und Problemlagen orientieren. Andererseits werden sich die Handlungsfelder aufgrund gesellschaftlicher Umbrüche erheblich verändern und an den jeweils gesellschaftlichen Herausforderungen orientieren, und dies nicht nur in einem quantitativen Sinne bezogen auf die Beschäftigtenzahlen. Diese Transformationen möchten wir exemplarisch anhand von zwei Handlungsfeldern skizzieren:

Für die *Kinder- und Jugendhilfe* war lange Zeit kennzeichnend, dass sie theoretisch und konzeptionell maßgeblich von der Lebensphase Jugend aus betrachtet wurde und Kindheit lediglich mitgeführt wurde, ohne dass diese einen eigenständigen und gleichwertig anerkannten Reflexionsgegenstand Sozialer Arbeit markierte. Inzwischen lässt sich die These vertreten, dass die zeitgenössische Kinder- und Jugendhilfe maßgeblich von der Institutionalisierung früher

Kindheit im Sinne einer ökonomischen, outcome-orientierten Organisation von Bildungsverläufen aus konzipiert wird. Die verschiedenen Kindheitsinstitutionen sollen sich in einem ‚produktiven Zusammenspiel' organisieren, sowohl im alltäglichen Nebeneinander als auch im Sinne von vertikalen Übergängen in der Bildungslaufbahn. Daher wirkt sich dieses kindzentrierte Aufgabenverständnis nicht nur auf die Arbeits- und Berufsfelder der frühen und mittleren Kindheit aus, sondern verändert das ganze Gefüge innerhalb des Handlungsfelds der Kinder- und Jugendhilfe, indem u. a. mit dem Investment in frühe Kindheit auch Prävention betrieben werden soll, so dass Leistungserbringungen in anderen Segmenten der Kinder- und Jugendhilfe zurück gefahren werden können. Wie diese Verschiebungen sich weiter auswirken, bleibt abzuwarten. In diesem Zusammenhang ist allerdings auch relevant, dass die arbeitsmarktpolitischen Bestrebungen, Kindertageseinrichtungen durch akademische Qualifikationen insgesamt aufzuwerten und damit das Berufsfeld inhaltlich neu zu konturieren, derzeit stagnieren, da der so genannte ‚Fachkräftemangel' durch geringer zu bezahlende Erzieher_innen abgedeckt werden soll (vgl. Autorengruppe Fachkräftebarometer 2019). Zugleich zeichnet sich, anders als in den meisten anderen westlichen Ländern, kein Systemwechsel in dem Sinne ab, dass zentrale Kindheitsinstitutionen aus dem Sozialsystem abgezogen und dem Bildungssystem zugeordnet werden – auch wenn dies politisch immer wieder diskutiert wird. Zeitlich versetzt ist nach der ‚Entdeckung der Kindheit' auf der Diskursebene zu verzeichnen, dass das Phänomen Jugend in den Fokus von Forschung rückt, so dass hier eine (erneute) Intensivierung von Jugend stattfindet.

Für die *Behinderten- und Gesundheitshilfe* deutet sich ein Paradigmenkonflikt an, der maßgeblich das professionelle Verständnis von Fallkonstitution und -bearbeitung konturiert: Es stellt sich die Frage, ob und wie konsequent die in den beiden Bereichen dominierende medizinische Perspektive sich offen zeigen wird für alternative, sowohl sozialkonstruktivistische als auch ethisch-menschenrechtliche Perspektiven, die über die Profession der Sozialen Arbeit eingebracht werden und den Prozess der Fallkonstituierung anders fassen. Dies umschließt auch – und hier ist ebenfalls die Soziale Altenhilfe mit angesprochen – die fundamentalen ethischen Fragen nach der Erbringung von Hilfe- und Pflegeleistungen durch menschliche und nicht-menschliche, d. h. virtuell simulierte Gegenüber. Des Weiteren eröffnet sich die Frage nach einer disziplinären Neuordnung des Handlungsfeldes insofern, als aufgrund aktueller Entwicklungen zukünftig von Behinderten- und Gesundheitshilfe als zwei voneinander relativ unabhängigen Handlungsfeldern gesprochen werden könnte. Zumindest im Rahmen der diversitätsbezogenen Debatte um ‚inclusiveness' bzw. ‚Inklusion' zeichnet sich hier ein verändertes Verständnis ab, welche nicht auf das Verhindern von Barrieren, sondern auf die Ermöglichung von Inklusivierung abzielt. Folglich bleibt auch abzuwarten, ob die weitere Etablierung von Inklusion als Rechtsnorm die Behinderten- und Gesundheitshilfe trennen wird oder ob sich das Feld der Behindertenhilfe auflöst und seine bisherigen Adressat_innen anhand von neuen, behinderungsunabhängigen Problemdefinitionen dann anderen Handlungsfeldern zugeteilt werden.

Neben diesen exemplarischen Transformationen, die auf den ersten Blick nur Teilsegmente der Sozialen Arbeit betreffen, lassen sich weitere gesellschaftliche Verschiebungen aufrufen, die die Handlungsformen und Feldzuschnitte insgesamt weiter verändern werden. Sie führen zu neuen Fragen z. B. im Kontext von

- *Migration:* Wie verändern (zukünftige) Zuwanderungsbewegungen die Soziale Arbeit und ihre Handlungsfelder als Teil einer Migrationsgesellschaft? Wie ist Soziale Arbeit in diesem Kontext an An- und Aberkennungsprozessen beteiligt? Welche Anforderungen und Bearbeitungsmöglichkeiten ergeben sich für sie angesichts der in zentraler Weise auch an sie adressierten Aufgabe der ‚Integration' und angesichts der zunehmenden Heterogenität in Bezug auf u. a. Lebensführungsweisen, Werthaltungen und Zugehörigkeiten ihrer Adressat_innen?
- *Post-Demokratisierung und Post-Neoliberalisierung:* Wie werden aktuelle, die Demokratie und damit auch den Sozialstaat im Kern berührende Tendenzen – etwa die Zunahme privatwirtschaftlicher Einflussnahmen auf die politische Gestaltung des Sozialen –, die sich mit Vokabeln wie ‚Postdemokratisierung' beschreiben lassen (vgl. Crouch 2017; Blühdorn 2013; Michelsen/Walter 2013), die Soziale Arbeit und ihre Handlungsfelder strukturieren und definieren? Daneben lässt sich auch die Frage stellen, wie Soziale Arbeit in ihren Handlungsfeldern das Wiederaufkommen einer Idee von Lokalität und Vergemeinschaftlichung im Verständnis von Gemeinsinn und Gemeinwesen als Gegenreaktion auf Individualisierungstendenzen und den Neoliberalismus produktiv aufnehmen kann, ohne neue ‚exklusive Gemeinschaften' mitzuerzeugen.
- *Digitalisierung und Mediatisierung:* Wie werden sich die Soziale Arbeit und ihre Handlungsfelder – selbst von digitalen Medien und Informationstechnologien durchzogen – zukünftig konzeptionell neu aufstellen, angesichts dessen dass diese Entwicklungen tief in das professionelle Handeln eindringen und es mit zum Teil noch nicht absehbaren Folgen umgestalten (vgl. hierzu Kutscher et al. 2019)?
- *Ökologischen Krisen:* Welche neuen und veränderten Aufgaben, Anforderungen und auch politischen Verantwortlichkeiten ergeben sich für die Soziale Arbeit, wenn sich soziale Problemlagen und ihre Bearbeitungsmöglichkeiten zunehmend weniger von ökologischen Krisen sowie einer Gefährdung des Lebens schlechthin trennen lassen (vgl. Latour 2017; Latour 2018)?

Ein relationales Verständnis von ‚Handlungs-Feld', wie wir es dargestellt haben, stellt den Versuch dar, den vielgestaltigen Praxiszusammenhang Sozialer Arbeit sowohl in seiner Beharrlichkeit und relativen Stabilität als auch in seiner intentional gesteuerten wie emergenten Neuorganisation analytisch aufzuschließen, um aktuelle wie zukünftige Entwicklungen und Herausforderungen im Wechselspiel von Verhältnissen und Verhalten verstehbar zu machen.

Literaturverzeichnis

AGJ (2013): „Gesamtzuständigkeit der Kinder- und Jugendhilfe für alle Kinder und Jugendlichen. Stellungnahme der Arbeitsgemeinschaft für Kinder- und Jugendhilfe – AGJ zur aktuellen Diskussion". www.agj.de/fileadmin/user_upload/FA/I/Gesamtzustaendigkeit_KJH.pdf (Abfrage: 13.01.2019).

Alanen, Leena (2005): Kindheit als generationales Konzept. In: Hengst, Heinz/Zeiher, Helga (Hrsg.): Kindheit soziologisch. Wiesbaden: VS Verlag für Sozialwissenschaften, S. 65–82.

Alanen, Leena (2009): Generational Order. In: Qvortrup, Jens/Corsaro, William A./Honig, Michael-Sebastian (Hrsg.): The Palgrave handbook of childhood studies. Houndmills, Basingstoke, Hampshire und New York: Palgrave Macmillan, S. 159–174.

Amirpur, Donja (2016): Migrationsbedingt behindert? Familien im Hilfesystem. Eine intersektionale Perspektive. Bielefeld: transcript.

Aner, Kirsten/Hammerschmidt, Peter (2018): Arbeitsfelder und Organisationen der Sozialen Arbeit. Eine Einführung. Wiesbaden: VS Verlag für Sozialwissenschaften.

Anhorn, Roland (2010): Von der Gefährlichkeit zum Risiko. Zur Genealogie der Lebensphase „Jugend" als soziales Problem. In: Dollinger, Bernd/Schmidt-Semisch, Henning (Hrsg.): Handbuch Jugendkriminalität. Kriminologie und Sozialpädagogik im Dialog. 1. Auflage. Wiesbaden: VS Verlag für Sozialwissenschaften, S. 23–42.

Anhorn, Roland/Bettinger, Frank/Stehr, Johannes (Hrsg.) (2007): Foucaults Machtanalytik und Soziale Arbeit. Eine kritische Einführung und Bestandsaufnahme. Wiesbaden: VS Verlag für Sozialwissenschaften.

Arbeitsstelle Kinder- und Jugendhilfestatistik (2017): Empirische Befunde zur Kinder- und Jugendhilfe. Analysen zum Leitthema des 16. Deutschen Kinder- und Jugendhilfetages 2017. Eigenverlag Forschungsverbund DJI/TU Dortmund an der Fakultät 12 der Technischen Universität Dortmund.

Autorengruppe Fachkräftebarometer (2019): Fachkräftebarometer Frühe Bildung 2019. Weiterbildungsinitiative Frühpädagogische Fachkräfte. München: Deutsches Jugendinstitut e.V. (DJI).

Bauer, Rudolph/Dahme, Heinz-Jürgen/Struck, Norbert (2012): Freie Träger. In: Thole, Werner (Hrsg.): Grundriss Soziale Arbeit. Ein einführendes Handbuch. 4. Auflage. Wiesbaden: VS Verlag für Sozialwissenschaften, S. 813–829.

Bäumer, Gertrud (1929/1998): Die historischen und sozialen Voraussetzungen der Sozialpädagogik und die Entwicklung ihrer Theorie. In: Thole, Werner/Galuske, Michael/Gängler, Hans (Hrsg.): KlassikerInnen der Sozialen Arbeit. Sozialpädagogische Texte aus zwei Jahrhunderten - ein Lesebuch. Neuwied: Luchterhand, S. 149–161.

Baumgartner, Edgar/Sommerfeld, Peter (2012): Evaluation und evidenzbasierte Praxis. In: Thole, Werner (Hrsg.): Grundriss Soziale Arbeit. Ein einführendes Handbuch. 4. Auflage, Wiesbaden: VS Verlag für Sozialwissenschaften, S. 1163–1175.

Bernfeld, Siegfried (1925/1979): Sisyphos oder die Grenzen der Erziehung. Frankfurt am Main: Suhrkamp.

Bettinger, Frank (2012): Soziale Arbeit und Sozialpolitik. In: Thole, Werner (Hrsg.): Grundriss Soziale Arbeit. Ein einführendes Handbuch. 4. Auflage. Wiesbaden: VS Verlag für Sozialwissenschaften, S. 345–354.

Bieker, Rudolf/Floerecke, Peter (Hrsg.) (2011): Träger, Arbeitsfelder und Zielgruppen der Sozialen Arbeit. Stuttgart: Kohlhammer.

Bieritz-Harder, Renate (2017): Sozialrecht. In: Deutscher Verein für Öffentliche und Private Fürsorge (Hrsg.): Fachlexikon der Sozialen Arbeit. 8. Auflage. Baden-Baden: Nomos, S. 847.

Bitzan, Maria/Bolay, Eberhard (2017): Soziale Arbeit – die Adressatinnen und Adressaten. Opladen und Toronto: Barbara Budrich.

Blühdorn, Ingolfur (2013): Simulative Demokratie. Neue Politik nach der postdemokratischen Wende. Berlin: Suhrkamp.

BMBF und KMK (Bund-Länder-Koordinationsstelle für den Deutschen Qualifikationsrahmen für lebenslanges Lernen (Hrsg.) (2018): Deutschen Qualifikationsrahmen für lebenslanges Lernen. Liste der zugeordneten Qualifikationen. Aktualisierter Stand: 1. August 2018. www.dqr.de/media/content/2018_DQR_Liste_der_zugeordneten_Qualifikationen_01082018.pdf (Abfrage 18.01.2019).

BMFSFJ (Hrsg.) (2005): Der 12. Kinder- und Jugendbericht. Bildung, Betreuung und Erziehung vor und neben der Schule. Berlin: Eigenverlag.

BMFSFJ (Hrsg.) (2013): Der 14. Kinder- und Jugendbericht. Bericht über die Lebenssituation junger Menschen und die Leistungen der Kinder- und Jugendhilfe in Deutschland. Berlin: Eigenverlag.

Böhnisch, Lothar (2012a): Lebensbewältigung. Ein sozialpolitisch inspiriertes Paradigma für die Soziale Arbeit. In: Thole, Werner (Hrsg.): Grundriss Soziale Arbeit. Ein einführendes Handbuch. 4. Auflage. Wiesbaden: VS Verlag für Sozialwissenschaften, S. 219–233.

Böhnisch, Lothar (2012b): Lebensbewältigung. Enzyklopädie Erziehungswissenschaft Online. Beltz Juventa, S. 1–22.

Böhnisch, Lothar (2018): Sozialpädagogik der Lebensalter: Eine Einführung. 8. Auflage. Weinheim und Basel: Beltz Juventa.

Böhnisch, Lothar/Lenz, Karl/Schröer, Wolfgang/Stauber, Barbara/Walther, Andreas (Hrsg.) (2013): Handbuch Übergänge. Weinheim, München: Beltz Juventa.

Böhnisch, Lothar (1998): Grundbegriffe einer Jugendarbeit als ‚Lebensort'. In: Böhnisch, Lothar/Rudolph, Martin/Wolf, Barbara (Hrsg.): Jugendarbeit als Lebensort. Weinheim und München: Juventa, S. 155–168.

Bommes, Michael/Scherr, Albert (1996): Exklusionsvermeidung, Inklusionsvermittlung und/oder Exklusionsverwaltung. Zur gesellschaftstheoretischen Bestimmung Sozialer Arbeit. Neue Praxis (2), S. 107–123.

Booth, Tony/Ainscow, Mel (2019): Index für Inklusion. Ein Leitfaden für Schulentwicklung. 2. Auflage. Weinheim und Basel: Beltz Juventa.

Bourdieu, Pierre (1998): Praktische Vernunft. Zur Theorie des Handelns. Frankfurt am Main: Suhrkamp.

Bourdieu, Pierre/Wacquant, Loic J. D. (2006): Reflexive Anthropologie. Frankfurt am Main: Suhrkamp.

Brake, Anna/Büchner, Peter (2012): Bildung und soziale Ungleichheit. Eine Einführung. Stuttgart: Kohlhammer.

Braun, Karl-Heinz (2008): Entwicklungsaufgaben. In: Coelen, Thomas/Otto, Hans-Uwe (Hrsg.): Grundbegriffe Ganztagsbildung. Wiesbaden: VS Verlag für Sozialwissenschaften, S. 109–117.

Bröckling, Ulrich (2007): Das unternehmerische Selbst. Soziologie einer Subjektivierungsform. Frankfurt am Main: Suhrkamp.

Brumlik, Micha (2004): Advokatorische Ethik. Zur Legitimation pädagogischer Eingriffe. Berlin: Philo & Philo Fine Arts.

Bublitz, Hannelore (2011): Differenz und Integration. Zur diskursanalytischen Rekonstruktion der Regelstrukturen sozialer Wirklichkeit. In: Keller, Reiner/Hirseland, Andreas/

Schneider, Werner/Viehöver, Willy (Hrsg.): Handbuch sozialwissenschaftliche Diskursanalyse. Band 1: Theorien und Methoden. 3. Auflage. Wiesbaden: VS Verlag für Sozialwissenschaften, S. 245–282.
Budde, Wolfgang/Früchtel, Frank (2017): Sozialraumorientierung. In: Deutscher Verein für Öffentliche und Private Fürsorge (Hrsg.): Fachlexikon der Sozialen Arbeit. 8. Auflage. Baden-Baden: Nomos, S. 846.
Bundesagentur für Arbeit (2018): Situation schwerbehinderter Menschen. Nürnberg: Bundesagentur für Arbeit. statistik.arbeitsagentur.de/Statischer-Content/Arbeitsmarktberichte/Personengruppen/generische-Publikationen/Brosch-Die-Arbeitsmarktsituation-schwerbehinderter-Menschen.pdf (Abfrage: 13.01.2019).
Bundesarbeitsgemeinschaft Wohnungslosenhilfe e.V. (BAG W) (2011): Wohnungsnotfalldefinition der BAG Wohnungslosenhilfe e.V., verabschiedet vom Vorstand der BAG W am 23.4.2010. www.bagw.de/media/doc/POS_10_BAGW_Wohnungsnotfalldefintion.pdf (Abfrage: 13.01.2019).
Bundesarbeitsgemeinschaft Wohnungslosenhilfe e.V. (BAG W) (2017): Pressemitteilung. BAG Wohnungslosenhilfe: 860 000 Menschen in 2016 ohne Wohnung Prognose: 1,2 Millionen Wohnungslose bis 2018. bagw.de/de/neues~147.html (Abfrage: 13.01.2019).
Bundesarbeitsgemeinschaft Wohnungslosenhilfe e.V. (BAG W) (2019): Pressemitteilung. BAG Wohnungslosenhilfe: 650 000 Menschen in 2017 ohne Wohnung. Verbessertes Schätzmodell erlaubt genauere Schätzung der Wohnungslosenzahlen. www.bagw.de/de/presse/index~169.html (Abfrage: 07.08.2019).
Bundesministerium für Familie, Senioren, Frauen und Jugend (BMFSFJ) (Hrsg.) (2005): Der 12. Kinder- und Jugendbericht. Bildung, Betreuung und Erziehung vor und neben der Schule. Berlin: BMFSFJ.
Bundesministerium für Familie, Senioren, Frauen und Jugend (BMFSFJ) (Hrsg.) (2009): 13. Kinder- und Jugendbericht: Bericht über die Lebenssituation junger Menschen und die Leistungen der Kinder- und Jugendhilfe in Deutschland. Berlin: BMFSFJ.
Bundesministerium für Familie, Senioren, Frauen und Jugend BMFSFJ (Hrsg.) (2013): Der 14. Kinder- und Jugendbericht. Bericht über die Lebenssituation junger Menschen und die Leistungen der Kinder- und Jugendhilfe in Deutschland. Berlin: Eigenverlag. www.bmfsfj.de/RedaktionBMFSFJ/Broschuerenstelle/Pdf-Anlagen/14-Kinder-und-Jugendbericht,property=pdf,bereich=bmfsfj,sprache=de,rwb=true.pdf (Abfrage: 18.01.2019).
Burmeister, Jürgen (2017): Organisation. In: Deutscher Verein für Öffentliche und Private Fürsorge (Hrsg.): Fachlexikon der Sozialen Arbeit. 8. Auflage. Baden-Baden: Nomos, S. 615–616.
Busse, Angela (2017): Sozialgesetzbuch (SGB). In: Deutscher Verein für Öffentliche und Private Fürsorge (Hrsg.): Fachlexikon der Sozialen Arbeit. 8. Auflage. Baden-Baden: Nomos, S. 817–818.
Butler, Judith (1995): Körper von Gewicht. Die diskursiven Grenzen des Geschlechts. Berlin: Berlin-Verlag.
Butler, Judith (2001): Psyche der Macht. Das Subjekt der Unterwerfung. Frankfurt am Main: Suhrkamp.
Butler, Judith (2012): Die Macht der Geschlechternormen und die Grenzen des Menschlichen. 2. Auflage. Frankfurt am Main: Suhrkamp.
Bütow, Birgit/Chassé, Karl August (2008): Soziale Arbeit im Osten – Abbau im Aufbau? In: Bütow, Birgit/Chassé, Karl August/Hirt, Rainer (Hrsg.): Soziale Arbeit nach dem Sozialpädagogischen Jahrhundert. Positionsbestimmungen Sozialer Arbeit im Post-Wohlfahrtsstaat. Opladen und Farmington Hills: Barbara Budrich, S. 77–92.

care leaver Kompetenznetz (2019): Onlineauftritt des care leaver Kompetenznetzes. www.careleaver-kompetenznetz.de/index.php?article_id=14 (Abfrage: 17.07.2019).
Chassé, Karl August/von Wensierski, Hans-Jürgen (2008b): Praxisfelder der Sozialen Arbeit – eine Einleitung. In: Chassé, Karl August/von Wensierski, Hans-Jürgen (Hrsg.): Praxisfelder der Sozialen Arbeit. Eine Einführung. 4. Auflage. Weinheim: Juventa, S. 7–16.
Chassé, Karl August/von Wensierski, Hans-Jürgen (Hrsg.) (2008a): Praxisfelder der Sozialen Arbeit. Eine Einführung. 4. Auflage. Weinheim: Juventa.
Cloos, Peter/Köngeter Stefan (2007): Alltagskommunikation als professionelles Handeln. Pädagogische Modulationen in der Kinder- und Jugendarbeit. Diskurs Kindheits- und Jugendforschung, 2(2), S. 187–199.
Cloos, Peter/Tervooren, Anja (2013): Frühe Bildung im Spannungsfeld von Bildungspolitik und Bildungstheorie. In: Sektion Sozialpädagogik und Pädagogik der frühen Kindheit (Hrsg.): Konsens und Kontroversen. Sozialpädagogik und Pädagogik der frühen Kindheit im Dialog. Weinheim und Basel: Beltz Juventa, S. 38–44.
Coelen, Thomas/Otto, Hans-Uwe (Hrsg.) (2008): Grundbegriffe Ganztagsbildung. Wiesbaden: VS Verlag für Sozialwissenschaften.
Colla, Herbert E. (1981): Heimerziehung. Stationäre Modelle und Alternativen. München: Kösel.
Combe, Arno/Helsper, Werner (1996/2016): Einleitung: Pädagogische Professionalität. Historische Hypotheken und aktuelle Entwicklungstendenzen. In: Combe, Arno/Helsper, Werner (Hrsg.): Pädagogische Professionalität. Untersuchungen zum Typus pädagogischen Handelns. 8. Auflage. Frankfurt am Main: Suhrkamp, S. 9–48.
Crouch, Colin (2017): Postdemokratie. Frankfurt am Main: Suhrkamp.
Deinet Ulrich/Icking, Maria (Hrsg.) (2010): Jugendhilfe und Schule – Analysen und Konzepte für die kommunale Kooperation. 2. Auflage. Leverkusen: Barbara Budrich.
Denninger, Tina/van Dyk, Silke/Lessenich, Stephan/Richter, Anna-Konstantina (2014): Leben im Ruhestand. Zur Neuverhandlung des Alters in der Aktivgesellschaft. Bielefeld: transcript.
Deutscher Bundestag (1989): Gesetzentwurf der Bundesregierung. Entwurf eines Gesetzes zur Neuordnung des Kinder- und Jugendhilferechts (Kinder- und Jugendhilfegesetz – KJHG) BT-Drucksache 11/5948. http://dipbt.bundestag.de/doc/btd/11/059/1105948.pdf (Abfrage: 21.08.2019).
Deutsche Hauptstelle für Suchtfragen e.V. (DHS) (2018): Daten und Fakten. www.dhs.de/datenfakten.html (Abfrage: 13.07.2019).
Deutscher Verein für öffentliche und private Fürsorge e.V. (2009): Empfehlungen des Deutschen Vereins zur Weiterentwicklung Kommunaler Bildungslandschaften. www.deutscher-verein.de/de/uploads/empfehlungen-stellungnahmen/dv-19-09.pdf (Abfrage: 18.01.2019).
Dewe, Bernd/Otto, Hans-Uwe (2011): Professionalität. In: Otto, Hans-Uwe/Thiersch, Hans (Hrsg.): Handbuch Soziale Arbeit. 4. Auflage. München und Basel: Reinhardt, S. 1143–1153.
Dewe, Bernd/Otto, Hans-Uwe (2012): Reflexive Sozialpädagogik. Grundstrukturen eines neuen Typs dienstleistungsorientierten Professionshandelns. In: Thole, Werner (Hrsg.): Grundriss Soziale Arbeit. Ein einführendes Handbuch. 4. Auflage. Wiesbaden: VS Verlag für Sozialwissenschaften, S. 197–217.
Dewe, Bernd/Otto, Hans-Uwe (2015): Wissenschaftstheorie. In: Otto, Hans-Uwe/Thiersch, Hans (Hrsg.): Handbuch Soziale Arbeit. Grundlagen der Sozialarbeit und Sozialpädagogik. 5. Auflage. München und Basel: Reinhardt, S. 1855–1867.

Dewey, John (1998): Experience and education. The 60th Anniversary Edition. New York: Kappa Delta Pi.

Dietrich, Cornelie (2011): Bildungstheoretische Notizen zur Beobachtung frühkindlicher Bildungsprozesse. In: Cloos, Peter/Schulz, Marc (Hrsg.): Kindliches Tun beobachten und dokumentieren. Perspektiven auf die Bildungsbegleitung in Kindertageseinrichtungen. Weinheim: Juventa, S. 100–114.

Dollinger, Bernd/Schabdach, Michael (2013): Jugendkriminalität. Wiesbaden: VS Verlag für Sozialwissenschaften.

Dorschky, Lilo (2017): Empowerment. In: Deutscher Verein für Öffentliche und Private Fürsorge (Hrsg.): Fachlexikon der Sozialen Arbeit. 8. Auflage. Baden-Baden: Nomos, S. 231–233.

Drees, Heike (2017): Drogenberatung. In: Deutscher Verein für Öffentliche und Private Fürsorge (Hrsg.): Fachlexikon der Sozialen Arbeit. 8. Auflage. Baden-Baden: Nomos, S. 201.

Dünn, Sylvia (2017): Sozialversicherung. In: Deutscher Verein für Öffentliche und Private Fürsorge (Hrsg.): Fachlexikon der Sozialen Arbeit. 8. Auflage. Baden-Baden: Nomos, S. 855–856.

Duttweiler, Stefanie (2007): Beratung als Ort neoliberaler Subjektivierung. In: Anhorn, Roland/Bettinger, Frank/Stehr, Johannes (Hrsg.): Foucaults Machtanalytik und soziale Arbeit. Eine kritische Einführung und Bestandsaufnahme. Wiesbaden: VS Verlag für Sozialwissenschaften. S. 261–275.

Elias, Norbert (1939/2017b): Über den Prozeß der Zivilisation. Soziogenetische und psychogenetische Untersuchungen. Zweiter Band: Wandlungen der Gesellschaft. Entwurf zu einer Theorie der Zivilisation. Frankfurt am Main: Suhrkamp.

Elias, Norbert (2017a): Über den Prozeß der Zivilisation. Soziogenetische und psychogenetische Untersuchungen. Erster Band: Wandlungen des Verhaltens in den westlichen Oberschichten des Abendlandes. Frankfurt am Main: Suhrkamp.

Erikson, Erik Homburger (1966): Identität und Lebenszyklus. Drei Aufsätze. Frankfurt am Main: Suhrkamp.

Eßer, Florian (2014): Die verwissenschaftliche Kindheit. In: Baader, Meike Sophia/Eßer, Florian/Schröer, Wolfgang (Hrsg.): Kindheiten in der Moderne. Eine Geschichte der Sorge. Frankfurt am Main: Campus, S. 124–153.

Fahlbusch, Jonathan Imre (2017): Fürsorgeprinzip. In: Deutscher Verein für Öffentliche und Private Fürsorge (Hrsg.): Fachlexikon der Sozialen Arbeit. 8. Auflage. Baden-Baden: Nomos, S. 328–329.

Falterbaum, Johannes (2009): Rechtliche Grundlagen in der Sozialen Arbeit. Eine praxisorientierte Einführung. Stuttgart: Kohlhammer.

Falterbaum, Johannes (2017a): Sozialstaat. In: Deutscher Verein für Öffentliche und Private Fürsorge (Hrsg.): Fachlexikon der Sozialen Arbeit. 8. Auflage. Baden-Baden: Nomos, S. 849–850.

Falterbaum, Johannes (2017b): Wohlfahrtsstaat. In: Deutscher Verein für Öffentliche und Private Fürsorge (Hrsg.): Fachlexikon der Sozialen Arbeit. 8. Auflage. Baden-Baden: Nomos, S. 989.

Farrenberg, Dominik (2018): RegierungsSpielRäume. Eine Ethnographie über Praktiken der Herstellung des Kindergartenkindes. Dissertationsschrift. (auch online unter voado.uni-vechta.de/handle/21.11106/120 (Abfrage: 28.07.2019).

Fendrich, Sandra/Pothmann, Jens/Tabel, Agathe (2018): Monitor Hilfen zur Erziehung 2016. Dortmund: Eigenverlag Universität/DJI. www.akjstat.tu-dortmund.de/fileadmin/Startseite/Monitor_Hilfen_zur_Erziehung_2016.pdf (Abfrage: 13.01.2019).

Feustel, Adriane (2011): Das Konzept des Sozialen im Werk Alice Salomons. Berlin: Metropol.

Foucault, Michel (1961/1973): Wahnsinn und Gesellschaft: Eine Geschichte des Wahns im Zeitalter der Vernunft. Frankfurt am Main: Suhrkamp.

Foucault, Michel (1971/2005): Nietzsche, die Genealogie, die Historie. In: Dits et Ecrits. Schriften in vier Bänden. Frankfurt am Main: Suhrkamp, S. 166–191.

Foucault, Michel (1973/2008): Archäologie des Wissens. In: Foucault, Michel/Honneth, Axel/Saar, Martin (Hrsg.): Die Hauptwerke. Frankfurt am Main: Suhrkamp, S. 471–699.

Foucault, Michel (1974): Die Ordnung des Diskurses. Inauguralvorlesung am Collège de France, 2. Dez. 1970. München: Hanser.

Foucault, Michel (1976/2008): Überwachen und Strafen. Die Geburt des Gefängnisses. In: Foucault, Michel/Honneth, Axel/Saar, Martin (Hrsg.): Die Hauptwerke. Frankfurt am Main: Suhrkamp, S. 701–1019.

Foucault, Michel (1978/2005): Die „Gouvernementalität". In: Analytik der Macht. Frankfurt am Main: Suhrkamp, S. 148–174.

Foucault, Michel (1978/2006): Sicherheit, Territorium, Bevölkerung. Geschichte der Gouvernementalität I. Vorlesung am Collège de France 1977–1978. Frankfurt am Main: Suhrkamp.

Foucault, Michel (1979/2006): Die Geburt der Biopolitik. Geschichte der Gouvernementalität II. Vorlesung am Collège de France 1978–1979. Frankfurt am Main: Suhrkamp.

Foucault, Michel (1980/2005): Diskussion vom 20. Mai 1978. In: Dits et Ecrits. Schriften in vier Bänden. Frankfurt am Main: Suhrkamp, S. 25–43.

Foucault, Michel (1986/2008): Sexualität und Wahrheit. Der Gebrauch der Lüste. In: Foucault, Michel/Honneth, Axel/Saar, Martin (Hrsg.): Die Hauptwerke. Frankfurt am Main: Suhrkamp, S. 1153–1370.

Foucault, Michel (1994): Das Subjekt und die Macht. In: Dreyfus, Hubert L./Rabinow, Paul (Hrsg.): Michel Foucault. Jenseits von Strukturalismus und Hermeneutik. 2. Auflage. o. O.: Beltz-Althenäum, S. 243–261.

Freigang, Werner (2016): Ambulante und teilstationäre Erziehungshilfen. In: Schröer, Wolfgang/Struck, Norbert/Wolff, Mechthild (Hrsg.): Handbuch Kinder- und Jugendhilfe. Weinheim und München: Beltz Juventa, S. 832–851.

Füssenhäuser, Cornelia (2017a): Sozialarbeiter/innen und Sozialpädagog/innen. In: Deutscher Verein für Öffentliche und Private Fürsorge (Hrsg.): Fachlexikon der Sozialen Arbeit. 8. Auflage. Baden-Baden: Nomos, S. 766–767.

Füssenhäuser, Cornelia (2017b): Soziale Arbeit. In: Deutscher Verein für Öffentliche und Private Fürsorge (Hrsg.): Fachlexikon der Sozialen Arbeit. 8. Auflage. Baden-Baden: Nomos, S. 774–778.

Galuske, Michael (2015): Methoden der Sozialen Arbeit. In: Otto, Hans-Uwe/Thiersch, Hans (Hrsg.): Handbuch Soziale Arbeit. Grundlagen der Sozialarbeit und Sozialpädagogik. 5. Auflage. München und Basel: Reinhardt, S. 1021–1035.

Gedrath, Volker/Schröer, Wolfgang (2012): Die Sozialgesetzgebung und die Soziale Arbeit im 20. Jahrhundert. In: Thole, Werner (Hrsg.): Grundriss Soziale Arbeit. Ein einführendes Handbuch. 4. Auflage. Wiesbaden: VS Verlag für Sozialwissenschaften, S. 863–882.

Generali Deutschland AG (Hrsg.) (2017): Generali Altersstudie 2017 – Wie ältere Menschen in Deutschland denken und leben. Wiesbaden: Springer VS Verlag für Sozialwissenschaften.

Generali Engagementatlas (2015): Rolle und Perspektiven Engagement unterstützender Einrichtungen in Deutschland. www.generali.de/ueber-generali/verantwortung/gesellschaftliches-engagement/alter-demografie-buergerengagement/ (Abfrage: 13.01.2019).

Goffman, Erving (1969/2013): Wir alle spielen Theater. Die Selbstdarstellung im Alltag. 13. Auflage. München: Piper.
Göhlich Michael (2014): Institution und Organisation. In: Wulf, Christoph/Zirfas Jörg (Hrsg.): Handbuch Pädagogische Anthropologie. Wiesbaden: Springer VS Verlag für Sozialwissenschaften.
Göweil, Stefanie (2017): Grenzen und Chancen der modernisierten Geschlechterordnung. Ein geschlechterkritischer Blick auf Gesellschaft und Schule. Gießen: Psychosozial.
Graßhoff, Gunther (2015): Adressatinnen und Adressaten der Sozialen Arbeit. Eine Einführung. Wiesbaden: Springer VS Verlag für Sozialwissenschaften.
Groenemeyer, Axel (2010a): Doing social problems – doing social control. In: Groenemeyer, Axel (Hrsg.): Doing social problems. Mikroanalysen der Konstruktion sozialer Probleme und sozialer Kontrolle in institutionellen Kontexten. Wiesbaden: VS Verlag für Sozialwissenschaften, S. 13–56.
Groenemeyer, Axel (Hrsg.) (2010b): Doing social problems. Mikroanalysen der Konstruktion sozialer Probleme und sozialer Kontrolle in institutionellen Kontexten. Wiesbaden: VS Verlag für Sozialwissenschaften.
Groenemeyer, Axel/Schmidt, Holger (2015): Evaluation und Evaluationsforschung. In: Otto, Hans-Uwe/Thiersch, Hans (Hrsg.): Handbuch Soziale Arbeit. Grundlagen der Sozialarbeit und Sozialpädagogik. 5. Auflage. München und Basel: Reinhardt, S. 410–422.
Gröning, Katharina/Lietzau, Yvette (2015): Pflege. In: Otto, Hans-Uwe/Thiersch, Hans (Hrsg.): Handbuch Soziale Arbeit. Grundlagen der Sozialarbeit und Sozialpädagogik. 5. Auflage. München und Basel: Reinhardt, S. 1181–1190.
Großmaß, Ruth (2011): „Klienten“, „Adressaten“, „Nutzer“, „Kunden“ – diskursanalytische Überlegungen zum Sprachgebrauch in den sozialen Berufen. (auch online unter docplayer.org/35434110-Klienten-adressaten-nutzer-kunden-diskursanalytische-ueberlegungen-zum-sprachgebrauch-in-den-sozialen.html (Abfrage: 08.08.2019).
Grunwald, Klaus (2015): Organisation und Organisationsgestaltung. In: Otto, Hans-Uwe/Thiersch, Hans (Hrsg.): Handbuch Soziale Arbeit. Grundlagen der Sozialarbeit und Sozialpädagogik. 5. Auflage. München und Basel: Reinhardt, S. 1139–1150.
Grunwald, Klaus/Thiersch, Hans (2016): Lebensweltorientierung. In: Grunwald, Klaus/Thiersch, Hans (Hrsg.): Praxis Lebensweltorientierter Sozialer Arbeit. Handlungszugänge und Methoden in unterschiedlichen Arbeitsfeldern. 3. Auflage. Weinheim und München: Juventa, S. 24–64.
Hamburger, Franz (2016): Einführung in die Sozialpädagogik. 3. Auflage. Stuttgart: Kohlhammer.
Hammerschmidt, Peter (2012): Geschichte der Rechtsgrundlagen der Sozialen Arbeit bis zum 20. Jahrhundert. In: Thole, Werner (Hrsg.): Grundriss Soziale Arbeit. Ein einführendes Handbuch. 4. Auflage. Wiesbaden: VS Verlag für Sozialwissenschaften, S. 851–861.
Hammerschmidt, Peter/Tennstedt, Florian (2012): Der Weg zur Sozialarbeit: Von der Armenpflege bis zur Konstituierung des Wohlfahrtsstaates der Weimarer Republik. In: Thole, Werner (Hrsg.): Grundriss Soziale Arbeit. Ein einführendes Handbuch. 4. Auflage. Wiesbaden: VS Verlag für Sozialwissenschaften, S. 73–86.
Hanses, Andreas/Richter, Peter (2011): Die soziale Konstruktion von Krankheit. Analysen biographischer Selbstthematisierungen an Brustkrebs erkrankter Frauen und ihre Relevanz für eine Neubestimmung professioneller Praxis. In: Oelerich, Gertrud/Otto, Hans-Uwe (Hrsg.): Empirische Forschung und Soziale Arbeit. Ein Studienbuch. Wiesbaden: VS Verlag für Sozialwissenschaften, S. 137–150.
Hartmann, Anja (2011): Soziale Dienste: Merkmale, Aufgaben und Entwicklungstrends aus der Perspektive soziologischer Theorien. In: Evers, Adalbert/Heinze, Rolf G./Olk, Thomas

(Hrsg.): Handbuch Soziale Dienste. Wiesbaden: VS Verlag für Sozialwissenschaften, S. 76–93.

Hasenfeld, Yeheskel (1983): Human Service Organizations. Englewood Cliffs: Prentice Hall.

Havighurst, Robert James (1948): Developmental tasks and education. New York: David McKay.

Havighurst, Robert James (1953): Human development and education. London: Longmans.

Heiner, Maja (2010): Soziale Arbeit als Beruf. Fälle – Felder – Fähigkeiten. 2. Auflage. München und Basel: Reinhardt.

Heiner, Maja (2012): Handlungskompetenz und Handlungstypen. Überlegungen zu den Grundlagen methodischen Handelns. In: Thole, Werner (Hrsg.): Grundriss Soziale Arbeit. Ein einführendes Handbuch. 4. Auflage. Wiesbaden: VS Verlag für Sozialwissenschaften, S. 611–624.

Henneberger, Jana (2017): Pflegeversicherung. In: Deutscher Verein für Öffentliche und Private Fürsorge (Hrsg.): Fachlexikon der Sozialen Arbeit. 8. Auflage. Baden-Baden: Nomos, S. 650–654.

Henschel, Angelika/Krüger, Rolf/Schmitt, Christof/Stange, Waldemar (Hrsg.) (2009): Jugendhilfe und Schule. Handbuch für eine gelingende Kooperation. Wiesbaden: VS Verlag für Sozialwissenschaften.

Hering, Sabine (2018): Die Frauenbewegung, der soziale Frauenberuf und die langen Schatten der Armenpflege. In: Franke-Meyer, Diana/Kuhlmann, Carola (Hrsg.): Soziale Bewegungen und Soziale Arbeit. Von der Kindergartenbewegung zur Homosexuellenbewegung. Wiesbaden: Springer VS Verlag für Sozialwissenschaften, S. 141–154.

Herriger, Norbert (2014): Empowerment in der Sozialen Arbeit. Eine Einführung. 5. Auflage. Stuttgart: Kohlhammer.

Hey, Georg (2000): Klinische Sozialarbeit. Zu den Aufgaben Sozialer Arbeit in Einrichtungen des Gesundheitswesens. In: Sting, Stefan/Zurhorst, Günter (Hrsg.): Gesundheit und Soziale Arbeit. Weinheim und München, S. 163–175.

Hillebrandt, Frank (2012): Hilfe als Funktionssystem für Soziale Arbeit. In: Thole, Werner (Hrsg.): Grundriss Soziale Arbeit. Ein einführendes Handbuch. 4. Auflage. Wiesbaden: VS Verlag für Sozialwissenschaften, S. 235–247.

Hirschauer, Stefan (2004): Praktiken und ihre Körper: Über materielle Partizipanden des Tuns. In: Hörning, Karl-Heinz/Reuter, Julia (Hrsg.): Doing Culture: Neue Positionen zum Verhältnis von Kultur und sozialer Praxis. Bielefeld: transcript, S. 73–91.

Hof, Christiane/Rosenberg, Hannah (Hrsg.) (2018): Lernen im Lebenslauf: Theoretische Perspektiven und empirische Zugänge. Wiesbaden: Springer VS Verlag für Sozialwissenschaften.

Homfeldt, Hans Günther (2012): Soziale Arbeit im Gesundheitswesen und in der Gesundheitsförderung. In: Thole, Werner (Hrsg.): Grundriss Soziale Arbeit. Wiesbaden: VS Verlag für Sozialwissenschaften, S. 489–503.

Homfeldt, Hans Günther/Gahleitner, Silke Birgitta (2018): Gesundheit und Krankheit. In: Graßhoff, Gunther/Renker, Anna/Schröer, Wolfgang (Hrsg.): Soziale Arbeit. Eine elementare Einführung. Wiesbaden: Springer Fachmedien, S. 43–54.

Honig, Michael-Sebastian (1999): Entwurf einer Theorie der Kindheit. Frankfurt am Main: Suhrkamp.

Honig, Michael-Sebastian (2002): Instituetik frühkindlicher Bildungsprozesse – Ein Forschungsansatz. In: Liegle, Ludwig/Treptow, Rainer (Hrsg.): Welten der Bildung in der Pädagogik der frühen Kindheit und in der Sozialpädagogik. Freiburg i. B.: Lambertus, S. 181–194.

Honig, Michael-Sebastian (2010): Beobachtung (früh-)pädagogischer Felder. In: Schäfer, Gerd E./Staege, Roswitha (Hrsg.): Frühkindliche Lernprozesse verstehen. Ethnographische und phänomenologische Beiträge zur Bildungsforschung. Weinheim und München: Juventa, S. 91–101.

Honig, Michael-Sebastian (Hrsg.) (2009): Ordnungen der Kindheit. Problemstellungen und Perspektiven der Kindheitsforschung. Weinheim und München: Juventa.

Hünersdorf, Bettina (1997): Theorien der Gesundheit auf dem Prüfstand Sozialer Arbeit. In: Homfeldt, Hans Günther/Hünersdorf, Bettina (Hrsg.): Soziale Arbeit und Gesundheit. Neuwied: Luchterhand, S. 43–67.

Hurrelmann, Klaus (2011): Die Lebenssituation von Kindern und Jugendlichen. Herausforderungen für Schulpädagogik und Sozialarbeit. sfbb.berlin-brandenburg.de/sixcms/media.php/5488/Lebenssituation%20von%20Kindern%20und%20Jugendlichen-Herausforderungen%20f%C3%BCr%20Schulp%C3%A4dagogik%20und%20Sozialarbeit.pdf (Abfrage: 30.07.2019).

Jäger, Siegfried (2011): Diskurs und Wissen. Theoretische und methodische Aspekte einer Kritischen Diskurs- und Dispositivanalyse. In: Keller, Reiner/Hirseland, Andreas/Schneider, Werner/Viehöver, Willy (Hrsg.): Handbuch sozialwissenschaftliche Diskursanalyse. Band 1: Theorien und Methoden. 3. Auflage. Wiesbaden: VS Verlag für Sozialwissenschaften, S. 91–124.

Karl, Ute (2013): Alter(n) als Übergangsprozess. In: Schröer, Wolfgang/Stauber, Barbara/Walther, Andreas/Böhnisch, Lothar/Lenz, Karl (Hrsg.): Handbuch Übergänge. Weinheim und Basel: Juventa, S. 415–431.

Karl, Ute (2016): Lebensweltorientierte Soziale Arbeit mit älteren Menschen. In: Grunwald, Klaus/Thiersch, Hans (Hrsg.): Praxis Lebensweltorientierter Sozialer Arbeit. Handlungszugänge und Methoden in unterschiedlichen Arbeitsfeldern. 3. Auflage. Weinheim und Basel: Beltz Juventa, S. 189–199.

Kaufmann, Franz-Xaver (1997): Herausforderungen des Sozialstaates. Frankfurt am Main: Suhrkamp.

Kaufmann, Franz-Xaver (2002): Sozialpolitik und Sozialstaat. Soziologische Analysen. Opladen: Leske und Budrich.

Kautz, Nicole (2010): Wohnungslosigkeit bei Frauen. Skizze eines Gesellschaftsproblems. Marburg: Tectum.

Kessl, Fabian (2005): Der Gebrauch der eigenen Kräfte. Eine Gouvernementalität Sozialer Arbeit. Weinheim und München: Juventa.

Kessl, Fabian (2013): Soziale Arbeit in der Transformation des Sozialen. Eine Ortsbestimmung. Wiesbaden: Springer VS Verlag für Sozialwissenschaften.

Kessl, Fabian/Otto, Hans-Uwe (2011): Soziale Arbeit und soziale Dienste. In: Evers, Adalbert/Heinze, Rolf G./Olk, Thomas (Hrsg.): Handbuch Soziale Dienste. Wiesbaden: VS Verlag für Sozialwissenschaften, S. 389–403.

Kessl, Fabian/Klein, Alexandra/Landhäußer, Sandra (2012): Armut und Prekarisierung von AdressatInnen Sozialer Arbeit. In: Thole, Werner (Hrsg.): Grundriss Soziale Arbeit. Ein einführendes Handbuch. 4. Auflage. Wiesbaden: VS Verlag für Sozialwissenschaften, S. 541–547.

Klatetzki, Thomas (2008): Zur Einführung: Soziale personenbezogene Dienstleistungsorganisation als Typus. In: Klatetzki, Thomas (Hrsg.): Soziale Dienstleistungsorganisationen. Ein Textbuch. 1. Aufl. Wiesbaden: VS Verlag für Sozialwissenschaften, S. 7–24.

Klinkhammer, Nicole (2014): Kindheit im Diskurs. Kontinuität und Wandel in der deutschen Bildungs- und Betreuungspolitik. Marburg: Tectum.

Kohli, Martin (1985): Die Institutionalisierung des Lebenslaufs: Historische Befunde und theoretische Argumente. Kölner Zeitschrift für Soziologie und Sozialpsychologie, 37, S. 1–29.

Kolleck, Nina (2015): Von der Bildungslandschaft zur nachhaltigen Bildungslandschaft. In: Fischbach, Robert/Kolleck, Nina/de Haan, Gerhard (Hrsg.): Auf dem Weg zu nachhaltigen Bildungslandschaften: Lokale Netzwerke erforschen und gestalten. Wiesbaden: VS Verlag für Sozialwissenschaften, S. 27–37.

Kolleck, Nina/de Haan, Gerhard/Fischbach, Robert (2012): Qualitätssicherung in der Bildung für nachhaltige Entwicklung: Netzwerke, Kommunen und Qualitätsentwicklung im Kontext der UN-Dekade „Bildung für nachhaltige Entwicklung". In: Bundesministerium für Bildung und Forschung (Hrsg.): Bildung für nachhaltige Entwicklung – Beiträge zur Bildungsforschung. Berlin: Eigenverlag, S. 115–142.

Koller, Hans-Christoph (2012): Bildung anders denken. Eine Einführung in die Theorie transformatorischer Bildungsprozesse. Stuttgart: Kohlhammer.

Kommission der Europäischen Gemeinschaften (2000) (Hrsg.): Memorandum über Lebenslanges Lernen. Brüssel: KEG.

Köngeter, Stefan (2009): Relationale Professionalität. Eine empirische Studie zu Arbeitsbeziehungen mit Eltern in den Erziehungshilfen. Baltmannsweiler: Schneider Verlag Hohengehren.

Konrad, Franz-Michael (2012): Der Kindergarten. Seine Geschichte von den Anfängen bis in die Gegenwart. 2. Auflage. Freiburg im Breisgau: Lambertus.

Köppe, Stephan/Starke, Peter/Leibfried, Stephan (2015): Sozialpolitik. In: Otto, Hans-Uwe/Thiersch, Hans (Hrsg.): Handbuch Soziale Arbeit. Grundlagen der Sozialarbeit und Sozialpädagogik 5. Auflage. München: Reinhardt, S. 1594–1606.

Kotthaus, Jochem (2012): Wehe dem, der Wehe tut! Über den Einsatz von Strafe als Instrument der Durchsetzung von Macht in der Sozialen Arbeit. In: Huxoll, Martina/Kotthaus, Jochem (Hrsg.): Macht und Zwang in der Kinder- und Jugendhilfe. Weinheim und Basel: Beltz Juventa, S. 122–139.

Kramer, Niklas (2017): Daseinsvorsorge. In: Deutscher Verein für Öffentliche und Private Fürsorge (Hrsg.), Fachlexikon der Sozialen Arbeit. 8. Auflage. Baden-Baden: Nomos, S. 158.

Krauß, E. Jürgen (2012): Supervision für soziale Berufe. In: Werner Thole (Hrsg.): Grundriss Soziale Arbeit. Ein einführendes Handbuch. 4. Auflage. Wiesbaden: VS Verlag für Sozialwissenschaften, S. 719–733.

Krondorfer, Birge (2015): Gesundheit als Norm. Ein Befund. Ein (un)freiwilliges Postulat unserer Zeit. Magazin Erwachsenenbildung.at, 24, 8 S. www.pedocs.de/volltexte/2015/10360/pdf/Erwachsenenbildung_24_2015_Krondorfer_Gesundheit_als_Norm.pdf (Abfrage: 13.01.2019).

Kuhlmann, Carola (2013): Erziehung und Bildung. Einführung in die Geschichte und Aktualität pädagogischer Theorien. Wiesbaden: Springer VS Verlag für Sozialwissenschaften.

Küster, Ernst-Uwe/Schoneville, Holger (2012): Qualifizierung für die Soziale Arbeit. Auf der Suche nach Normalisierung, Anerkennung und dem Eigentlichen. In: Werner Thole (Hrsg.): Grundriss Soziale Arbeit. Ein einführendes Handbuch. 4. Auflage. Wiesbaden: VS Verlag für Sozialwissenschaften, S. 1045–1066.

Kutscher, Nadia/Ley, Thomas/Seelmeyer, Udo/Siller, Friederike/Tillmann, Angela/Zorn, Isabel (Hrsg.) (2019): Handbuch Soziale Arbeit und Digitalisierung. Weinheim und Basel: Beltz Juventa.

Laging, Marion (2018): Soziale Arbeit in der Suchthilfe. Grundlagen – Konzepte – Methoden. Stuttgart: Kohlhammer.

Lambers, Helmut (2010a): Systemtheoretische Grundlagen Sozialer Arbeit. Opladen und Farmington Hills: UTB.

Lambers, Helmut (2010b): Wie aus Helfen Soziale Arbeit wurde. Die Geschichte der Sozialen Arbeit. Bad Heilbrunn: Klinkhardt.

Latour, Bruno (2007): Eine neue Soziologie für eine neue Gesellschaft. Frankfurt am Main: Suhrkamp.

Latour, Bruno (2017): Kampf um Gaia. Acht Vorträge über das neue Klimaregime. Berlin: Suhrkamp.

Latour, Bruno (2018): Das terrestrische Manifest. Berlin: Suhrkamp.

Lessenich, Stephan (2009): Mobilität und Kontrolle. Zur Dialektik der Aktivgesellschaft. In: Dörre, Klaus/Lessenich, Stephan/Rosa, Hartmut (Hrsg.): Soziologie – Kapitalismus – Kritik. Eine Debatte. Frankfurt am Main: Suhrkamp, S. 126–177.

Lessenich, Stephan (2012): „Aktivierender" Sozialstaat. Eine politisch-soziologische Zwischenbilanz. In: Bispinck, Reinhard (Hrsg.): Sozialpolitik und Sozialstaat. Festschrift für Gerhard Bäcker. Wiesbaden: Springer VS Verlag für Sozialwissenschaften, S. 41–53.

Lessenich, Stephan (2013): Die Neuerfindung des Sozialen. Der Sozialstaat im flexiblen Kapitalismus. 2. Auflage. Bielefeld: transcript.

Liepmann, Detlev/Stiksrud, Arne (1985): Entwicklungsaufgaben und Bewältigungsprobleme in der Adoleszenz. Sozial- und entwicklungspsychologische Perspektiven. Göttingen und Zürich, Toronto: Hogrefe.

Loeken, Hiltrud/Windisch, Matthias (2013): Behinderung und Soziale Arbeit. Beruflicher Wandel – Arbeitsfelder – Kompetenzen. Stuttgart: Kohlhammer.

Loviscach, Peter (2008): Sucht- und Drogenhilfe. In: Chassé, Karl August/von Wensierski, Hans-Jürgen (Hrsg.): Praxisfelder der Sozialen Arbeit. Eine Einführung. 4. Auflage. Weinheim und München: Juventa, S. 384–397.

Luhmann, Niklas (1998): Die Gesellschaft der Gesellschaft (2 Bände). Frankfurt am Main: Suhrkamp.

Lutz, Ronald/Sartorius, Wolfgang/Simon, Titus (2017): Lehrbuch der Wohnungslosenhilfe. Eine Einführung in Praxis, Positionen und Perspektiven. 3. Auflage. Weinheim, Basel und München: Beltz Juventa.

Lutz, Tilman (2010): Soziale Arbeit im Kontrolldiskurs. Jugendhilfe und ihre Akteure in postwohlfahrtstaatlichen Gesellschaften. Wiesbaden: VS Verlag für Sozialwissenschaften.

Malyssek, Jürgen (2016): Lebensweltorientierung in der Wohnungslosenhilfe. In: Grunwald, Klaus/Thiersch, Hans (Hrsg.): Praxis Lebensweltorientierter Sozialer Arbeit. Handlungszugänge und Methoden in unterschiedlichen Arbeitsfeldern. 3. Auflage. Weinheim und Basel: Beltz Juventa, S. 277–287.

Markert, Andreas/Wieseler, Silvia (2015): Sozialberichterstattung und Sozialplanung. In: Otto, Hans-Uwe/Thiersch, Hans (Hrsg.): Handbuch Soziale Arbeit. Grundlagen der Sozialarbeit und Sozialpädagogik. 5. Auflage. München: Reinhardt, S. 1387–1395.

Marx, Karl (1844/2014): Ökonomisch-philosophische Manuskripte aus dem Jahre 1844. 3. Auflage. Berlin: Holzinger.

Marx, Karl (1867/2016): Das Kapital. Kritik der politischen Ökonomie. 4. Auflage. Hamburg: Nikol.

Mecheril, Paul/Rose, Nadine (2014): Die Bildung der Anderen. Ein subjektivierungstheoretischer Zugang zu migrationsgesellschaftlichen Positionierungen. In: Thompson, Christiane/Jergus, Kerstin/Breidenstein, Georg (Hrsg.): Interferenzen. Perspektiven kulturwissenschaftlicher Bildungsforschung. Weilerswist: Velbrück, S. 130–152.

Mennicke, Carl (1937/2001): Sozialpädagogik. Grundlagen, Formen und Mittel der Gemeinschaftserziehung. Weinheim: Deutscher Studien Verlag.

Merchel, Joachim (2012): Sozial- und Jugendhilfeplanung. In: Thole, Werner (Hrsg.): Grundriss Soziale Arbeit. Ein einführendes Handbuch. 4. Auflage. Wiesbaden: VS Verlag für Sozialwissenschaften, S. 743–758.

MFKJKS/MSW (2016): Bildungsgrundsätze. Mehr Chancen durch Bildung von Anfang an. Grundsätze zur Bildungsförderung für Kinder von 0 bis 10 Jahren in Kindertagesbetreuung und Schulen im Primarbereich in Nordrhein-Westfalen. Freiburg i. B.: Herder. www.mkffi.nrw/sites/default/files/asset/document/bildungsgrundsaetze_januar_2016.pdf (Abfrage: 13. 1. 2019).

Michell-Auli, Peter/Sowinski, Christine (2012): Die 5. Generation: KDA-Quartiershäuser. Ansätze zur Neuausrichtung von Alten- und Pflegeheimen. Köln: Kuratorium Deutsche Altershilfe.

Michelsen, Danny/Walter, Franz (2013): Unpolitische Demokratie. Zur Krise der Repräsentation. Berlin: Suhrkamp.

Moch, Matthias (2016): Lebensweltorientierung in den Erziehungshilfen. In: Grunwald, Klaus/Thiersch, Hans (Hrsg.): Praxis Lebensweltorientierter Sozialer Arbeit. Handlungszugänge und Methoden in unterschiedlichen Arbeitsfeldern. 3. Auflage. Weinheim und Basel: Beltz Juventa, S. 77–86.

Möller, Heidi (2012): Personal- und Organisationsentwicklung in der Sozialen Arbeit. In: Thole, Werner (Hrsg.): Grundriss Soziale Arbeit. Ein einführendes Handbuch. 4. Auflage. Wiesbaden: VS Verlag für Sozialwissenschaften, S. 735–742.

Müller, Burkhard (2002): Siegfried Bernfelds Begriff der Instituetik als Orientierungspunkt für ein Programm der Bildung der Affekte. In: Liegle, Ludwig/Treptow, Rainer (Hrsg.): Welten der Bildung in der Pädagogik der frühen Kindheit und in der Sozialpädagogik. Freiburg i. B.: Lambertus, S. 157–166.

Müller, Burkhard K. (1996): Bildungsansprüche der Jugendarbeit. In: Brenner, Gerd/Hafeneger, Benno (Hrsg.): Pädagogik mit Jugendlichen. Bildungsansprüche, Wertevermittlung und Individualisierung. Weinheim und München: Juventa, S. 89–96.

Müller, Burkhard/Schmidt, Susanne/Schulz, Marc (2008): Wahrnehmen können. Jugendarbeit und informelle Bildung. 2. Auflage. Freiburg i. B.: Lambertus.

Mulot, Ralf (2017): Fürsorge. In: Deutscher Verein für Öffentliche und Private Fürsorge (Hrsg.): Fachlexikon der Sozialen Arbeit. 8. Auflage. Baden-Baden: Nomos, S. 328.

Nadai, Eva (2011): Von Fällen und Formularen. Ethnographie von Sozialarbeitspraxis im institutionellen Kontext. In: Schimpf, Elke/Stehr, Johannes (Hrsg.), Kritisches Forschen in der Sozialen Arbeit. Gegenstandsbereiche – Kontextbedingungen – Positionierungen – Perspektiven. Wiesbaden: VS Verlag für Sozialwissenschaften, S. 149–163.

Natorp, Paul (1904/2015): Sozialpädagogik. Theorie der Willenserziehung auf der Grundlage der Gemeinschaft. London: Forgotten Books.

Niemeyer, Christian (2012): Sozialpädagogik, Sozialarbeit, Soziale Arbeit – „klassische" Aspekte der Theoriegeschichte. In: Thole, Werner (Hrsg.): Grundriss Soziale Arbeit. Ein einführendes Handbuch. 4. Auflage. Wiesbaden: VS Verlag für Sozialwissenschaften, S. 135–150.

Nohl, Herman (1926/1965): Die geistigen Energien der Jugendwohlfahrtsarbeit. In: Furck, Carl-Ludwig/Geißler, Georg/Klafki, Wolfgang/Siegel, Elisabeth (Hrsg.): Aufgaben und Wege der Sozialpädagogik. Weinheim: Julius Beltz, S. 10–16.

Nohl, Herman (1963): Die pädagogische Bewegung in Deutschland und ihre Theorie. 6. Auflage. Frankfurt am Main: G. Schulte-Bulmke.

Nussbaum, Martha C. (1999/2016): Gerechtigkeit oder Das gute Leben. 9. Auflage. Frankfurt am Main: Suhrkamp.

Oechler, Melanie (2015): Dienstleistungsorientierung. In: Otto, Hans-Uwe/Thiersch, Hans (Hrsg.): Handbuch Soziale Arbeit. Grundlagen der Sozialarbeit und Sozialpädagogik. 5. Auflage. München: Reinhardt, S. 302–311.

Oelerich, Gertrud/Schaarschuch, Andreas (Hrsg.) (2005): Soziale Dienstleistungen aus Nutzersicht. Zum Gebrauchswert Sozialer Arbeit. München und Basel: Ernst Reinhardt.

Olk, Thomas (2011): Dienstleistungsbeziehungen: Bürger, Nutzer, Konsumenten und Koproduzenten. In: Evers, Adalbert/Heinze, Rolf G./Olk, Thomas (Hrsg.): Handbuch Soziale Dienste. Wiesbaden: VS Verlag für Sozialwissenschaften, S. 482–498.

Olk, Thomas/Hübenthal, Maksim (2011): Kinder als Effective Citizens? Zur Reform der frühkindlichen Bildung, Betreuung und Erziehung im investierenden Sozialstaat. In: Kommission Sozialpädagogik (Hrsg.): Bildung des Effective Citizen. Sozialpädagogik auf dem Weg zu einem neuen Sozialentwurf. Weinheim und München: Juventa, S. 157–167.

Olk, Thomas/Otto, Hans-Uwe (Hrsg.) (1987): Soziale Dienste im Wandel. Helfen im Sozialstaat. Band 1. Neuwied und Darmstadt: Luchterhand.

Olk, Thomas/Otto, Hans-Uwe (Hrsg.): (2003): Soziale Arbeit als Dienstleistung. Grundlegungen, Entwürfe und Modelle. München: Reinhardt.

Online-Duden. (2018a): Lemma: Handlung. www.duden.de/rechtschreibung/Handlung (Abfrage: 18. 11. 2018).

Online-Duden. (2018b): Lemma: Feld. www.duden.de/rechtschreibung/Feld (Abfrage: 03. 01. 2019).

Oppermann, Carolin (2018): Soziale Altenarbeit. In: Graßhoff, Gunther/Renker, Anna/Schröer, Wolfgang (Hrsg.): Soziale Arbeit. Eine elementare Einführung. Wiesbaden: Springer Fachmedien, S. 237–255.

Ortmann, Friedrich (2012): Organisation und Verwaltung des „Sozialen“. In: Thole, Werner (Hrsg.): Grundriss Soziale Arbeit. Ein einführendes Handbuch. 4. Auflage. Wiesbaden: VS Verlag für Sozialwissenschaften, S. 763–775.

Otto, Hans-Uwe (2007): Expertise zum aktuellen Diskurs um Ergebnisse und Wirkungen im Feld der Sozialpädagogik und Sozialarbeit – Literaturvergleich nationaler und internationaler Diskussion. Berlin: Arbeitsgemeinschaft für Kinder- und Jugendhilfe – AGJ.

Otto, Hans-Uwe/Ziegler, Holger (Hrsg.) (2008): Capabilities. Handlungsbefähigung und Verwirklichungschancen in der Erziehungswissenschaft. Wiesbaden: VS Verlag für Sozialwissenschaften.

Peters, Helge/Cremer-Schäfer, Helga (1975): Die sanften Kontrolleure. Wie Sozialarbeiter mit Devianten umgehen. Stuttgart: Enke.

Pieper, Marianne (2007): Armutsbekämpfung als Selbsttechnologie. Konturen einer Analytik der Regierung von Armut. In: Anhorn, Roland/Bettinger, Frank/Stehr, Johannes (Hrsg.): Foucaults Machtanalytik und soziale Arbeit. Eine kritische Einführung und Bestandsaufnahme. Wiesbaden: VS Verlag für Sozialwissenschaften. S. 93–107.

Pluto, Liane (2007): Partizipation in den Hilfen zur Erziehung. Eine empirische Studie. München: Deutsches Jugendinstitut.

Rauschenbach, Thomas/Borrmann, Stefan (Hrsg.) (2012): Herausforderungen des Jugendalters. Weinheim und Basel: Beltz Juventa.

Reckwitz, Andreas (2003): Grundelemente einer Theorie sozialer Praktiken. In: Zeitschrift für Soziologie 32, H. 4, S. 282.

Reckwitz, Andreas (2010): Das hybride Subjekt. Eine Theorie der Subjektkulturen von der bürgerlichen Moderne zur Postmoderne (unveränderter Nachdruck der Erstausgabe 2006, Studienausgabe). Weilerswist: Velbrück.

Reckwitz, Andreas (2012): Die Transformation der Kulturtheorien. Zur Entwicklung eines Theorieprogramms. 3. Auflage. Weilerswist: Velbrück.

Reh, Sabine/Rabenstein, Kerstin (2012): Normen der Anerkennbarkeit in pädagogischen Ordnungen. In: Ricken, Norbert/Balzer, Nicole (Hrsg.): Butler Judith: Pädagogische Lektüren. Wiesbaden: VS Verlag für Sozialwissenschaften, S. 225–246.

Reutlinger, Christian (2011): Bildungsorte, Bildungsräume und Bildungslandschaften im Spiegel von Ungleichheit – Kritischer Blick auf das „Räumeln" im Bildungsdiskurs. In: Otto, Hans-Uwe/Bollweg, Petra (Hrsg.): Räume flexibler Bildung: Bildungslandschaft in der Diskussion. Wiesbaden: VS Verlag für Sozialwissenschaften, S. 51–69.

Reyer, Jürgen (2006): Einführung in die Geschichte des Kindergartens und der Grundschule. Bad Heilbrunn: Julius Klinkhardt.

Röh, Dieter (2011): Soziale Arbeit mit behinderten Menschen. In: Bieker, Rudolf/Floerecke, Peter (Hrsg.): Träger, Arbeitsfelder und Zielgruppen der Sozialen Arbeit. Stuttgart: Kohlhammer, S. 317–332.

Roth, Lothar (1983): Die Erfindung des Jugendlichen. München: Juventa.

Rudloff, Wilfried (2018). Eindämmung und Persistenz. Gewalt in der westdeutschen Heimerziehung und familiäre Gewalt gegen Kinder. Zeithistorische Forschungen, 15, S. 250–276.

Salomon, Alice (1929/2004): Die deutsche Akademie für soziale und pädagogische Frauenarbeit im Gesamtaufbau des deutschen Bildungswesens. In: Feustel, Adriane (Hrsg.): Alice Salomon. Frauenemanzipation und soziale Verantwortung. Ausgewählte Schriften. Band 3: 1919–1948. München und Unterschleißheim: Luchterhand, S. 443–451.

Sauermann, Gabriele (2017): Sucht. In: Deutscher Verein für Öffentliche und Private Fürsorge (Hrsg.): Fachlexikon der Sozialen Arbeit. 8. Auflage. Baden-Baden: Nomos, S. 893–895.

Schäfer, Gerd E. (2011): Bildungsprozesse im Kindesalter. Selbstbildung, Erfahrung und Lernen in der frühen Kindheit. Weinheim und Basel: Beltz Juventa.

Schäfer, Hilmar (2013): Die Instabilität der Praxis. Reproduktion und Transformation des Sozialen in der Praxistheorie. Weilerswist: Velbrück.

Schäfer, Klaus (2015): Sozialstaat, Föderalismus, Soziale Arbeit. In: Otto, Hans-Uwe/Thiersch, Hans (Hrsg.): Handbuch Soziale Arbeit. Grundlagen der Sozialarbeit und Sozialpädagogik. 5. Auflage. München: Reinhardt, S. 1636–1643.

Schefold, Werner (2012): Sozialpädagogische Forschung – Stand und Perspektiven. In: Thole, Werner (Hrsg.): Grundriss Soziale Arbeit. Ein einführendes Handbuch. 4. Auflage. Wiesbaden: VS Verlag für Sozialwissenschaften, S. 1123–1144.

Scherr, Albert (1997): Subjektorientierte Jugendarbeit. Weinheim und München: Juventa.

Scherr, Albert (2003): Jugendarbeit als Subjektbildung. In: Lindner, Werner/Thole, Werner/Weber, Jochen (Hrsg.): Kinder- und Jugendarbeit als Bildungsprojekt. Opladen: Budrich, S. 87–102.

Schmid, Josef (2015): Wohlfahrtsstaat. In: Otto, Hans-Uwe/Thiersch, Hans (Hrsg.): Handbuch Soziale Arbeit. Grundlagen der Sozialarbeit und Sozialpädagogik. 5. Auflage. München: Reinhardt, S. 1868–1875.

Schmidt, Friederike (2012): Implizite Logiken des pädagogischen Blickes. Eine rekonstruktive Studie über Wahrnehmung im Kontext der Wohnungslosenhilfe. Wiesbaden: VS Springer Verlag für Sozialwissenschaften.

Schmidt, Friederike/Schulz, Marc (2017): Im pädagogischen Blick? Blicktheoretische Zugänge zu inklusiven Kindheiten. In: Amirpur, Donja/Platte, Andrea (Hrsg.): Handbuch Inklusive Kindheiten. Opladen: Budrich, S. 77–91.

Schmidt, Rudolf (2017): Altenhilfe. In: Deutscher Verein für Öffentliche und Private Fürsorge (Hrsg.): Fachlexikon der Sozialen Arbeit. 8. Auflage. Baden-Baden: Nomos, S. 15–19.

Schmitt, Sabine (2017): Geschichte der Sozialen Arbeit. In: Deutscher Verein für Öffentliche und Private Fürsorge (Hrsg.): Fachlexikon der Sozialen Arbeit. 8. Auflage. Baden-Baden: Nomos, S. 349–352.

Schoneville, Holger (2013): Armut und Ausgrenzung als Beschämung und Missachtung. Hilfe im Kontext der Lebensmittelausgaben „Die Tafeln" und ihre Konsequenzen. In: Soziale Passagen 5(1), S. 17–35.

Schrapper, Christian (2017): Heimerziehung. In: Deutscher Verein für Öffentliche und Private Fürsorge (Hrsg.): Fachlexikon der Sozialen Arbeit. 8. Auflage. Baden-Baden: Nomos, S. 404–405.

Schrödter, Mark (2007): Soziale Arbeit als Gerechtigkeitsprofession. Zur Gewährleistung von Verwirklichungschancen. In: Neue Praxis 37, H. 1, S. 3–28.

Schröer, Andreas/Weber, Susanne Maria (Hrsg.) (2017): Handbuch Organisationspädagogik. Wiesbaden: VS Verlag für Sozialwissenschaften.

Schröer, Wolfgang/Struck, Norbert (2018): Kinder- und Jugendhilfe. In: Graßhoff, Gunther/Renker, Anna/Schröer, Wolfgang (Hrsg.): Soziale Arbeit. Eine elementare Einführung. Wiesbaden: Springer Fachmedien, S. 115–132.

Schroer, Markus (2017): Soziologische Theorien. Von den Klassikern bis zur Gegenwart. Paderborn: Fink.

Schulz, Marc (2018): Informelles Lernen in der Kindheit. In: Harring, Marius/Witte, Matthias D./Burger, Timo (Hrsg.): Handbuch Informelles Lernen. Interdisziplinäre und internationale Perspektiven. Weinheim: Beltz Juventa, S. 314–327.

Schulz, Marc/Cloos, Peter (2015): Professionelle Begleitung von Lern- und Bildungsprozessen in Kindertageseinrichtungen. In: Cloos, Peter/Koch, Katja/Mähler, Claudia (Hrsg.): Entwicklung und Förderung in der frühen Kindheit. Interdisziplinäre Perspektiven. Weinheim: Beltz Juventa, S. 192–206.

Schulze-Krüdener, Jörgen (2012): Fort- und Weiterbildung für die Soziale Arbeit. In: Thole, Werner (Hrsg.): Grundriss Soziale Arbeit. Ein einführendes Handbuch. 4. Auflage. Wiesbaden: VS Verlag für Sozialwissenschaften, S. 1067–1081.

Schumacher, Thomas (2013): Lehrbuch der Ethik in der Sozialen Arbeit. Weinheim: Beltz Juventa.

Schweppe, Cornelia (2012): Soziale Altenarbeit. In: Thole, Werner (Hrsg.): Grundriss Soziale Arbeit. Wiesbaden: VS Verlag für Sozialwissenschaften, S. 505–521.

Seidenstücker, Bernd (2015): Sozialpolitik und Soziale Arbeit in der DDR. In: Otto, Hans-Uwe/Thiersch, Hans (Hrsg.): Handbuch Soziale Arbeit. Grundlagen der Sozialarbeit und Sozialpädagogik. 5. Auflage. München und Basel: Reinhardt, 1607–1616.

Sen, Amartya (2000): Ökonomie für den Menschen. Wege zur Gerechtigkeit und Solidarität in der Marktwirtschaft. München, Wien: Carl Hanser Verlag.

Sickendiek, Ursel/Nestmann, Frank (2018): Beratung in kritischen Lebenssituationen. In: Graßhoff, Gunther/Renker, Anna/Schröer, Wolfgang (Hrsg.): Soziale Arbeit. Eine elementare Einführung. Wiesbaden: Springer Fachmedien, S. 217–236.

Sievers, Britta/Thomas, Severin/Zeller, Maren (2015): Jugendhilfe – und dann? Zur Gestaltung der Übergänge junger Erwachsener aus stationären Erziehungshilfen. Ein Arbeitsbuch. Regensburg: Walhalla.

Simonson, Julia/Vogel, Claudia/Tesch-Römer, Clemens (Hrsg.) (2017): Freiwilliges Engagement in Deutschland. Der Deutsche Freiwilligensurvey 2014. Wiesbaden: Springer VS Verlag für Sozialwissenschaften.

Sommerfeld, P. (2015): Sozialpädagogische Forschung. In: Otto, Hans-Uwe/Thiersch, Hans (Hrsg.): Handbuch Soziale Arbeit. Grundlagen der Sozialarbeit und Sozialpädagogik. 5. Auflage. München: Reinhardt, S. 1571–1584.

Specht, Thomas (2017): Wohnungslosigkeit/Wohnungslosenhilfe. In: Deutscher Verein für Öffentliche und Private Fürsorge (Hrsg.): Fachlexikon der Sozialen Arbeit. 8. Auflage. Baden-Baden: Nomos, S. 992–995.

Statistisches Bundesamt (2017): Statistiken der Kinder- und Jugendhilfe. Angebot der Jugendarbeit. www.destatis.de/DE/Publikationen/Thematisch/Soziales/KinderJugendhilfe/MassnahmenJugendarbeit5225301159004.pdf?__blob=publicationFile (Abfrage: 13.01.2019).

Staub-Bernasconi, Silvia (2007): Soziale Arbeit: Dienstleistung oder Menschenrechtsprofession? Zum Selbstverständnis Sozialer Arbeit in Deutschland mit einem Seitenblick auf die internationale Diskussionslandschaft. In: Lob-Hüdepohl, Andreas/Lesch, Walter (Hrsg.): Ethik Sozialer Arbeit. Ein Handbuch. Paderborn: Schöningh, S. 20–53.

Staub-Bernasconi, Silvia (2008): Menschenrechte in ihrer Relevanz für die Theorie und Praxis Sozialer Arbeit. Oder: Was haben Menschenrechte überhaupt in der Sozialen Arbeit zu suchen? Widersprüche (107), S. 9–32.

Stieve, Claus (2015): Anfänge der Bildung. Bildungstheoretische Grundlagen der Pädagogik der frühen Kindheit. In: Stenger, Ursula/Edelmann, Doris/König, Anke (Hrsg.): Erziehungswissenschaftliche Perspektiven in frühpädagogischer Theoriebildung und Forschung. Weinheim: Beltz Juventa, S. 16–38.

Sting, Stephan (2013): Sozialpädagogische Zugänge zur Bildung in der frühen Kindheit. In: Sektion Sozialpädagogik und Pädagogik der frühen Kindheit (Hrsg.): Konsens und Kontroversen. Sozialpädagogik und Pädagogik der frühen Kindheit im Dialog. Weinheim und Basel: Beltz Juventa, S. 14–26.

Sting, Stephan (2015): Sucht und Rausch. In Otto, Hans-Uwe/Thiersch, Hans (Hrsg.): Handbuch Soziale Arbeit. Grundlagen der Sozialarbeit und Sozialpädagogik. 5. Auflage. München: Reinhardt, S. 1705–1722.

Struck, Norbert/Schröer, Wolfgang (2011): Kinder- und Jugendhilfe. In: Otto, Hans-Uwe/Thiersch, Hans (Hrsg.): Handbuch Soziale Arbeit. 4. Auflage. München: Reinhardt, S. 724–734.

Tacke, Veronika (2017): Institution. In: Deutscher Verein für Öffentliche und Private Fürsorge (Hrsg.): Fachlexikon der Sozialen Arbeit. 8. Auflage. Baden-Baden: Nomos, S. 438.

Tervooren, Anja (2008): „Auswickeln", Entwickeln und Vergleichen: Kinder unter Beobachtung. In: Kelle, Helga/Tervooren, Anja (Hrsg.): Ganz normale Kinder. Heterogenität und Standardisierung kindlicher Entwicklung. Weinheim und München: Juventa, S. 41–58.

Thaller, Rebecca/Specht, Sara/Künzel, Jutta/Braun, Barbara (2017): Suchthilfe in Deutschland 2016. Jahresbericht der deutschen Suchthilfestatistik. München: Institut für Therapiestudien. www.suchthilfestatistik.de/fileadmin/user_upload_dshs/Publikationen/Jahresberichte/DSHS_Jahresbericht_2016.pdf (Abfrage: 17.12.2018).

Thiel, Wolfgang (2017): Selbsthilfe. In: Deutscher Verein für Öffentliche und Private Fürsorge (Hrsg.): Fachlexikon der Sozialen Arbeit. 8. Auflage. Baden-Baden: Nomos, S. 749–750.

Thiersch, Hans (2003): Lebensweltorientierte Soziale Arbeit. Weinheim und München: Beltz Juventa.

Thiersch, Hans (2006): Die Erfahrung der Wirklichkeit. Perspektiven einer alltagsorientierten Sozialpädagogik. 2. Auflage. Weinheim: Juventa.

Thiersch, Hans/Grunwald, Klaus/Köngeter, Stefan (2012): Lebensweltorientierte Soziale Arbeit. In: Thole, Werner (Hrsg.): Grundriss Sozialer Arbeit. Ein einführendes Handbuch. 3. Auflage. Wiesbaden: VS Verlag für Sozialwissenschaften, S. 175–196.

Thole, Werner (2012): Die Soziale Arbeit – Praxis, Theorie, Forschung und Ausbildung. In: Thole, Werner (Hrsg.): Grundriss Soziale Arbeit. Ein einführendes Handbuch. 4. Auflage. Wiesbaden: VS Verlag für Sozialwissenschaften, S. 19–70.

Thole, Werner/Hunold, Martin (2015): Gesellschaftstheorien und Soziale Arbeit. In: Otto, Hans-Uwe/Thiersch, Hans (Hrsg.): Handbuch Soziale Arbeit. Grundlagen der Sozialarbeit und Sozialpädagogik. 5. Auflage. München: Reinhardt, S. 605–619.

Tippelt, Rudolf (2008): Lebenslanges Lernen: Die Rolle der Hochschulen in Deutschland in Forschung und Lehre. Vortrag an der Universität Bozen 19. 05. 2008.

Tippelt, Rudolf (2018): Lebenslanges Lernen als Kompetenzentwicklung. In: Hof, Christiane/Rosenberg, Hannah (Hrsg.): Lernen im Lebenslauf: Theoretische Perspektiven und empirische Zugänge. Wiesbaden: Springer VS Verlag für Sozialwissenschaften, S. 105–120.

Trautmann, M. (2004): Entwicklungsaufgaben bei Havighurst. In: Trautmann, Matthias (Hrsg.): Entwicklungsaufgaben im Bildungsgang. Wiesbaden: VS Verlag für Sozialwissenschaften, S. 19–40.

Turner, Victor (1989): Das Ritual. Struktur und Anti-Struktur. Frankfurt am Main und New York: Campus.

van Dyk, Silke (2015): Soziologie des Alters. Bielefeld: transcript.

van Dyk, Silke/Lessenich, Stephan (2009): Die jungen Alten. Analysen einer neuen Sozialfigur. Frankfurt am Main: Campus.

von Kries, Caroline (2017): Subsidiarität. In: Deutscher Verein für Öffentliche und Private Fürsorge (Hrsg.): Fachlexikon der Sozialen Arbeit. 8. Auflage. Baden-Baden: Nomos, S. 892–893.

Weber, Max (1920): Die protestantische Ethik und der Geist des Kapitalismus. Die protestantischen Sekten und der Geist des Kapitalismus. Die Wirtschaftsethik der Weltreligionen. Gesammelte Aufsätze zur Religionssoziologie. Band 1. Tübingen: Mohr.

Welti, Felix (2017): Sozialstaatsprinzip. In: Deutscher Verein für Öffentliche und Private Fürsorge (Hrsg.): Fachlexikon der Sozialen Arbeit. 8., Auflage. Baden-Baden: Nomos, S. 850–851.

Wendt, Wolf Rainer (2008): Geschichte der Sozialen Arbeit 1. Die Gesellschaft vor der sozialen Frage. 5. Auflage. Stuttgart: Lucius & Lucius.

Weyrich, Karl-Heinz (2017): Soziale Dienste. In: Deutscher Verein für Öffentliche und Private Fürsorge (Hrsg.): Fachlexikon der Sozialen Arbeit. 8. Auflage. Baden-Baden: Nomos, S. 785–788.

Winkler, Jürgen (2017a): Versicherungsprinzip. In: Deutscher Verein für Öffentliche und Private Fürsorge (Hrsg.): Fachlexikon der Sozialen Arbeit. 8. Auflage. Baden-Baden: Nomos, S. 958.

Winkler, Jürgen (2017b): Versorgungsprinzip. In: Deutscher Verein für Öffentliche und Private Fürsorge (Hrsg.): Fachlexikon der Sozialen Arbeit. 8 Auflage. Baden-Baden: Nomos, S. 959–960.

Winkler, Michael (1988): Eine Theorie der Sozialpädagogik. Stuttgart: Klett-Cotta.

Wolf, Andreas (2015): Wohnungslosigkeit. In: Otto, Hans-Uwe/Thiersch, Hans (Hrsg.): Handbuch Soziale Arbeit. Grundlagen der Sozialarbeit und Sozialpädagogik. 5. Auflage. München und Basel: Reinhardt, S. 1876–1884.

World Health Organization (WHO) (1986): Ottawa-Charta zur Gesundheitsförderung. www.euro.who.int/__data/assets/pdf_file/0006/129534/Ottawa_Charter_G.pdf (Abfrage: 17. 12. 2018).

Ziegler, Holger/Schrödter, Mark/Oelkers, Nina (2012): Capabilities und Grundgüter als Fundament einer sozialpädagogischen Gerechtigkeitsperspektive. In: Thole, Werner (Hrsg.): Grundriss Soziale Arbeit. Ein einführendes Handbuch. 4. Auflage. Wiesbaden: VS Verlag für Sozialwissenschaften. S. 297–310.

Stichwortverzeichnis

L

M

N

O